主　　编：王　名
副 主 编：仝志辉
执行主编：马剑银
编　　委：陈洪涛　蓝煜昕　李长文　李　勇　林志刚　羌　洲　郑　琦　朱晓红
编辑秘书：刘彦霞　刘瑜瑾
刊物支持：增爱公益基金会

学术顾问委员会：
白永瑞（韩国延世大学）
陈健民（香港中文大学）
陈金罗（北京大学）
陈锦棠（香港理工大学）
陈旭清（中央民族大学）
大卫·霍顿·史密斯（David Horton Smith，美国波士顿学院）
邓国胜（清华大学）
丁元竹（国家行政学院）
高丙中（北京大学）
官有垣（台湾中正大学）
郝秋笛（Jude Howell，英国伦敦政治经济学院）
何增科（中共中央编译局）
华安德（Andrew Watson，澳大利亚阿德莱德大学）
黄浩明（中国国际民间组织合作促进会）
贾西津（清华大学）
江明修（台湾政治大学）
康保瑞（Berthold Kuhn，德国柏林自由大学）
康晓光（中国人民大学）
莱斯特·萨拉蒙（Lester Salamon，美国约翰-霍普金斯大学）
林尚立（复旦大学）
罗家德（清华大学）
马长山（华东政法大学）
马克·西得乐（Mark Sidel，美国威斯康星大学）
山内直人（Naoto Yamauchi，日本大阪大学）
沈　原（清华大学）
师曾志（北京大学）
天儿慧（Amako Satoshi，日本早稻田大学）
陶传进（北京师范大学）
托尼·塞奇（Tony Saich，美国哈佛大学）
王　名（清华大学）
王绍光（香港中文大学）
温铁军（中国人民大学）
吴玉章（中国社会科学院法学研究所）
谢寿光（社会科学文献出版社）
徐家良（上海交通大学）
雅克·德富尔尼（Jacques Defourny，比利时列日大学）
杨　团（中国社会科学院社会学研究所）
张　经（中国商会行业协会网）
张秀兰（北京师范大学）
张严冰（清华大学）
周延风（中山大学）
朱晓红（华北电力大学）
（以上均按首字字母排序）

本刊编辑部地址：清华大学公共管理学院（伍舜德楼）425室
电话：010-62773929
投稿邮箱：lehejin@126.com
英文版刊号：ISSN：1876-5092；E-ISSN：1876-5149
出版社：Brill出版集团
英文版网址：www.brill.nl/cnpr

中国非营利评论

清华大学公益慈善研究院 主办

第十九卷 2017 No.1

社会科学文献出版社
SOCIAL SCIENCES ACADEMIC PRESS (CHINA)

本刊得到增爱公益基金会的赞助
理事长胡锦星寄语本刊：增爱无界，为中国公益理论研究作出贡献！

增爱无界　胡锦星

增爱公益基金會
More Love Foundation

卷 首 语

——正在生成的未来——

一月十二麻省剑桥,这是注定要创造历史的日子。

Check-in,奥托老师带领大家做一刻钟的冥想催化。

正念入心,随念低行。连接大地,连接深层,连接海南-怀柔-清华,直到麻省剑桥,跟着奥托磁性的声音及清澈如水的音乐,回归内心。

正念升华,迭代浮行。超越百会,超越场域,超越个体-集体-社区,汇聚于U型底部的共创场域。奥托提醒大家:关注内心的感受,聆听那穿越时空和身形、连接内心和未来的大自然的声音。

上午在两位大师的催化下,我们重温到MIT四天来精彩纷呈的课程和不断迭代升华的学习之旅,从汤普森教授关于美国历史和社会经济断层的深刻反思,到彭特兰教授关于大数据、社会物理学和人类行为可预见性的精辟分析;从彼得讲述"二战"期间机载雷达和第一台商用计算机的发明,到Dewitt Jones展示那悬在大屋顶警车上手脑结合的MIT精神;从ELA教授分享的设计思维及其团队以行动催化的波士顿地铁改造方案,到黛娜老师从一个民权律师走向行动派教授+社区领袖发人深省的神奇经历。

进入原型小组讨论后的分享阶段,大家围成标准的Peter Circle。

我一边回望内心,一边聆听分享。忻浩于不经意间,说出一个"U-HUB"的概念,几个伙伴很快补充他的创意:孵化器,共创空间,连接器,等等。"U创HUB?"我顿时眼前一亮!整个教室里迅速活跃起来,大家七嘴八舌热烈议论不已。抬望彼得和奥托,他们也被这个有点离谱的讨论所点燃,专注倾听,频频点头并微笑着。一种对将要发生事情的期待浮现在整个场域中。

上午的课程很快结束,午餐时间到了。奥托叫上彼得和我、超老师一起,一边午餐一边分享上午的讨论。他问我有何感想？我脱口而出：共创空间的想法太棒！他建议调整下午的课程，由我和超主持。这是他的风格！每到关键时刻，他就把我和超推到前台，让我们直接催化创意！

下午在形式上还是原型讨论，主题是连接未来。我们把话题很快集中到上午提出的共创空间的思路上。奥托提醒大家，原型的下一步要突出五大原则：一要有核心人物案主及工作团队，二要与大家所在的机构及工作直接连接，三要在反复讨论中不断迭代，四要在调研、试点基础上形成阶段性产出，五要尽量让所有的人都参与进来。彼得补充说：他对共创空间的思路很期待，多年前，他和奥托就此有过一个设想。"或许今天，机会到了。"他用低沉的声音一字一顿地说，两眼放光。

杭生自报奋勇担任案主。这位投资公司的老总历来稳健持重，此刻信心满满的目光中仿佛连接着未来，难抑胸中激荡的情怀！我向 Replay 要来大张白纸铺在地上，大伙儿被激活的创意如春风得意，在这间不大的教室里连连跳跃，频频闪烁，层层迭代！超君跪在上面奋笔疾书，很快就写满了三大张。几个原型小组利用午休时间已去寻访多处，还拍了照片分享到群里。概要言之，她是 IDEAS–P 的原型结晶。在愿景上，她更像一个激活梦想、连接未来的共创场域；在定位上，她将连接 IDEAS 的过去、当下和未来，连接中国和美国，连接清华和 MIT；在功能上，她将动员最优秀的信息、技术和人财物等致力于服务全球的跨界创新；在结构上，她如一个立体的、开放的、不断迭代升华的 U 型平台；在组织和资源上，她将超越传统的科层结构并具有社会企业的跨界创新与可持续发展的能力，同时成为社会价值投资备受瞩目的增长极。

晚上，斯隆管理学院在 MIT 博物馆举行招待会。我向老院长 Allen Wight 介绍说：此次来访最大的收获就是今天的讨论，"我们看到了未来。"他热情地表达了祝贺和期待之情。彼得在祝酒词中表示：跨界才能创新，希望大家牢记这一点，超越自我，超越当下，连接未来。

第二天一早，我和敏明、Replay 一起，沿查尔斯河畔晨练。寒风凛冽的微曦中，我们拥抱一轮巨大的华月，那圣洁奇妙的月光如倾如诉，说定了昨日之约。

华月作证，查尔斯河作证，历史从此开始。

以上记录了 IDEAS–P 美国之行的片段。此刻我乘坐在 UA888 航班上，结束了为期两周的美国感知之旅。"正在生成的未来"是我对此次美国之行的总结，也是对《慈善法》及《境外非政府组织境内活动管理法》颁布并施行后新的一年的期待。新法将带动一系列全新的制度、体制、机制和政策探索，也将唤起更大的社会期待和更加活跃的社会创新，一个全新的公益慈善和社会组织生态正在生成中。本卷汇聚了围绕这一主题的多项研究成果，以唤起读者的关注，并期待更多有深度的研究。

王名

2017 年 1 月 22 日

于旧金山飞往北京途中

目　录

主题文章

法观念差异下的境外 NGO 立法效应 ················ 贾西津 / 1

"后《慈善法》时代"慈善信托制度的理论与实践 ········· 赵廉慧 / 20

通过集体组织的社会主义现代化

　——评《中华人民共和国慈善法》 ················ 白　轲 / 35

论　文

社会共治：源于多元主体合法性诉求的一种解决路径 ··· 王春婷　蓝煜昕 / 60

台湾的宗教格局与宗教慈善：基于多重契约理论框架的解释 ··· 韩俊魁 / 75

转型期中国农村社会组织治理场域变迁的历史路径

　——常态化演进的一般性分析 ·················· 李志强 / 93

案　例

引领与统领：社区共治中的社区领导力

　——武汉百步亭社区个案研究 ·········· 王　蔚　王　名　蓝煜昕 / 117

政社合作：社会企业参与戒毒人员社会融入研究

　——以昆明市 Q 社会企业为个案 ················ 高　鹏 / 132

非营利组织全球文化治理功能的实践

　——以孔子学院项目为例 ···················· 王彦伟 / 148

政府购买社工服务对政社分开作用的制度比较

　——基于台湾与大陆的社会服务案例 ·············· 郑杰榆 / 165

研究参考

中国地县级基金会发展现状及原因分析 ………… 陈　敏　邓国胜 / 191

"结社革命"背后的幽灵：非营利部门的理性化及其成因 …… 宋程成 / 209

书评

结社组织与政体关系的再思考
　　——评《欧洲法西斯主义的公民基础：意大利、西班牙与
　　　罗马尼亚 1870 - 1945》 ………………………… 纪莺莺 / 230

随笔

"慈善立法半月谈"系列沙龙综述 ………………… 李　勇 / 242
世界公益慈善论坛小记 ……………………………… 赵宇思 / 244

稿　约 / 250

来稿体例 / 252

CONTENTS

Topics

Effect of Foreign NGO Legislation under Different Ideas of Law　　*Jia Xijin* / 1

On Theory and Practice of Charitable Trust System in
　"Post-Charity Law Era"　　*Zhao Lianhui* / 20

Commentary on *The Charity Law of PRC*
　—Socialist Modernization Through Collective Organizations　　*Bai Ke* / 35

Articles

Social Multi-governance: A Solution Originating from Legitimacy Appeal of
　Diversified Subjects　　*Wang Chunting, Lan Yuxin* / 60

Religious Pattern and Religious Charity in Taiwan: An Interpretation Based on
　Multiple Contract Theory　　*Han Junkui* / 75

Historical Vicissitude of China's Rural Social Organization Governance in the
　Transitional Period
　—A General Analysis of Normalization Evolution　　*Li Zhiqiang* / 93

Cases

Guiding and Ruling: Community Leadership in Community Multi-governance
　—A Case Study on Baibuting Community of Wuhan
　　　　　　　　　　　　　　Wang Wei, Wang Ming and Lan Yuxin / 117

Government-Nonprofit Collaboration: Social Enterprise Participates in the Drug Addicts' Social Integration
　　—A Case Study on Kunming Q Social Enterprise　　*Gao Peng* / 132

Practice of Global Cultural Governance Function of Non-profit Organizations
　　—A Case Study on the Confucius Institute Program　　*Wang Yanwei* / 148

Institutional Comparison of the Effects of Government Procurement of Social Worker Services on Separation of Government from Social Organizations
　　—A Case Study on the Social Services of Taiwan and Mainland of China
　　　　　　　　　　　　　　　　　　　　　　　　　　　　　Zheng Jieyu / 165

Research

Development Status of Chinese County-level Foundations and Cause Analysis
　　　　　　　　　　　　　　　　　　　　　Chen Min, Deng Guosheng / 191

The Ghost behind "Associational Revolution": The Rationalization of Nonprofit Sector and Its Formation　　*Song Chengcheng* / 209

Book Reviews

Rethinking the Relationship Between Associations and Form of Government
　　—A Review on The Civic Foundations of Fascism in Europe: Italy, Spain, and Romania, 1870–1945　　*Ji Yingying* / 230

Call For Submissions / 250
Submission Guidelines / 252

法观念差异下的境外 NGO 立法效应

贾西津[*]

【摘要】《中华人民共和国境外非政府组织境内活动管理法》2017年1月1日实施。自法案二审稿向社会公开到颁布出台以来,国际上和中国民间社会的反响多担忧和批评之声,与政府表示的规制不法、保障权利之态度有较大落差。本文的分析认为,这种落差不只因为国家安全的政治目的考量,更重要的是法观念的差异造成的不同解读。本文从法律文本出发,首先分析《境外 NGO 法》的法律特征,继而尝试分别阐述立法的思路和社会反应的逻辑,在此基础上剖析二者的深层观念差异,最后针对上述法观念差异,提出《境外 NGO 法》作为中国现阶段立法的一个实例,可以从明确法意、畅通流程、保障权利三个方面,在"法治"建设的路径上,弥合境内外、立法与民间社会之间对话的张力。

【关键词】 法观念　境外非政府组织　境外 NGO　立法

2016年4月28日,十二届全国人大常委会第二十次会议表决通过《中华人民共和国境外非政府组织境内活动管理法》(以下简称《境外 NGO 法》),147票赞成、1票反对、1票弃权。该法具有相当强的国际关注度,国外的观察者很

---

[*] 贾西津,清华大学公共管理学院 NGO 研究所、清华大学公益慈善研究院副教授,法学(社会学)博士,研究方向为公民社会与治理、公共伦理。

快注意到其特性：公安主管、双重管理、宽口径、行动限制①。外媒形容其是严厉的②、收紧控制③，学者亦多认为它具有控制性，如将境内外 NGO 建立完全不同的管理系统所反映的国家主义倾向④，对"临时活动"的宽泛界定以及对"危害国家安全、损害国家利益、社会公共利益"等严重违法条款的内涵不清，加之将 NGO 监管作为公安机关的新领域，增加了执行中的不确定性，使得该法出台后社会忧虑不减反增⑤。国内的学界和公共传媒对此的反应均非常低调，但也有社会组织人士表达了担忧，认为立法是正式"回收"了民间社会的"灰色空间"，后者是 20 世纪 90 年代以来社会蓬勃发展的重要原因⑥。

事实上，对于《境外 NGO 法》的更多发声是在一年之前。2015 年 5 月 5 日法律草案二次审议稿通过第十二届全国人大常委会第十四次会议审议，在中国人大网向社会公开征求意见，当时的名称还是《中华人民共和国境外非政府组织管理法》。在为期一个月的公开意见征询中，前半个月的社会普遍反应是关注而不发声，在征询意见的后期，尤其是几近截止日期的时候，有大量的境外 NGO、国际组织、境外学者和评论人士以及各国政府，通过媒体、官方征询途径、政府或外交的直接通道等，提出了意见。这些意见具有较强的批评性，认为草案给境外 NGO 设置了障碍⑦、过度的负担（Editorial，2015），令其缓慢走

---

① Li Qiang & Sabrina Shi（2016），"Foreign NGO Law A New Framework"，Insight，2016，June 7th，http：//diyitui.com/content－1466126315.45943313.html.
② Clifford Coonan（2016），"China passes strict new law controlling foreign NGOs"，The Irish Times，2016，April 28，http：//www.irishtimes.com/news/world/asia－pacific/china－passes－strict－new－law－controlling－foreign－ngos－1.2628129.
③ James Griffiths & Steven Jiang（2016），"China tightens its grip on foreign NGOs"，CNN，2016，April 29，http：//www.cnn.56m.dyngslb.dmtio.net/2016/04/28/asia/china－foreign－ngo－law/.
④ Mark Sidel（2016），"China：The Overseas NGO Management Law returns，with a new strategy"，Alliance Magazine，2016，Vol.21，No.3，http：//www.alliancemagazine.org/blog/china－the－overseas－ngo－management－law－returns－with－a－new－strategy/.
⑤ Mark Sidel（2016），"It Just Got Harder to Make a Difference in China. Foreign Policy"，2016，April 29，http：//foreignpolicy.com/2016/04/29/it－just－got－harder－to－make－a－difference－in－china－harsh－new－ngo－law－clamps－down－on－foreign－organizations/.
⑥ 赵思乐（2016）：《别了，灰色空间》，东网，2016 年 4 月 30 日，http：//hk.on.cc/cn/bkn/cnt/commentary/20160430/bkncn－20160430000319080－0430_05411_001.html。
⑦ Oxford Analytica（2015），"CHINA：New law will create obstacles for foreign NGOs"，2015，Jun 11，Alacra Store，2016，November 29，http：//www.alacrastore.com/storecontent/Oxford－Analytica/CHINA－New－law－will－create－obstacles－for－foreign－NGOs－DB200198.

向死亡①，引发"恐外"争议②，Ira Belkin 和 Jerome Cohenjune 更将其称为"关门效应"（Ira & Jerome，2015），译成中文即"北京不再欢迎你"③。45 家美国商会签名抗议，认为该法会损害中美关系（Wong，2015）。中国本土的民间社会也颇多忧虑，甚至担心该法会为民间行动书写"墓志铭"④。

但是如果看中国官方的表态，则会发现在该法发布日，全国人大专门举行新闻发布会，全国人大、公安部相关人员均到现场，明确表示中国政府欢迎境外非政府组织来华开展交流与合作，并承认改革开放以来境外非政府组织在资金、技术、理念、经验方面对中国公益事业做出的贡献。对境外非政府组织表现的态度是高度赞赏、欢迎来华，加强管理的是针对"极少数"损害国家安全、利益和违法犯罪的情况⑤。早在 2015 年草案二审稿面向社会公开阶段，公安部部长郭声琨便邀请境外在华非政府组织代表座谈，表态"欢迎和支持境外非政府组织来华发展"⑥。

为什么《境外 NGO 法》引起的社会反应多是担忧和批评之声？如果将其与基本上同步制定和出台的《中华人民共和国慈善法》（以下简称《慈善法》）相比，差异就更为明显。对于后者，虽然人们也认为存在各种问题，但无论在学界还是在社会部门实践者中，支持和赞赏的声音都显然绝对主导。如何理解《境外 NGO 法》在国际上和中国民间社会引起的反响与政府表达态度之间的落差？2017 年 1 月 1 日该法已生效，在实施中这种张力是会逐渐弥合还是继续扩大？这都需要对不同解读的原因做更深入的理解。本文将从法律文本出发，第一部分分析《境外 NGO 法》的法律特征，第二、三部分分别基于立法的思路和

---

① Elizabeth M. Lynch（2015），"A Slow Death? China's Draft Foreign NGO Management Law", China Law & Policy, 2015, May 10, http://chinalawandpolicy.com/2015/05/10/a-slow-death-chinas-draft-foreign-ngo-management-law/.
② 米强（2015）：《中国境外 NGO 法律引"恐外"争议》，FT 中文网，2015 年 6 月 3 日，http://www.chinadevelopmentbrief.org.cn/news-17588.html。
③ 柏恩敬、孔杰荣（2015）：《北京不再欢迎你》，FT 中文网，2015 年 6 月 3 日，http://www.uscnpm.com/model_item.html?action=view&table=article&id=4051。
④ 张舒迟（2015）：《境外非政府组织管理法：为民间行动书写墓志铭？》，怎么办，2015 年 5 月 14 日，http://www.chinadevelopmentbrief.org.cn/news-17512.html。
⑤ 《全国人大就境外非政府组织境内活动管理法草案举行新闻发布会》，中国网，2016 年 4 月 28 日，http://www.china.com.cn/zhibo/2016-04/28/content_38326877.htm。
⑥ 郭声琨（2015）：《欢迎和支持境外非政府组织来华发展》，人民网，2015 年 7 月 26 日，http://politics.people.com.cn/n/2015/0726/c1001-27362116.html。

社会反应的逻辑，做出理解性的阐释，第四部分剖析二者落差的深层观念差异，第五部分针对上述法观念差异，提出将《境外NGO法》作为中国现阶段立法的一个实例，提出如何在"法治"建设的路径上，弥合境内外、立法与民间社会之间对话的张力。

一 《境外NGO法》的法律特点

（一）调节对象是谁？

该法第2条用了列举的方法定义"境外非政府组织"，明确其适用范围是境外合法成立的，符合非营利、非政府两个特征的基金会、社会团体、智库机构。其中，"境外"包括中国的港澳台地区。不明朗的是以下三种情况。

第一，基金会、社会团体、智库机构以外的，在境外合法成立的非政府、非营利的社会组织，比如服务提供机构、支持中心。它们不属于第2条列举的组织，其是否被涵盖取决于法条中的"等"的含义，通常立法中的"等"是"如上几种"的意思，比如《慈善法》第8条"慈善组织可以采取社会团体、基金会、社会服务机构等组织形式"，其法律意涵是慈善组织的法律形式是社会团体、基金会、社会服务机构三者之一。依此界定，《境外NGO法》的调节对象是境外基金会、社会团体、智库机构三类非政府与非营利性的社会组织。但执法的时候其他境外NGO是不是不在范畴呢？如果全部包括，一是扩延了法律中"等"的含义，二则相当于回到了二审稿中"在境外成立的非政府非营利的社会组织"的界定，那么终稿的修改表述就被消除了。如果不包括，其他类型的境外非政府、非营利的社会组织应该遵循什么规则呢？由于法案没有明确，将空间留给了司法解释。另外一个可能的分歧来源是基金会、社会团体、智库机构在大多数国家不是法律概念，不少国家的社会组织采取公司登记，在法律上只能识别出是不是免税组织，故而界定对象的识别仍然可能存在模糊性。

第二，互益性的境外NGO，一般指社会团体，按照第2条属于本法的调节对象，但根据第3条，它们的活动范围包含依法开展"有利于公益事业发展的活动"，故而互益性社会团体在中国境内的互益宗旨活动，是被法条排除在外的。比如境外商会在中国境内代表其会员的行为，按照法条是不具有合法可能性的。那么，互益性社会团体是否只有在从事公益活动的时候才可能在中国境内活动呢？在公益宗旨的社会组织领域，第3条列举了经济、科教文卫体、环保、慈善等八个领域，其他公益领域是否可以？

第三，相比于草案二审稿，出台的该法将"境外学校、医院、自然科学和工程技术的研究机构或者学术组织"列为特例，第53条规定其"与境内学校、医院、自然科学和工程技术的研究机构或者学术组织开展交流合作"，按照国家有关规定办理。上述三类机构在中国境内，与同样三类境内组织之外的主体开展活动，遵循什么规则？由于这三类主体并不都属于"基金会、社会团体、智库机构"，所以此"例外"条款从另一方面又表示第二条定义的范畴不仅限于基金会、社会团体和智库机构。

除了定义中的境外非政府组织，根据第32条的规定和第46条的法律责任，中国境内任何单位和个人，与未取得合法性的境外非政府组织合作，接受其委托、资助、代理活动的，同样是违法的并要承担法律责任。也就是说，《境外NGO法》的法律责任是双向责任，其调节对象不仅是境外NGO，还包括与境外NGO发生关联的任何中国境内主体。

（二）什么行为受到规制？

第2条表明，《境外NGO法》规制的是境外NGO在中国境内的"活动"。该法未对"活动"加以进一步界定，例如，下列情形是否应被视为开展的"活动"：信息活动，如国际校友会向在中国的校友发通讯；商业活动，如国际援助组织在中国采购救灾物品，或者在中国的网络平台订货；旅游及会议活动，如境外学生社团到中国风景区游赏聚会；组织内人员活动，如境外学会的专家到中国访问；境内个人参与活动，如境外学术组织邀请中国专家出访，或者参与写作书稿；线上活动，如境外非政府组织的网站向中国境内提供接入服务；筹备活动，如委托当地律师、专家，进行咨询、考察、寻找租房、合作单位，做注册登记或临时活动的准备。

（三）如何获得法律合法性？

第9条限定，境外非政府组织在中国境内活动的法律合法性有两种途径：登记设立代表机构，否则进行临时活动备案。除上述两种途径外，任何在中国境内的活动或委托活动均是非法的，第46和第48条明确了法律责任。2016年11月28日，公安部发布的《境外非政府组织代表机构登记和临时活动备案办事指南》，具体化了登记和备案的流程。按照法律和指南要求，代表机构登记采取双重审批制度，即"业务主管单位同意"和"登记管理机关准予"，其中后者是法定的行政许可，前者是非正式的前置审批①。除了设立代表机构的境外非政府组织，其他则需要获得临时活动的合法性，这一合法性的前提是该活动在中国境内有合作单位，并且合法性的获得依靠中方合作单位，后者需要为该合作活动履行审批手续，审批的主体由国家另行规定，获得审批后报公安部门备案。

分析两种合法性的获得，对于设立代表机构而言，谁有资格申请？基本限定前提中有两项，一是组织章程宗旨和业务范围有利于公益事业发展，故而宗旨为会员互益的组织，如商会，是否有资格申请？二是在境外存续两年以上并实质性开展活动，所以两年内成立的组织只可以采取临时活动的合法性。在许可条件中，重要的一项是业务主管单位同意文件，第34条要求公安部门公布业务主管单位名录。不确定的是：业务主管单位是否有接收申请的责任、与境外非政府组织的宗旨及活动领域如果不完全对应或多向对应时如何处理、决定同意与否的法定依据是哪些，省公安厅的业务主管单位名录是否完全对应公安部名录。由于公安部主要负责政策协调，实际登记工作主要由各省公安厅负责，各省的名录情况就显得更为重要。

对于临时活动而言，中方合作单位是关键。有资质的中方合作单位只有国家机关、人民团体、事业单位和在民政部门注册登记的社会组织。与申请设立代表机构不同，临时活动的审批责任不在公安部门，公安部门只接受获得审批后的信息备案。由谁审批是临时活动合法性中的一个法律缺口。法案只规定"按照国家规定办理审批手续"，由于各合作单位、各领域活动性质不同，并无统一的国家规定，那么国家会否在哪些方面制定这样的规定？哪些部门有权制定？有没有制定规定的责任？向公安备案时谁的审批被视为是有效的？是备案部门还是什么规则来判断其有效性？一系列问题可能产生的后果，是合作单位的权属会成为活动合法性获得中的重要因素。同时，备案由中方合作单位向"所在地的登记管理机关"报备，由于中国采取四级行政管理层级，无论国家机关还是人民团体、事业单位、社会组织，均有属地层级，但法定的"登记管理机关"只包括国务院公安部门和省级人民政府公安机关，因而地市和区县级的中方合作单位，在其本级获得的某种审批，是否被视为合资质的备案未可知；

---

① 需要业务主管单位提供的不是许可证而是同意文件。

反之，如果活动审批权限亦只限定在全国和省两级，那么市、县级的合作单位能否有资格去申请审批也未可知。

在草案二审稿中，除上述两种合法性途径，还设定了本土法人的路径，"境外非政府组织依照中国法律、行政法规在中国境内设立或者合作设立的基金会、民办社会机构，应当依法申请登记"。但最终出台的该法删除了该特定条款。因此，境外非政府组织在境内的活动，就只具有上述两种合法性的选择。其中，设立代表机构的关键责任在于业务主管单位的寻找及其非正式的前置审批，临时活动的关键责任在于有资质的中方合作单位能够有途径接入"有关国家规定"并按之获得审批，取得登记管理机关承认的备案文件。

（四）何为"非法"？

境外非政府组织的违法责任分为三个层次。第一个层次，未获得上述两种合法性的任一种，在中国境内的任何其他组织形式或开展的活动①，均为非法。第 64 条法律责任包括取缔、责令停止、没收所得、直接责任人警告至拘留等。第 9 条和第 32 条三次用了"变相"，包括境外非政府组织开展或变相开展活动，委托、资助，或变相委托、资助，中国境内任何单位或个人代理或变相代理其活动。"变相"意味着不仅包括可识别的直接法律关系，而且可以追究到规避法律关系的内容，因而它的判断权很重要。

第二个层次，是禁止性责任，即取得合法性的组织亦不得进行的行为。其中，第 5 条属于严重责任条款，违反第 47 条的法律责任包括吊销登记证书、取缔临时活动、直接责任人拘留等；第 48 条规定可由公安部将其列入"不受欢迎的名单"。该严重责任条款的界定偏向政治和社会性的表述，如不得危害中国的国家统一、安全和民族团结，不得损害中国国家利益、社会公共利益、公民和法人以及其他组织的合法权益，其法律内涵是否清晰？何为从事或者资助营利性活动与政治活动、非法从事或者资助宗教活动，比如基金的保值增值行为是否属于从事营利性活动？② 资助社会企业呢？法律援助是不是政治活动？环境

---

① 关于哪些被视为"活动"，见上述分析"（二）什么行为受到规制？"
② "营利"与"赢利"概念不同，"非营利"指不以利润为目的，一般用于指组织，"非营利组织"不是不经营或者不可以有服务收费或收益的组织，而是组织的宗旨是互益或公益的，不是以利润为目标。其用于定义活动可能会出现模糊性，比如就基金会的保值增值而言，单纯此项活动的目的是为了资产收益，但其增益的资产仍然回到不以利润为目的的组织之中，组织仍然是非营利的。

倡导、政策研究呢？

第 20 条、21 条、18 条、28 条规定了其他禁止性条款，主要包括不得在中国境内募捐、活动不得附加违反中国法律法规的条件、不得设立分支机构、不得在中国境内发展会员；其中后两项允许特例"国务院另有规定的除外"。会员发展是互益性社团普遍面临的问题，中国已有的大量国际交往，学者、各类专业技术人员、文体工作者等，加入国际的学会、协会中，成为其会员，是一种比较普遍的现象，该法实施后，是否除国务院特批外，均构成非法，境外社团和中方加入者双方都要承担法律责任？这个限定是只适用于在中国境内活动的境外非政府组织代表机构和临时活动，还是包括禁止中方人员或机构直接加入国外的社会团体？① 例如，境外社团的网站允许中国境内人员注册为会员，是否已经属于违法行为？② 对于分支机构，多地区或者全国活动的组织，就只能采取多代表机构注册的方式，在各省分别申请注册代表机构，即使在国家层级注册，由于不能在各活动地设立分支机构，项目的执行也可能有操作性问题。

第三个层次，是规范性责任。境外非政府组织在运作中需要遵守名称、活动领域、活动地域、账户、会计、外汇、税务、首代选择、人员聘任、年度报告等方面的规则。

（五）监管主体

《境外 NGO 法》中涉及的有关政府监管部门有四种类型。第一，登记管理机关，指国务院公安部门和省级人民政府公安机关，他们是境外非政府组织登记代表机构、年检、监管及临时活动备案的职责部门。第二，业务管理单位，指国务院有关部门和单位、省级人民政府有关部门和单位，它们是境外非政府组织设立代表机构之前需经同意的登记要件之一，并在其运作和年检中承担指导和监督职责、协助公安机关查处违法行为，业务主管单位的名录由国务院公安部门和省级人民政府公安机关会同有关部门制定发布。第三，监督管理的执法主体，是县级以上人民政府公安机关，其对涉嫌违法行为的，行使约谈、进入、查封、扣押等五项执法权，设区的市级以上人民政府公安机关可做出取缔、

---

① 第 28 条的表述是"境外非政府组织代表机构、开展临时活动的境外非政府组织"不得在中国境内发展会员，但是鉴于境外非政府组织在中国境内的活动合法性只具有上述两种形式，应该可以推论，境外非政府组织直接在中国境内发展会员也是非法的。
② 境外社团的网站向中国境内提供接入服务本身是否违法，取决于对"活动"的界定是否包括线上活动。见"（二）什么行为受到规制？"中的分析。

责令停止、没收财物、责任人警告等处罚,其负责人可批准对涉嫌违法账户提请人民法院依法冻结。第四,监管工作协调机制及其他有关部门,包括国家安全、外交外事、财政、金融监督管理、海关、税务、外国专家等部门,以及国务院反洗钱行政主管部门等,按照各自职能,协调、指导、监管、服务。另外,如前所述,临时活动的审批由中方合作单位"依国家有关规定"审批,此类审批权的行使部门也是监管体系的一部分。

与中国本土社会组织的监管相比,除了登记管理机关分属民政和公安的不同,中国社会组织采取分级管理、四级登记、四级监管,而境外非政府组织采取登记层级高、执法层级低,公安部门登记、多部门协调监管的模式。登记层次在省或以上,监管执法自县级以上,设区的市级以上有更多执法权。可能出现匹配差异的一是地区性组织的登记问题,比如一个只在某社区活动的境外非政府组织,也需要寻找至少省级的业务主管单位、到省公安厅登记;二是监管机构低于登记管理机关层级,比如县级公安部门是否充分获知省级的登记信息,除配合省级监管外,如果其独立行使执法权,如何避免在片段信息情况下"宁滥勿漏"、过度执法或盲目执法,以及基层执法能力差异可能误致的国际影响?

(六) 法如何制定出台?

《境外NGO法》虽然与《慈善法》同步制定出台,但立法过程与社会反响大有不同。二者同步进入立法程序,后者自起草开始,历经广泛的社会参与,学者组织召开研讨会、提出专家建议稿,立法机关和相关政府部门进行地方意见征询,两次面向社会公开征询意见,其特点一是涉及的参与面和参与深度都非常广,二是立法机关与社会,特别是学界互动密切。在《慈善法》出台后的社会反响中,可以看到参与密切的群体,其积极反应也是最高的,对法条中存在的问题,给予更多同情的理解,这说明参与过程本身带来的认同性。《境外NGO法》第一次呈现在社会面前,是草案二审稿。由于切入的突然性,境内外反应非常谨慎,学者的参与也是极其有限的。该法正式出台后,与《慈善法》密集的政府宣传、专家评论、讲解、社会关注截然不同,在国内几乎是无声的,国际反响的密集也是在二审稿的征求意见后期。《境外NGO法》出台后更多是在等候进一步举措。

(七)《境外NGO法》的法特征

如上分析,《境外NGO法》在立法和法律文本上,表现出以下几个特征。

第一，法律模糊空间明确划分为合法与非法两种状态，由于法律调节范畴广，这种划分几乎涵盖境外非政府组织与中国境内关联的所有行为。第二，合法与非法的边界划定具有较大释法空间，比如谁是受法律调节的境外非政府组织，何为"活动"，以及"变相"、"营利性活动"、"政治活动"等的法律内涵。第三，合法性来自审批许可，未经合法性授权的则为非法。第四，非正式审批作为合法性许可的关键，对于登记代表机构而言的"业务主管单位"、对于临时活动而言的"中方合作单位"，按照"有关国家规定"获得审批，是获得合法性的关键环节，二者的审批责任和审批规则是在本法之外的。第五，登记和监管层级落差，登记层级高，监管层级低。第六，本法制定出台相对具有内部性特征，社会对话谨慎。

为什么会呈现如上的立法特征？这需要回到立法管理的思路去理解。对于法案所致的社会反响，又体现什么样不同的逻辑？下面两个部分分别对立法思路和社会反应的逻辑做出分析。

二 立法的管理思路

《境外NGO法》的立法思路，直接可以追溯到2013年11月党的十八届三中全会通过的《中共中央关于全面深化改革若干重大问题的决定》，第48条提出"加强对社会组织和在华境外非政府组织的管理，引导它们依法开展活动。"同时，《境外NGO法》与《慈善法》同步开展，也体现了2013年3月《国务院机构改革和职能转变方案》提出的对社会组织分类管理的原则，境外非政府组织代表了加强规范引导的领域。

回顾境外非政府组织的管理原则，中国社会组织管理体制一直未将境外组织纳入法规政策，2004年《基金会管理条例》首次出现境外基金会在华设立代表机构的规定，12年以来，依据此规定在民政部注册登记的境外基金会代表机构共29家。除此之外，境外非政府组织在华没有其他正式承认的法律形式，以政府间协议、工商登记、挂靠合作伙伴、非正式办公室等多种形式存在，与邓小平时代"摸着石头过河"的模式相应，政府在实践中长期摸索出来"不承认、不取缔、不接触"的"三不"政策，在改革开放中平衡着政府与境外非政府组织的关系。这一时期为立法活跃期，十八届四中全会以"法治"为主题，也反映了明立法、定规则的指导思路。《境外NGO法》与《慈善法》、《国家安全法》等多部重要法律相继制定，是这一思路的体现。

《境外NGO法》第1条立法目的明确显示，本法的基本定位是一部规制法。在国际背景上，很多国家特别是亚太地区的国家近年加强了对境外非政府组织的规制。2010年印度修订《外国捐赠管理法》，对非营利组织接受境外资金予以更严格限制，2012年俄罗斯出台"外国代理人"[①]的严格管制规则，相关举措在中国立法中都受到关注。中国国家外汇管理局2009年下发《关于境内机构捐赠外汇管理有关问题的通知》，也是试图从资金角度对境外捐赠加强管理。其时民政部门已经在考虑将境外非政府组织纳入法律规范的问题，2009年云南省经国家授权做立法试点工作，出台《规范境外非政府组织活动暂行规定》，要求省内境外非政府组织必须在登记后活动。

不过，《境外NGO法》并不能被视为云南省试点管理模式的直接延续或扩展。在立法机制上，云南省2009年的《规范境外非政府组织活动暂行规定》是民政部尝试将境外社会组织纳入社会组织登记管理体系所进行的授权地方试点；《境外NGO法》纳入第十二届会国人大立法计划，超越了部门立法的层次，具有更全局性的立法目的和不同于民政部门立法的技术路线。在管理体系上，境外非政府组织与中国的三类社会组织，形成两套不同的管理体制，分别归口于公安和民政系统。

基于《境外NGO法》的立法特点分析，它与1950年雏形、1989年提出、1998年成型的中国社会组织管理模式有原则性的相通，又有特殊性所在。高准入、弱监管，是后者的基本特征，这在实践中的结果是大量社会组织法外存在，据不同学者估计，"非法"社会组织数量是合法组织的十倍至数十倍，"管不住"也一直是社会组织管理体制改革的一个动因。《境外NGO法》将双重管理体制、审批合法性、非正式审批作为合法性许可的关键，与中国三类社会组织管理体制是一样的思路。

在中国社会组织管理的经验中，尽管监管部门意识到大量法外社会组织的存在，但该模式仍然作为一般性原则被长期延续下来，其主要机制是形成"威慑性管理"，以便社会组织的行为总是与政府导向有"呼应性自律"。所谓"威

---

① 主要针对接受国外资金参与境内政治活动的机构。

慑性管理",是指社会组织的法律合法性非常难以获得,但不具备法律合法性的组织,不一定意味着会被执法、禁止活动,而是总是处于合法性缺位的状态。高丙中（2000）区分了社会组织的四种合法性,从社会合法性、行政合法性、政治合法性方面,解释社团与法律合法性不一致地"正常"存在并开展活动的现象。社会组织实际是在法律合法性脆弱的威慑下,必须保持对政府导向,特别是政治导向的关注力,随时调整自己的行为。从而,法律合法性缺位并不必然意味行为的不可行性,而是构成一种威慑机制,效果是保持社会组织对政府的密切关注力,并依此对自己行为提出随时的警觉和自律。这种"呼应性自律"与法治自律之间的差异,在于后者的法律合法性是唯一的、事先设定的、确知的、实质性的依据,社会组织依此判断自己的行为边界,达成自律机制,其他合法性通过法律合法性发生作用,或者配合法律合法性发挥辅助作用；"呼应性自律"的依据来源于与政府意图的随时关照、呼应和调整,故而边界是在互动机制中发展的,它可以非常灵活地随时变动,但依赖于更微妙的社会组织与政府关系之间的互动能力,在同样的法律合法性,不同关系的情形下,实际边界是不同的。

法律合法性与社会组织其他合法性并存作用的结果,使得执法的依据不总是由法律合法性决定,这解释了"选择性执法"的现象；法律合法性的另一项管理机制是选择性激励,近年政府越来越多地发展出激励机制,比如政府购买公共服务、支持或扶持性政策、税收优惠导向等。上述两种机制结合产生第三种机制,即法律合法性的负向激励机制,比如禁止基金会或其他机构与不具备法律合法性的组织合作,从而强化了法律合法性的权重。

总结上述思路,法律合法性难获得、多重合法性综合执法、通过"威慑性管理"导向"呼应性自律"的目标,是长期以来的中国社会组织管理模式。从立法和法律文本分析,《境外NGO法》借鉴了这一模式的基本原则,不过它采取比登记层级低两层的系统监管模式,并细化了行为规则和对非法行为的法律责任规定,从而使得法律合法性的权重和管理效应可能更强。

三 法律的社会反应逻辑

自草案二审稿征求社会意见到该法最终出台以来,各方提出的反馈意见,集中在三个方面。第一，定义问题，是所有争议和反馈意见中最多涉及的。（子明，2015）什么是 NGO？如社会福利机构、人权组织、社会企业、国际机构、公立学校、合作对象不是中国学校的境外私立大学、中国社会组织在海外的机构等，是不是受法律规制的境外 NGO？什么是境内开展活动？如在中国招生、向中国学生提供奖学金或邀请出国、邀请中国教授写作或投稿、资助其他组织或个人到中国的基金会、登记或备案前的委托活动等，属不属于在中国境内开展活动？什么是筹款？如拜访一个可能捐款的富人、境外学校的自动校友募款邮件、境外 NGO 中文网站的网上筹款等，是不是筹款行为？什么是资助或从事营利活动？如爱乐乐团演出售票、收费培训、卖 T 恤衫等，是不是营利活动？什么是政治活动？如环境倡导、公共参与、政策研究等，何时可能被界定为政治活动？境外读者大多关注定义的宽泛和界定不明确的问题，在许多定义中提出了疑问。

第二，程序问题。特别是业务主管单位和登记管理机关决定批准的标准，拒绝的理由，中方合作伙伴的审批流程和标准以及有没有申诉程序等[①]。实施时间也是一个受关注的问题，其于 2017 年 1 月 1 日开始实施，尚没有组织获得注册或备案，而组织在申请注册或备案过程中开展活动如果已经违法，则明年活动只能暂时全部停止。另外一期多年的项目，前期已经开展，2017 年后可能面临中断的风险。

第三，行为限制规则的可操作性[②]。如业务范围、分支机构、会员发展、筹款、雇员、账户、年报、临时活动年限、中方合作单位等的限制条款，都可能面临实际操作问题，比如境外社会组织的财年很多按 3 月计，而财务计划要年底申报则会与之有冲突。

---

① UNHR（2016），"China: Newly adopted Foreign NGO Law should be repealed", UN Experts Urge, 2016 年 5 月 3 日, http://www.ohchr.org/EN/NewsEvents/Pages/DisplayNews.aspx?NewsID=19921&LangID=E。

② 安子杰（2015）：《关于中华人民共和国〈境外非政府组织法（草案）〉（二次审议稿）的意见反馈》，http://www.chinadevelopmentbrief.org.cn/news-17546.html；王勇（2015）：《境外非政府组织管理立法影响的不仅仅是 NGO》，《公益时报》，2015 年 5 月 19 日，http://www.gongyishibao.com/html/yaowen/8031.html；AmCham China（2015），"Foreign NGO Law Highlights", http://www.amchamchina.org/policy-advocacy/foreign-ngo-law；贾平（2015）：《无效管制的中国样本》，NGOCR，2015 年 5 月 21 日，http://www.ngocn.net/news/363636.html。

Mark Sidel[1]指出，当中国的权利问题、社会运动领域事件引发国际关注时，公益慈善被视为发展点，而《境外 NGO 法》引致国内外混乱的声音，批评声众，更主要是担忧，限制还是开放？该法与鼓励社会服务和社会创新之间的双重目标形成悖论。贾平[2]认为由于涉及面太广，缺乏可操作性，反而可能出现监管真空，造成无效监管。Reza Hasmat[3]则认为该法会使得社会部门更少自由、担更多责任。

《境外 NGO 法》的争议焦点，并不在于立法、登记要求、公开、接受监管，而主要在于相关法律合法性的界定是否明确、渠道是否畅通。政治层面的担忧，归根于法律层面对法律合法性的忧虑。

四　法律解读因何落差？

为什么中国政府的官方表态与社会上特别是国际上对该法的反响形成较大的态度落差？国外亦有法律分析人士注意到，中西方对该法的"争议战"，西方认为是限制，中国官方表态欢迎，这背后透露出国家安全的视角[4]。Douglas Rutzen（2015）梳理了颜色革命背景下各国的限制。不过，仅仅国家安全的目的并不能解释争议的全部。国家安全对一个国家是普遍具有的可理解的视角，中国政府亦承认该法有防止少数政治背景的境外非政府组织对华渗透的目的，但该法引致的争议为什么如此广泛？很多商协会、专业性组织、对中国长期支持的学者，都有表示出抗议、担忧及尖锐的批评。Carolyn L. Hsu 和 Jessica C. Teets（2016）少有地对此表示了不同理解，他们基于对云南省登记管理试点的经验推断，《境外 NGO 法》的影响主要会在小组织以及敏感的活动领域，判断的主要理由是 1998 年以来中国社会组织管理体制具有同样的模糊性和管制色彩，但是社会组织仍然蓬勃生长，从而指出，必须理解中国与西方社会的不同，中

---

[1] Mark Sidel (2016), "Permissive or restrictive? A mixed picture for philanthropy in China", *Alliance Magazine*, 2016, March, Vol. 21, No. 1, http://www.alliancemagazine.org/analysis/270708/.

[2] 贾平（2015）：《无效管制的中国样本》，NGOCR，2015 年 5 月 21 日，http://www.ngocn.net/news/363636.html。

[3] Reza Hasmat (2016), "The Pros and Cons of China's NGO Laws", The Diplomat, 2016, March 23, http://thediplomat.com/2016/03/the-pros-and-cons-of-chinas-ngo-laws/.

[4] Chris Mirasol (2016), "Understanding China's Foreign NGO Activities Law. Lawfare", 2016, May 16, https://www.lawfareblog.com/understanding-chinas-foreign-ngo-activities-law.

国的书面政策和执行的不一致性。

可见，无论是批评者还是表示理解者，都指向中国法律的特性与西方的不同。有些看似是政治立场的争议，将之还原到法律层面，可能更能打开对话的可能。对于熟悉在西方法律体系下运作的境外非政府组织，其"法治"观念中包含了法的必然原则：准确性、确定性、可行性、事前性、一致性。如果一个法概念或者一部立法不能满足基本原则，法是无法被理解的，更不要说被遵守。为什么引起国际上反应比较强烈的问题普遍集中在定义、程序和规制的可操作性上？将这些问题放到其法观念的背景中，是他们最难被理解的部分。由于法本身的不可理解性，延伸出诸多对政治意图或者立法真诚性的质疑。

中国的法环境往往没有如此清晰的界定，该特性不是特定针对境外社会组织，而是法观念本身的特点。中国社会组织管理体制具有同样的特点，如前所述，法律合法性是与社会合法性、行政合法性、政治合法性等多重因素整合作用的。法条文不是唯一的依据，对法律在双方互动中的情境理解和对执法意图的理解同样重要。在同样的法规政策文本下，有时在一个城市不可以的行为，在另一个城市可行，甚至在同一个城市的一个区不可登记，到另一个区可以获得登记。一个行为的实际可行与否，不简单是法律"是"或"否"的答案，而常常需要从风险度、成功概率来衡量。《境外NGO法》体现类似的思路，比如对于"活动"的概念，没有通过法律的细化界定来给出明确边界，每一项行为，是在实际操作的情境中，结合执法意图和执法能力做出的具体判断，大量行为不是在"权利"意义上行使，它与行为性质、规模、影响等均可能相关，是在各方的情境沟通中来实现的，其中行为自身需要做出综合多重合法性的判断，有时是"风险系数"的判断。例如，一个境外非营利期刊的约稿函可能不进入法律视野，但如果一个境外社团委托国内研究者做的一项有政治影响的行动研究，则有可能是法律适用的。再如，该法于2017年1月1日施行，在法律生效之日，尚没有境外非政府组织获得合法身份，延续之前的活动都存在违法责任，但其被执法取缔的可能性是很小的。此时活动的合法性并不存在于法律文本甚至释法空间内，但是在交接情境之中，是可以被理解的。

类似的逻辑，在面对中国本土和境外非政府组织管理时可能出现的不同是，中国的社会组织和政府之间有共享的法观念，双方的行为预期都是在法律合法性与其他合法性之间的综合、互动中决定的，通过"威慑性管理"和"呼应性自律"达成平衡。缺乏法律合法性的组织,可能长期存在,甚至和政府构建合作关系。但是在境外非政府组织的监管中,面对的新情境是后者法观念上的差异。法律合法性缺位而政治合法性、行政合法性、社会合法性可行的状态,监管部门可能默许,但境外非政府组织自身很可能无法接受。在中国长期运作的组织,实际运作人员可以在更大程度上理解这一模式,但仍然面临难以向境外的理事会和捐款人解释清楚的问题。所以,在类似的管理模式下,中国的社会组织管理和境外非政府组织管理,可能呈现不同的后果。法律合法性和明晰的权利界定、法律责任的可行性,是境外非政府组织行为选择的关键因素。按照这一逻辑推断,法律实施之后,首先是活动的暂停期和法律合法性寻求的活跃期,经历短暂的观望和互动尝试之后,在2017年上半年,会有较多境外非政府组织面临决断选择,取得法律合法性的组织进入下一步互动阶段,法律合法性尝试受阻的组织,则选择撤出或会有更大张力表达出来。在进入上述互动之前,已经有部分境外非政府组织基于对法律形式的评估,做出了战略调整。如果法律合法性寻求期不活跃,则情形会更为复杂。

五 结论:法观念——张力的弥合

《境外NGO法》抛开可以理解的国家安全之政治意图,在法律层面表现出较大的解读张力,其深层体现的是法观念的差异。法案在法律层面的困境,一是概念是否有明确的法意界定、合法性途径是否有确定可行的流程;二是法律内在的逻辑一致性问题;三是在法律自由裁量权较大的情况下,复合执法体系中不同层次、不同部门的执法主体,内部意向协调与能力建设的问题。在更深的层次上,"法无禁止则可为"还是"法无授权则不可为",也是法观念差异的来源,它主要体现在立法层面上。法律生效后的实施层面,要使得法律能够实现规制行为和保障合法运作两个方面的效果,除了政府积极的姿态,很关键的是在法观念方面进行沟通和对话。与草案二审稿相比,生效的版本吸纳了不少社会意见,包括局限规制对象范畴、简化临时活动程序、删除某些行为限制或考虑排除的情况等,这反映了互动的积极结果。就下一步而言,明确法意、畅通流程、保障权利,是双方达成理解的基础。

在明确法意方面,第一是规制对象的细化定义,如基金会、社会团体、智库机构，由于在国内和国外都不完全能从法律身份或名称识别，需要描述性定义。除上述三类外的其他非营利、非政府的社会组织，是否暂不纳入范畴？境外学校、医院、自然科学和工程技术的研究机构或者学术组织，与境内同类主体以外的主体开展活动，是否回到上面两个原则？商协会等互益组织，是否承认其互益活动也具有公益属性？第二是关键概念的法律内涵，其中，"活动"与"临时活动"，是否限定于资助、项目运作、合作主办的活动？"营利性活动"是否指组织目标的营利性或者哪些特定的市场活动？"政治活动"指哪些政治目的？"非法宗教活动"是否限定于违反中国法律的行为？第 5 条的"国家利益"、"社会公共利益"以及两次提到的"变相"，也有待明确法律内涵。

在畅通流程方面，依照本法制定的《境外非政府组织代表机构登记和临时活动备案办事指南》已经公布，业务主管单位名录和境外非政府组织活动领域和项目目录也应在法律实施前发布。但是目录本身还不足以衔接流程，可以更明确的重要程序要件还有业务主管单位接受申请的对应领域及其法定责任，跨领域业务的主管单位，对临时活动的中方合作单位的审批手续，首席代表和其他境外人员办理就业的手续，以及境外非政府组织在中国境内设立分支机构、在中国境内发展会员的国务院规定等。另外，如有异议或争端问题，其应采取什么法律救济途径也未可知。

在保障权利方面，其中一个问题是执法的条件及监管体系内部的协调。在第 41、第 42 条有关监督管理的执法权行使中，"被调查事件"有无前提，在县级公安机关行使监管权时与作为登记机关的省级公共机关有无协同关系等也未明确。

总体上，《境外 NGO 法》有涉及国家安全的政治性的一面，但目前引发的社会及国际争议，在诸多方面反映的是法治观的张力。法律的实行过程，也是中国的社会管理方式和境外非政府组织行为方式之间的互动过程，在一定意义上，它也是法治国家的学习历程。

参考文献

高丙中（2000）：《社会团体的兴起及其合法性问题》，《中国社会科学》，（2），第 104~108 页。

子明（2015）:《七问〈境外非政府组织法（草案二审稿）〉》,公益慈善论坛, 5 月 7 日, http://www.hongzone.com/forum.php。

Carolyn L. Hsu & Jessica C. Teets（2016）, "Is China's New Overseas NGO Management Law Sounding the Death Knell for Civil Society? Maybe Not", *The Asia-Pacific Journal*, February 16, Vol. 14, Issue 4, No. 3.

Douglas Rutzen（2015）, "Aid Barriers and the Rise of Philanthropic Protectionism", *Int'l J, Not-for-Profit L*, Vol. 17, No. 1, pp. 5 – 44.

Editorial（2015）, "Undue burdens", *Nature*, Vol. 522, Issue 7555, pp. 127 – 128.

Ira, B. & Jerome, C.（2015）, "Will China Close Its Doors?", *New York Times*, June 2.

Wong, G.（2015）, "U. S. Business, Professional Groups Sign Letter Opposing Draft China NGO Law", *Wall Street Journal*, June 4.

Effect of Foreign NGO Legislation under Different Ideas of Law

Jia Xijin

[**Abstract**] The Law on the Management of Foreign Non-Governmental Organizations´Activities within People s Republic of China will come into effect on January 1, 2017. Ever since the second draft of the law was released to the public, many concerns and criticisms have arisen from the international community as well as Chinese civil societies; they are very different from the attitude of restraining malfeasance and safeguarding rights as expressed by the government. The author argued that this difference is not simply caused by the political consideration of national security; another important cause is the difference in interpretation resulting from different ideas of law. Based on legal text, this paper first analyzed the legal characteristics of the Foreign NGO Law, and then attempted to expound the respective legislation ideas and logic of social responses. On this basis, the paper analyzed the deep-level differences in conception between the two parties. Finally, considering the above differences in idea of law, the paper argued that the Foreign NGO Law, as an instance of legislation at the current stage of China, can make up for the tension in the dialogue between foreign and domestic societies and between legislation and civil societies on the path of legal construction, mainly in terms of three aspects: specifying the spirit of law, smoothing the process, and safeguarding rights.

[**Key words**] Idea of Law; Foreign Non-governmental Organization; Foreign NGO; Legislation

(责任编辑：马剑银)

"后《慈善法》时代"慈善信托制度的理论与实践

赵廉慧[*]

【摘要】《中华人民共和国慈善法》颁行之后，仍然有不少理论和实践问题亟待解释。本文集中探讨慈善信托的备案制、慈善信托能否公募、慈善组织和自然人能否成为受托人、监察人能否自由设置等问题，认为在理解和适用慈善信托相关法律之时，理论界和操作者不应自我设限，而应利用信托制度灵活性和便利性等优点，推进慈善信托制度和慈善事业发展。

【关键词】 慈善信托　备案制　监察人　信托公司

《中华人民共和国慈善法》（以下简称《慈善法》）颁行之后，限制慈善信托实施的两大瓶颈——慈善税收和信托登记依然没有得到解决。信托登记相关的配套制度的缺位，导致除了资金和动产以外的其他财产（如股权、不动产）设立信托难度极大[①]，极大束缚了慈善热情的释放。《慈善法》虽然规定要对慈善信托提供税收优惠，但没有具体的实施法律法规，慈善税收制度的缺位同样导致设立慈善信托的激励不足。这两大问题都不能简单靠解释加以解决，必须

---

[*] 赵廉慧，法学博士，中国政法大学副教授。
[①] 《慈善法》第36条规定"捐赠财产包括货币、实物、房屋、有价证券、股权、知识产权等有形和无形财产"，可以设立慈善信托的财产亦同。

有立法的跟进，否则会给实务操作带来很多不必要的成本和障碍。本文只讨论可能通过解释加以厘清或部分解决的慈善信托实施难题。①

一 慈善信托的备案制问题

《慈善法》第45条规定确立了慈善信托设立的备案制原则，修改了《中华人民共和国信托法》（以下简称《信托法》）中关于公益信托设立的"批准（许可）制"规定（《信托法》第62条），至少在字面上体现了对慈善信托设立放松管制的态度。

作为一种行政管理手段，备案制经常被采用。具体到慈善信托中，银监会2008年93号文规定"信托公司设立公益信托，应当订立公益信托文件，并报中国银监会和公益事业管理机构备案"，不过这似乎只能理解为信托公司在当时抗震救灾的特殊情形下的一种特例，《信托法》规定了设立公益信托是许可制，并无改变。在《慈善法》颁行之后，采取备案制的理由、备案所存在的问题、备案制是否是慈善信托的设立要件、《慈善法》的备案制和信托法的批准制之间的关系等问题都需要进一步探讨。

（一）采取备案制的现实理由

笔者以为，目前我国采取备案制可能有以下四个方面的理由。

第一，《慈善法》至少在字面上排除了自然人充任慈善信托受托人。无论是慈善组织还是信托公司，机构受托人有着更为专业和规范的管理能力。

第二，机构受托人中除了信托公司之外，均为《慈善法》所规定的慈善组织，其设立过程、组织机构、运作模式和监管均有严格的法律规定，没有必要再经过一层审查和批准。

第三，对以信托公司为受托人的慈善信托而言，其单独从事的主要是捐赠型而非运作型的慈善事业，其主要的功能是对慈善资产进行托管和管理，确保资金的增值和安全，一般并不涉及能否把资金实际运用于慈善领域的问题，因此由银监会对其进行金融方面的监管就已经足够。

第四，目前的慈善事业目的比较单一、清晰，主要集中在传统的济贫、助

---

① 关于慈善信托中的受益人问题、非意定的慈善信托问题、《慈善法》和信托法的衔接等问题，笔者已经另文讨论，参见（赵廉慧，2016）。

困和教育等①慈善领域，易于辨认，因此不需要十分严格的审查。

（二）备案制存在的问题

由于慈善信托可以享受税收等优待（《慈善法》第45条第2款），为避免以慈善之名行私益之实，对委托人之欲设立的信托目的进行审查是必要的。《慈善法》所确立的备案制虽说体现了慈善门槛的降低和监管的后置，使慈善信托设立更为便利和灵活，但是，从批准制直接进入备案制，跨度似乎显得较大。在《慈善法》生效之后的备案实践也恰恰证明了这一点：民政部门在接受备案的时候对备案的文件仍然进行严格的审查，其严厉程度和之前的审批制相比，并无实质的差异。

而且，将来民间的慈善事业可能是为了实现更加复杂和综合的目的，是否具有慈善和公益目的，需要专业性的识别；英美法上大量的慈善信托案例都是涉及公益目的之判断的。为了使慈善事业准入和税收优待之间建立相关关系，建议至少应引入中立的、具有专业性的委员会（类似日本的"慈善事业认定审查委员会"），聘任专业能力强、品德端正、有公信力的专业人士等为委员，对提交来的慈善信托申请进行审查，这既可以维护公共利益，又可以防止行政审批权的滥用和扩张，避免由行政机构的行政人员恣意专断。

（三）备案是否是慈善信托的设立要件？

在《慈善法》实施之后，慈善信托的监管部门确定为民政部门，并在第45条规定"受托人应当在慈善信托文件签订之日起七日内，将相关文件向受托人所在地县级以上人民政府民政部门备案。未按照前款规定将相关文件报民政部门备案的，不享受税收优惠"。法条的措辞依然是受托人"应当"将相关文件向民政部门备案，至少形式上是一个"条件性要求"。但是该条的最后一句似乎又表明慈善信托可以不备案，其后果只是不享有税收优惠而已。该条并没有规定如果不备案，该信托能否以慈善信托的名义进行活动，之后《民政部 中国银行业监督管理委员会关于做好慈善信托备案有关工作的通知》中也仅仅规定"除依法设立的信托公司或依法登记（认定）的慈善组织外，其他单位和笔者不得以'慈善信托''公益信托'等名义开展活动"。但结合《信托法》第

---

① 参见全国人民代表大会常务委员会副委员长李建国在2016年3月9日所做的全国人民代表大会常务委员会关于《中华人民共和国〈慈善法〉（草案）》的说明。

62条①的规定可以得出这样的推论：没有备案的慈善信托似乎不能以慈善信托的名义进行活动。不过这仍然无法说明备案是否是慈善信托的生效要件。

关于"备案是否是慈善信托生效要件"的争论背后，隐藏的是立法者对信托设立各个阶段法律效果不确定而生的焦虑。

下面以合同慈善信托为例简单说明。信托设立过程可以分为以下几个阶段。

第一阶段，委托人和受托人签订慈善信托合同，此时信托合同成立。此时，信托合同只产生合同法上的约束力。从民政部和银监会的备案要求中可以看出，已经成立的信托文件是备案的条件。

第二阶段，委托人把信托财产转移给受托人，如果没有经过备案，此时一个具备慈善信托的实质要件（没有确定的受益人）的"目的信托"②生效。该信托是一个有效的信托，只是不能以慈善信托的名义行事，也不享有税收优惠。目的信托极大地便利了人们从事慈善活动——法律从来没有要求从事慈善活动要经过审查（不管是备案还是批准）。没有经过审查、备案的信托，不是《慈善法》意义上的慈善信托，但是其可以从事慈善活动（即便是营利性的公司，法律也不禁止其从事事实上的慈善活动），仅是不能享受税收优待而已，借以促进慈善事业的发展。③

第三阶段，上述信托如果经过备案，就可以慈善信托的名义行事，也可以享有税收等优惠。可以说慈善信托已经生效。

若按一般的期待非要给出一个立场的话，笔者认为备案是慈善信托生效的要件。备案虽然看似对设立慈善信托放松管制，但是，如果能得出未经备案不得以慈善信托的名义行事的结论的话，鉴于行政部门对备案的操作采取十分谨慎的态度，取得备案仍非易事。前《慈善法》时代，未经批准不能以公益信托行事，仍然可以改名"慈善信托"或"爱心信托"从事公益慈善事业；《慈善

---

① 《信托法》第62条规定："公益信托的设立和确定其受托人，应当经有关公益事业的管理机构（以下简称公益事业管理机构）批准。未经公益事业管理机构的批准，不得以公益信托的名义进行活动。"
② 笔者以为，在我国，"目的信托"的规范基础是《信托法》第2条。关于目的信托在慈善事业当中的作用，另文讨论。
③ 也有观点认为，如果一个信托设立符合公益信托的一切要件，只是没有经过批准（这在"前《慈善法》时代"是非常正常的），而且这个信托的确也在从事公益事业，同时也没有享有税收等优惠，此时似乎也是一种实质的公益信托（De Facto Charitable Trust），只是"不得以公益信托的名义进行活动"而已。

法》实施之后，未经备案连"慈善"信托的名义也不能用了，由于税收优惠仍然很难落实，这种有慈善之实而无慈善之名的目的信托似乎只能借用"爱心信托""天使信托"等名义继续存在了。

（四）"双轨制"？

《慈善法》承认慈善信托属于公益信托，也就意味着存在"不是慈善信托的公益信托"。很难说《慈善法》关于慈善信托的规定使《信托法》中关于公益信托的规定无效。如果承认公益信托和慈善信托确立了既有联系又有区别的"双轨制"的话，相当于给当事人选择根据《信托法》设立公益信托留下了空间，此时仍然需要公益事业主管机构的审批。

二 慈善信托的公募问题

《慈善法》第 22 条明确规定具备公募资格的仅有慈善组织，对信托公司作为慈善信托的受托人能否公募，语焉不详。北京市民政局印发的《北京市慈善信托管理办法》第 32 条规定，除非依法成立慈善信托并经备案，任何单位和个人不得以"慈善信托"名义公开募集资金。对其进行的一个合理的反面解释就是，若经依法备案的慈善信托，不区分受托人，均可以公开募集资金。在受托人是慈善组织的时候，慈善组织如果取得公募资格，自然可以公开募集设立慈善信托。但在慈善信托的受托人是信托公司之时，信托公司能否参与设立公募的慈善信托，能否取得公募资格，仍然值得探讨。

（一）术语使用和问题提出

汉语中"公募"和"私募"这样的表述，是在商业领域常用的术语，能否用于慈善领域，值得斟酌。《慈善法》中把筹集善款的行为区分为"公开募捐"和"定向募捐"，（第 21 条）如果能厘清所用术语的含义，把两种行为依约定俗成简称为"公募"和"私募"似乎也并无不可。

无论是《信托法》《慈善法》还是民政部门的备案规则，都没有明确否认慈善信托可以公募。但是业界的确存在着一些认为慈善信托不能公募的观点。代表性的观点认为，信托公司不可以针对不特定对象设立慈善信托；信托公司可以从事慈善信托，但由于信托公司的信托业务均是私募业务，由信托公司公开募集发起慈善信托违背信托业的本质要求；如果允许信托受托人公募，特别是信托公司公募，慈善信托即变成受托人发起的一个制度而非委托人发起的制度，有违信托制度本质；而且，如果允许此种公募，委托人和捐赠人的区别就变得微乎其微，如何在信托中体现委托人的意愿，如何让委托人行使监督等权能就成为问题。（顾磊，2016）

（二）信托公司不能公募？

首先需要澄清的是，把信托业务定位为"高端私募"属性是针对商业信托而言的，并非针对慈善信托。确立信托业务为私募的规范基础是《集合资金信托计划管理办法》的第5条和第8条，而集合资金信托仅仅是信托公司可从事业务当中的部分内容（虽然是重要内容）。同时，作为信托公司业务基本法律依据的《信托公司管理办法》（银监会，2007）和信托基本法的《信托法》当中并没有任何关于私募的要求。信托公司只能从事私募业务是出于对不同的信托机构（包括信托公司在内的资管机构）业务区分和分类监管的产物，而且是特定历史条件下的产物，未来能否放开信托公司从事公募商事信托也未可知。

其实，就公益信托而言，在银监会2008年93号文件也明确了公益信托可以向不特定的社会公众公开募集善款。而且在《慈善法》颁布之前，实务当中已经出现了公募公益慈善信托的实践，如厦门信托"乐善有恒"公益信托等（杨卓卿，2016），法律的规定和解释不能否定已有的、有益的社会创造。

根据《慈善法》，基金会等慈善组织也可以成为慈善信托的受托人，不少基金会具备公开募捐的资格，如果限制慈善组织以公募的方式从事慈善信托，恐怕非《慈善法》立法者所愿；反过来，如果慈善组织能以公募的方式开展慈善信托而信托公司却不能，这在制度安排上是不协调的。

在假定信托公司能够以公募的方式开展慈善信托的前提下，信托公司是否需要像慈善组织一样向民政部门申请公开筹集善款的资格，倒是一个值得探讨的问题。

（三）受托人"募集"违背委托人意愿和信托本质？

担心由受托人发起慈善信托违背信托之本质也是没有道理的。

根据《信托法》的规定，信托要体现"委托人的意愿"（第2条），《慈善法》第44条又重复了上述表述。委托人的意愿是信托中的蓝图和基因，所有的意定信托——合同信托、遗嘱信托和宣言信托，都应重视委托人的意愿。

这里从合同法原理的发展对此做简单解释。在合同法中，典型的合同是以当事人的要约和承诺缔结的，依法成立的合同被认为是当事人反复磋商的结果，体现了当事人双方的真实意愿。但是，格式合同、框架合同、长期连续合同的出现改变了合同的意思表示内容要素、权利义务确定性要素和时间要素，当事人中总有一方当事人的意愿被或多或少的强制。但是，我们仍然说合同体现了当事人的意愿，合同法强大的基本模型没有被颠覆。

在信托实务中，大量存在的是以投融资为目的的商事信托，以集合资金信托为例，这种信托产品也是以格式合同（标准合同）的形式出现，委托人要么加入，要么离开，（Take It or Leave It）信托合同条款的内容——信托财产的数额、信托存续期限、信托财产的运用方式和对象，都是由受托人一手操办，委托人几乎没有发言权。日本学者神田秀树教授在区分商事信托和民事信托的时候，就把弱化委托人的意愿作为商事信托的重要特点。在以投融资为目的的商事信托实践中，不少人批评这些项目是"融资方意愿导向"或者"项目导向"而非委托人意愿导向，但是，我们不能由此就说这些信托没有遵照委托人的意愿。毕竟，有选择不加入的自由也是一种自由。受托人仍然在其草拟的信托文件中大模大样地写上"本合同遵照委托人的意愿而设立"，从来没有人对这种信托的有效性提出有力的挑战。

既然在私益信托中我们已经不能一律地要求委托人意愿占主导地位，在慈善信托中，也不用如此责备求全。如果能理解信托只是一种灵活的结构而不是一种一成不变的实体的话，上述担心就大可不必。

在慈善信托中，委托人只是具有慈善意愿的人，具体到慈善目的的确定，慈善需求的发现、汇集、满足或实现方式，作为机构的信托公司和慈善组织处于比较有利的地位，其扮演比较积极主动的角色是正常的。委托人（捐赠人）有慈善意愿但不具体，受托人帮助他们发现和设计出更具体的慈善目的，捐赠人若同意加入，相当于捐赠人的意愿得到体现。

有观点认为，设立信托和捐献行为是不同的，如果允许公募就把委托人降格为捐赠人（顾磊，2016）。这种观点是有一定道理的。设立信托的行为有合同、遗嘱和宣言（理论上）三种形式。而广义的捐助行为可能有赠与（双方行为）和捐赠设立基金会法人的行为（单方行为或共同行为）两种类型（朱庆育，2015）。但是，值得注意的是，刨除设立法人的行为，附有特定目的的赠与行为和设立信托的契约行为之间的界限已经十分模糊。例如，在《美国信托法重述》(第三版)当中就有类似评论:向赠与财产时,特别是捐赠者附加限制条件的情况下,法院有时认为慈善信托就此设立,而该法人作为受托人存在。①

在某些慈善信托当中,委托人的意愿可能不如私益信托那样具有主动性,不少情况下是受托人框定一个慈善目的,委托人做出响应而已,但是不能认为此时慈善信托不能体现委托人的意愿。慈善信托中的委托人也不像私益信托的委托人那样享有信托法上的诸多权能,特别是监督权能。(单一或者少数委托人可能是反例)不少慈善信托中的关注点已经转移向了受托人,委托人的意愿的确是弱化了,但是不能说慈善信托没有体现委托人的意愿,更不能说其权利无法得到保障。

实务中不少慈善信托项目在操作上会分批募集善款②,如果僵化地把信托设立理解为一个一次性可以完成的行为,实务当中的这些做法难免会令不少人担心了。

基于目前信托公司的数目不多,且都是受到银监会严格监管的财产管理的专业机构,有完善的财产管理制度和信息披露制度,对于善款有完善的投资管理和安全防范制度,似乎可以放开信托公司的公募资格。

三 信托公司以外的慈善信托受托人

(一)"信托公司"或者"慈善组织":谁是慈善信托的最优受托人?

把信托公司作为慈善信托的受托人写入《慈善法》,在立法过程中的经历一波三折③。笔者以为,信托公司虽然是营利法人,但是,在管理信托财产方

---

① Restatement of Trust (third), §348. cmt. F.
② 《慈善法》之前实施的慈善信托中有不少这样的尝试。例如,在2015年10月成立的中原信托-乐善1期-"善行中原"公益信托计划中标明,"本信托为开放式信托,信托存续期内,委托人/捐赠人可随时进行认购"。资料来源:"中原信托"微信公众号。另外,在2016年1月19日,由厦门国际信托有限公司联合厦门农商银行、厦门市慈善总会共同发起设立的"乐善有恒"公益信托产品正式成立,这是具有向公众募资资格的公益信托产品,首笔善款为100万元,由厦门国际信托和厦门农商银行各捐赠50万元,首期善款将用于厦门市慈善总会"雨露育青苗"等公益项目;后续该公益信托将采取向社会公开募集等多种方式筹集善款。http://xm.ifeng.com/a/20160119/4212808_0.shtml,2016年11月18日。
③ 关于信托公司能否成为慈善信托受托人,立法过程一波三折。2015年10月31日,《慈善法》(草案)一审稿规定,"慈善信托的受托人可以是委托人信赖的慈善组织或金融机构,也可以是具有完全民事行为能力的自然人"。2016年1月11日,《慈善法》(草案)二次审议稿修改稿规定,"慈善信托的受托人,由委托人确定其信赖的慈善组织担任",将信托公司排除在外。在3月9日的三读稿中,信托公司重返慈善受托人范围。

面有着比较长时间的经验，其托管制度在确保信托财产的独立性和安全性方面具有优势；信托公司在对信托财产投资运用、增值保值方面也能提高慈善财产运用的效率。可以说，引入商业的机制运作慈善，必将激发慈善从业者的创造力。

值得关注的是，在民政部和银监会联合发布的《关于做好慈善信托备案有关工作的通知》（民发〔2016〕151号）中第3条规定，"除合同另有特别约定之外，慈善信托财产及其收益应当运用于银行存款、政府债券、中央银行票据、金融债券和货币市场基金等"，其备用性规则（Default Rule）严格限制了慈善财产的投资运用方式，借以凸显信托财产安全性的重要意义，这具有一定的合理性。在普通信托的领域，备用性规则是"除非信托文件和法律有限制，原则上受托人有投资权"，在慈善信托中，更重视安全，才有备用性规则的改变。也正因为其是备用性规则，所以并不会使得信托公司丧失其在增值保值方面的优势，委托人的意愿可以在信托文件中得到充分的尊重——如果委托人原意让受托人对信托财产进行比较激进的投资，他/她可以在信托文件中授权受托人这样做。

信托公司在资金的管理投资方面虽然具有一定的优势，但是必须承认，在将信托财产如何运用于慈善目的方面，其不像慈善组织（基金会、社会服务机构）等那样富有经验；信托公司也不可能组织大量的志愿者和项目管理专家具体实施慈善。慈善信托分为两种类型，一种是捐赠型（Grant-Making），一种是运作型（Operating），对于后者，信托公司是存在短板的。这样，"信托公司＋基金会"的协作模式就成为必要。

信托公司为营利机构，担负为股东创造金钱价值的义务，信托公司从慈善信托管理当中虽然可以收费，但是这不符合利益最大化的价值取向。虽然基于履行社会责任的要求和监管层的激励，不少信托公司乐于参与慈善事业，但是，慈善信托毕竟不可能成为信托公司的核心业务。

而对于慈善组织而言，从事慈善事业是其分内之事。但是，慈善组织如何从事慈善信托，仍然存在不少理论和操作上的不明之处。

其实，基金会等慈善组织在《慈善法》实施之前已经从事了慈善信托，只是不自知而已。人们喜欢对行为标签化处理，慈善行为如果没有贴上信托的标签，很多人就不认为它是慈善信托。基金会在从事专项基金项目管理的时候，已经是受托人的身份,此时基金会作为法人已经要承担受托人所应承担的忠实义务和谨慎管理义务,慈善财产也要和其他的慈善财产以及基金会自身的财产(初始财产和直接捐赠给基金会的财产)分别管理("专款专用"),这符合信托法对信托行为的要求。

在现今的慈善组织的慈善信托实务中,所遇到的一个问题是:银行不给慈善机构开设信托专户。其实这只是一个观念问题,基金会之前按照专款专用,单独做账的模式管理专项基金,实际上已经实现了对慈善财产分别管理,信托财产即产生了独立性。很多人担心慈善专项基金能否产生信托财产的破产隔离功能,笔者以为这种担心是不必要的:慈善组织不能积极地负债(贷款),所以不存在破产风险,托管的必要性相比信托公司而言并不大。

当然,需要由主管的部门发布相关规定,让慈善组织也能在银行开设信托专户,也要普及《慈善法》的规定,让民众了解慈善机构也能做慈善信托。

总之,不存在信托公司和慈善组织谁更能胜任慈善信托受托人的问题。二者各有优点和劣势。在实务当中应让信托公司和慈善组织各自分工,相互配合,扬长避短,共同实现委托人的慈善意愿。

(二) 自然人受托人问题

《信托法》没有特别规定公益信托的受托人资格(《信托法》第24条)问题,并没有排除自然人(律师、亲属、社会贤达)成为公益信托受托人,但是缺乏具体操作的规则。《慈善法》一审稿也把自然人包括在慈善信托受托人的行列,但通过的《慈善法》第46条规定"慈善信托的受托人,可以由委托人确定其信赖的慈善组织或者信托公司担任",使用的术语是受托人"可以"由委托人在"慈善组织"和"信托公司"中确定,至于能否反面解释为委托人"不可以"确定自然人为受托人,并非毫无争议。另外,《慈善法》第50条规定:"慈善信托的设立、信托财产的管理、信托当事人、信托的终止和清算等事项,本章未规定的,适用本法其他有关规定;本法未规定的,适用《中华人民共和国信托法》的有关规定。"如果委托人愿意,似乎《慈善法》并不能否认以自然人作为"公益信托"的受托人。也就是说,在目前的法律框架下,自然人至少在理论上可以成为公益信托的受托人。

从比较法上,英国2011年的慈善法在对受托人的要求中,根本没有强调受托人必须是法人组织。毋宁说,其中很多措辞分明是针对自然人的。美、日、韩等国与我国台湾地区的信托法和慈善法的相关规定,均不排除自然人的慈善信托的受托人资格。一个美国的慈善法制实践的例子是,比尔盖茨夫妇和巴菲特从事慈善事业是双重结构,其一是比尔及梅琳达·盖茨基金会(下称"基金会"),其二是比尔及梅琳达·盖茨信托基金(下称"信托基金"),这两个实体均采取了慈善信托形式(虽然名称里面都有 foundation,但是和我国法上的基金会不是一回事,而应归类为慈善信托),盖茨夫妇和巴菲特作为自然人受托人管理这两个信托。①

在我国,法律条文往往被做限定性解释。从法条解释技术上看,是否可以因《慈善法》属于社会法特别法(而信托法属于民法特别法)就对法条做严格限制性解释,是值得探讨的。

如果为排除自然人受托人勉强寻找理由,最多有以下几个方面。从《慈善法》原理上看,《慈善法》主要调整的是有组织的、规范的、正式的有中介的慈善活动,摆脱了捐赠人和受领人之间个人的、主观的联系。受托人如果是自然人的话,很难符合这一要求。从事实上看,自然人一般不容易赢得委托人的信赖和信任;多数情形下自然人也缺乏管理慈善信托的必要的能力;从技术上,自然人无法受到有效的监管,无法向捐赠人开具票据。这些可能是《慈善法》上没有明确规定自然人可以成为慈善信托的受托人的原因。

但是,从鼓励和促进慈善事业发展的角度看,应让更多的人包括自然人成为慈善信托的受托人,而开具发票、监督管理等都是技术问题,在解决了这些技术之后,不能允许自然人成为慈善信托的受托人,是欠缺充分理由的。

在信托法产生的时期,受托人基本上是和委托人有着人身联系和信赖关系的自然人。在现代社会,信托很大程度上变成了一种组织化、专业化和规范的金融工具,信托受托人主要由专业的机构充任。但是,无论时代如何变化,自然人受托人在信托法上总是占有一席之地。可以说自然人作为受托人充分体现了信托的灵活性。

单一受托人的固化思维是导致这种理解的重要因素。受托人可以是单个自然人,单个法人,自然人和法人的组合以及多个法人的组合等共同受托人形态。剥夺了自然人成为民事和慈善信托受托人资格,将极大牺牲信托制度的灵活性,

---

① 参见比尔及梅琳达·盖茨基金会主页相关介绍,http://www.gatesfoundation.org/。

挫败委托人的各种良性的自由意愿。根据《信托法》的规定，自然人和法人均可以成为信托的受托人。其自然推论是非营业信托中的民事信托（家族信托）、慈善信托的受托人都可以是自然人。《慈善法》第46条也没有直接禁止受托人为自然人，在慈善信托中也是如此。委托人可以让信托公司、基金会和自然人共同成为受托人，各种受托人各自分工从事自己比较擅长的工作，这将有益于委托人慈善意愿的最大限度的实现。

如果不允许自然人做受托人，不重新梳理共同受托人的规则和信托当事人重叠规则，信托制度的灵活性就无从谈起。

四　监察人的设置问题

从语源上看，日本信托法上使用的是"信托管理人"这样的汉字术语。台湾地区在翻译该术语的时候，借鉴民法中规定的社团和财团之监察人以及公司法所规定的监察人制度，使用"信托监察人"这样的术语，《信托法》从之。日本旧信托法（2006年修订之前的信托法）第8条规定信托管理人（监察人）制度，其第一款规定："在受益人不特定或尚不存在时，法院可根据利害关系人的请求或依其职权选任信托管理人，但依信托行为另有指定的信托管理人时，不在此限。"如果把慈善信托理解为受益人不特定或者不存在的信托，此时可以设置信托管理人（监察人），但并没有把监察人作为必备的设置。韩国旧信托法第18条也有类似的规定。台湾地区信托法所做出的创造是，以第5章一整章8条的篇幅，规定了共同适用于公益信托和私益信托的信托监察人制度，并在第75条把信托监察人作为应当设立的设置。我国《信托法》显然是受到台湾地区这一做法的直接影响，既采用"信托监察人"这一术语，也把信托监察人作为一种必需的设置。在慈善信托中，不存在私益信托意义上的受益人（我国学者普遍接受的表述是"不存在特定的受益人"，笔者主张在公益信托中不存在受益人，最后取得给付的人可以用"受领人"替代，原因是这些所谓的受益人一般不存在强制执行慈善信托的权利），在制衡受托人的行为方面有所欠缺，所以，《信托法》把监察人作为必设机构。

相比《信托法》第64条所规定的公益信托监察人强制设立规则，《慈善法》第49条缓和了慈善信托设立条件，把设置监察人的选择权交给了委托人，

（"慈善信托的委托人根据需要，可以确定信托监察人"）可以说这体现了意思自治的精神。毕竟，善款来自委托人。例如，有人出100万设置慈善信托，他对受托人的管理能力和忠实履职深为信任，他可以选择不设监察人，以免增加不必要的设立成本。

客观上看，《慈善法》的做法显得更尊重信托设立人的意愿。《信托法》把监察人一律作为必设机构，增加了设立公益信托的成本，拖延了设置信托的时间，而且会产生谁去监督监督者的代理成本问题。但是，从理论上分析，一律将监察人的设置诉诸委托人选择有不恰之处。例如，公开向不特定的社会公众募集善款的慈善信托，存在多数委托人，且存在匿名的情形，委托人就是否设立监察人做出选择和决定缺乏必要的机制。为此，我们建议区分公募型的慈善信托和私募型的慈善信托，对公募型的慈善信托，其委托人通常无力监督，所以依然保留为强制（"应当"）设置；而在私募型的公益信托中，委托人有更多的动因和能力对受托人的行为进行进监督，委托人可以选择是否设置信托监察人。这样，可以调和意思自由和强制保护的矛盾。

但法条如此，要靠另外的立法来做出规定了。至于能否理解为委托人（特别是单一委托人）没有设置监察人的，就一律自动适用《信托法》第64条规定，由公益事业主管机构指定，值得探讨。

关于《信托法》第64条是否根据新法优于旧法的原则被排除了，笔者理解，第64条并非失去效力，而是有如下适用情形。第一，如果有当事人非要根据《信托法》设置"公益信托"而非"慈善信托"，此时应予以适用；第二，多数委托人设置慈善信托，无法形成意思来表达是否设置监察人，或不能就是否以及如何设置监察人达成一致等情形，公益事业主管机构可基于公共利益介入，指定监察人。

五 代结语：促进慈善事业发展不能自我设限

在民政部颁布的《慈善组织公开募捐管理办法》中，标题就把调整的对象限于"慈善组织"，和《慈善法》一样，体现了对慈善信托的疏离和陌生感。不过，这还是让人释然，毕竟民政部门没有制订明确的规范限制慈善信托公开募捐。

和能否公募问题一样，《慈善法》的出台，在放松管制、尊重意思自由方面为慈善事业打开方便之门，应当承认其中存在着巨大的制度进步。行政主管部门、监管部门、实务工作者还有学者，不应过多地通过反面解释把《慈善法》的规定解释为限制性的规定。《慈善法》虽然不同于《信托法》，为社会法，但是，在法律没有禁止的地方，如仅有很少的外部效用，信托人不能自我设限，自缚手脚。（在作为社会法的《慈善法》中是否适用法无明文禁止即允许的民法原则，值得探讨）实务界人士的创造，有时会倒逼规则的形成，中外信托业的发展都证明了这一点。自我设限无疑会阻碍慈善事业的发展。

把信托机制引入《慈善法》，就是要引入信托的灵活性，为创新型社会管理提供更便利的工具。从业者一方面要摆脱商事信托思维对从事慈善信托的束缚，另一方面要摆脱管制思维的束缚，更不能以某些官方人物或者权威人物的观点来限制自己的思维。

参考文献

顾磊（2016）:《慈善信托:成功"抢滩"还是错位"登陆"?》,《人民政协报》,9月20日。
杨卓卿（2016）:《厦门信托开创公益信托募资新模式》,《证券时报》,8月31日。
赵廉慧（2016）:《慈善信托的误解与未来》,《中国慈善家》,(9)。
朱庆育（2015）:《民法总论》,北京:北京大学出版社,第53～154页。

On Theory and Practice of Charitable Trust System in "Post-Charity Law Era"

Zhao Lianhui

[**Abstract**] After the promulgation of the Charity Law, many theoretical and practical issues still await explanation. This paper focuses on such issues as the register system of charitable trust, whether charitable trust can be publicly financed, whether charity organizations and natural persons can become trustees, and whether supervisors can be assigned freely. It argues that when understanding and applying the charitable trust-related laws, the theorists and operators should not limit themselves, but take advantage of the flexibility and convenience of the trust system to promote the development of charitable trust system and charity cause.

[**Key words**] Charitable Trust; Register System; Supervisor; Trust Company

(责任编辑：陈洪涛)

通过集体组织的社会主义现代化
——评《中华人民共和国慈善法》*

白 轲著 马剑银译

【摘要】 中国《慈善法》的出台,意味着近十多年来的慈善立法进程大功告成,这部法律强调适当发展慈善部门的生产力,从而有利于实现社会主义现代化。该法与《境外非政府组织境内活动管理法》共同体现了在社会主义法治原则的新兴架构下中国民间社会组织化取得的重大进步。尽管《慈善法》和《境外非政府组织境内活动管理法》各自代表着中国社会组织管理整体的不同侧面,但在促进国家发展的独特贡献方面值得分别深入探讨。本文考察了《慈善法》在实现中国共产党基本路线、推动社会主义现代化建设方面的作用。文章的结构如下:除第一部分导论之外,第二部分重点考察《慈善法》的具体条款,其中涉及《慈善法》草案和最终版本之间的内容变动;第三部分进行更为深入的考察,从理论层面构建了一个分析框架,它有助于更好地理解《慈善法》的伟大贡献以及在新的历史阶段保持中国民间社会生产力发展所面临的挑战。

---

* 白轲(Larry Catá Backer),美国宾夕法尼亚州立大学法学及国际事务教授,理查德与玛丽·艾希尔曼学者;马剑银,北京师范大学法学院讲师,法学博士,公共管理学博士后。感谢白轲教授的授权分享。

【关键词】 慈善法　现代化　社会主义

一　导言

经过近十年的讨论，中国的全国人民代表大会通过了第一部社会主义性质的慈善事业法（即《慈善法》）。① 此项努力在 2015 年底和 2016 年初进入草案协商阶段。2015 年 10 月，全国人大常委会公布了《慈善法》第一份草案，并就此征求国内外相关意见。2016 年 1 月，全国人大常委会公布《慈善法》第二份草案并再次征求意见。② 此后，全国人大修改了《慈善法》草案并于 2016 年 3 月的全体会议上通过，该法于 2016 年 9 月 1 日起生效。③

新华社与《中国日报》在发布这一有关中华人民共和国社会主义法律框架发展过程中重要里程碑消息时，将重心放在体现重要意义的四项措施和三项应对挑战的措施上。④《慈善法》最重要的部分是其中广义的慈善概念、⑤ 努力简化慈善的组织登记和监督制度、⑥ 鼓励公开募捐⑦以及针对慈善组织的若干税收

---

① 《中华人民共和国慈善法》于 2016 年 3 月 16 日通过，2016 年 9 月 1 日生效。感谢高山先生的耐心协助和精心翻译。英语译文可参见：http://chinalawtranslate.com/2016charitylaw/? lang = en. （最后访问日期 2016 年 12 月 12 日）

② 两份草案的内容比较请参见：http://www.backerinlaw.com/Site/wp-content/uploads/2015/06/Comparison_ CUL1_ CUL2_ 2016. pdf. （最后访问日期 2016 年 12 月 12 日）

③ 见《慈善法》第 112 条，另见 Ashwin Kaja & Timothy P. Stratford, "China Builds New Framework Governing Civil Society Organizations, Part I: Charity Law," *Global Policy Watch*（Covington & Burling, May 12, 2016），载 https://www.globalpolicywatch.com/2016/05/china-builds-new-framework-governing-civil-society-organizations-part-i-charity-law/. （最后访问日期 2016 年 12 月 12 日）

④ 参见 "China's Charity Law Lakes Effect Thursday", *Xinhua/China Daily*, Aug. 31, 2016. 载 http://www.chinadaily.com.cn/china/2016 - 08/31/content_ 26658510. htm. （最后访问日期 2016 年 12 月 12 日）

⑤ 同上注，《慈善法》所调整的慈善活动包括扶贫济困，也包括促进教育、文化、卫生、体育与环保事业的发展。

⑥ 同上注，《慈善法》规定慈善组织只向当地民政部门申请登记。

⑦ 同上注。《慈善法》鼓励慈善组织申请公开募捐资格，大幅放宽此前对在民众中进行广泛募捐的限制。新华社指出："互联网募捐已成为一个欺诈行为的易发平台，因此法律要求慈善组织的网络募捐要与民政部门批准的，包括腾讯公益慈善基金会的'腾讯公益'（www.gongyi.net）在内 13 个网站进行合作。"

优惠措施。① 这些措施旨在应对中国慈善事业面临的挑战——提供一种对日益增长的社会组织进行监管的手段，这些社会组织的年度预算总额已经超过1042亿元人民币；鼓励落后于美国人均水平的个人捐赠。② 此外，《慈善法》是通过国家监督实现公共问责的决定性举措。③

除了《慈善法》之外，全国人大常委会还通过了一部《境外非政府组织境内活动管理法》（FNGO，简称《境外NGO法》）。尽管慈善组织属于民政部门管辖，但是境外非政府组织仍须置于中央、省级及以下各级地方公安机关的监管之下，除非国家法律另有规定。④ 两部法律都旨在根据推动发展社会主义法治、社会主义文化和社会主义环境政策等基本国策，努力将民间社会的生产力加以组织化并完善治理；两者也都是为了寻求更好的方式以确保在中国境内的非经济活动能够以政府确定的方式提供服务，造福国家。然而，两者采取的规制管理的途径却大相径庭。这两部法律在中国国内和西方国家都存在正面和负面的评论。⑤ 两部法律的规制框架尽管存在关联性，但尚未实现不同部门行政

---

① 同上注，《慈善法》规定个人和企业捐赠者享受税收优惠，境外捐赠可依法减征或免征进口关税和进口环节增值税。
② 同上注。
③ "此前鲜有公共问责"，胡润百富榜（Hurun Report of The Richest People in China）的创始人胡润（Rupert Hoogewerf）说。"当出现公众募捐时，你有权知道这笔钱是如何使用的"参见 Megha Rajagopalan, "China Set to Introduce *Charity Law* though Some Unlikely to Benefit," *Reuters*, March 10, 2016.
④ 《中华人民共和国境外非政府组织境内活动管理法》（2016年4月28日第十二届全国人民代表大会常务委员会第二十次会议通过）。也见 "The Good-and Bad-about China's New *Charity Law*", *The Wall Street Journal*, March 16, 2016. 载 http://blogs.wsj.com/chinarealtime/2016/03/16/the-good-and-bad-about-chinas-new-charity-law/.（最后访问日期2016年12月12日）
⑤ 关于这两部法律的评论，可参见 Reza Hasmayj, "The Pros and Cons of China's NGO Laws," *The Diplomat*, March 23, 2016, 载 http://thediplomat.com/2016/03/the-pros-and-cons-of-chinas-ngo-laws/.（最后访问日期2016年12月19日）；贾西津，"境外NGO立法：第二只靴子如何落地"，财经网，2015年11月27日，载 http://yuanchuang.caijing.com.cn/2015/1127/4020544.shtml；英文版载 http://chinadevelopmentbrief.cn/articles/legislations-for-foreign-ngos-how-will-the-second-boot-land/.（最后访问日期2016年12月19日）。西方的评论倾向于《慈善法》对在中国境内创建西方式民间社会的影响，参见 Josh Freedman, "China's Charitable Turn?: How Beijing is Redefining the NGO Sector," *Foreign Affairs* July 10, 2016, 载 https://www.foreignaffairs.com/articles/china/2016-07-10/chinas-charitable-turn.（最后访问日期2016年12月19日）

管理的衔接与协调。①

这些管理途径表明在马列主义法律、社会与政治的基本概念中，有关提供公共产品的劳动管理既显示了巨大的力量，又存在根本性矛盾。《境外NGO法》将境外慈善组织视为准国家行为主体。② 相反，《慈善法》却将慈善组织视为"列宁主义的劳动合作社"。③ 尽管《慈善法》和《境外NGO法》应被视为中国社会组织管理整体的不同侧面，但它们在国家发展的独特贡献上值得各自分别讨论。笔者很赞成全国人大发言人傅莹的说法，即"'不能低估'这部法律的重要性"。④

本文考察了《慈善法》在实现中国共产党基本路线和推动社会主义现代化方面的作用。也就是说，文章审视《慈善法》的视角在于其是否符合中国共产党的基本路线，是否遵循解放思想和改革开放的基本义务。"各项工作都要把有利于发展社会主义社会的生产力，有利于增强社会主义国家的综合国力，有利于提高人民的生活水平，作为总的出发点和检验标准"。⑤ 从中共路线的角度出发，《慈善法》既带来了挑战，也提供了机遇。该法还存在一些值得进一步考察的关键领域，包括反腐败、慈善组织服务行为的自愿性以及境外非政府组织的作用等相关条款。"该法的条款不仅影响到中国和境外的非营利组织，还广泛

---

① 参见冬子津：《对慈善法的五个提醒》，《财经》，2016年第47期；英文版 Dong Zijin, "Five Considerations Regarding the Charity Law", *Alliance Magazine*, June 6, 2016, Herman Zheng, trans., 载 http://www.alliancemagazine.org/blog/five-considerations-regarding-the-charity-law/. （最后访问日期2016年12月19日）。"尽管有了慈善法，对于原来按照慈善组织进行管理的涉外基金会，却不能纳入慈善法进行管理，这需要在管理体制上实现有机链接，以实现慈善与境外非政府组织管理的必要结合和微妙平衡"。

② 参见 Larry Catá Backer, "Walls and the Symbolic Barrier in the Era of Reform and Opening Up" *Law at the End of the Day*, May 7, 2016, 载 http://lcbackerblog.blogspot.com/2016/05/larry-cata-backer-on-chinas-new-foreign.html. （最后访问日期2016年12月19日）

③ 关于古巴推行的"列宁主义劳动合作社"，参见 Jesús Crz Reyes & Camila Piñero Harnecker, "An Introduction to Cooperatives", in *Cooperatives and Socialism：A View From Cuba*, ed. by Palgrave MacMillan, Camila Piñeiro Harnecker, 2013. 关于这一概念的批判分析，参见 Larry Catá Backer, "The Cooperative as Proletarian Corporation：The Global Dimensions of Property Rights and the Organization of Economic Activity in Cuba", *Northwestern Journal of International Law and Business* 2013, 33（3）：527–618.

④ 参见"The Good-and Bad-about China's New *Charity Law*," *The Wall Street Journal*, March 16, 2016. 载 http://blogs.wsj.com/chinarealtime/2016/03/16/the-good-and-bad-about-chinas-new-charity-law/. （最后访问日期2016年12月12日）。

⑤ 源自邓小平1992年视察南方时的讲话，现收入《中国共产党章程》"总纲"第9段。

影响到各类营利性公司及其履行企业社会责任的各种行为"。①

本文采取如下结构：除了第一部分导论之外，第二部分重点考察了《慈善法》的具体条款，其中涉及《慈善法》初次草案和最终版本之间的变动；第三部分进行更为深入的考察，从理论层面构建了一个分析框架，它有助于更好地理解《慈善法》的伟大贡献以及在新的历史阶段保持中国民间社会生产力发展所面临的挑战。笔者假定阅读本文的读者都熟知《慈善法》的内容。

二 《慈善法》的具体条款

《慈善法》总体上代表着中国法治建设的一个重大进步。它是应对社会主义现代化建设方向相关问题的重要举措，因此触及共产党领导权的敏感问题，尤其是与中国共产党"毫不动摇地鼓励、支持、引导非公有制经济发展"的战略密切相关。② 笔者的评论侧重于解读《慈善法》与中国共产党基本路线的融贯性和一致性。"各项工作都要把有利于发展社会主义社会的生产力，有利于增强社会主义国家的综合国力，有利于提高人民的生活水平，作为总的出发点和检验标准"。在这些方面，研究《慈善法》的具体条款会有所助益。

（一）第一章　总则

第1条和第3条涉及慈善的目标和慈善动因。这两个条文将慈善活动与促进社会进步、分配社会发展成果相互关联。这或许更有助于把握第1条和第3条的核心理念。第1条涉及立法目的，包括发展慈善活动所代表的生产力，保护慈善组织及其利益相关方的权益，促进社会和谐。第3条定义慈善活动，以涵盖一系列广泛的活动——促进体育、文化、教育、环保等。第1条有可能会被简单解读成与构建社会主义和谐社会的崇高目标相关。③ 然而第3条还涉及社会主义现代化总体目标下的其他若干重要目标。例如，它提到发展先进的社

---

① 参见 Ashwin Kaja & Timothy P. Stratford, "China Builds New Framework Governing Civil Society Organizations, Part I: Charity Law," Global Policy Watch (Covington & Burling, May 12, 2016), 载 https://www.globalpolicywatch.com/2016/05/china-builds-new-framework-governing-civil-society-organizations-part-i-charity-law/. （最后访问日期2016年12月12日）。
② 《中国共产党章程》，"总纲"第14段。
③ 同上，"总纲"第17段。

会主义文化;① 环境保护;② 及"坚持以经济建设为中心……实施科教兴国战略、人才强国战略和可持续发展战略"。③ 可惜的是,第3条并未将促进社会主义民族关系和宗教和谐的内容纳入到慈善工作的范围之中,而这是中共基本路线的一个重要组成部分。④ 鉴于近期出现了旨在管理宗教领域的立法规划,后者的意义更为重大。⑤ 宗教社群的工作与《慈善法》的内容多有重叠,双方本应相互协调努力,从而更为有效地发展生产力。同样,宗教与慈善相互协调也有助于通过慈善组织的努力和对慈善的定义,更好地体现中国共产党发展中国生产力的基本路线。更为重要的是,如果中国共产党的基本路线和慈善工作组织化之间的关系能够更加明确,可以更好地为服务于党的政治工作。原因不仅在于这能够促进党的政治工作,而且还能为已纳入《慈善法》的行政自由裁量权行使提供一个合理的思想基础。

第2条为慈善组织的中央统一监管提供了法律依据。然而,第2条也可能导致管理权威被无止境地贬抑。如果只是因为缺乏来自中央政府的强势领导而造成政策不一致的可能性,那也许非常令人遗憾。当然,允许地方变通是有益的。但社会主义法治的精髓是构建一个确保政策执行基本一致的监管框架,这并不能靠一条似乎显示高层听任强势省级机构自行其是的规定进行推动。用以确保所有相关规则不会冲突或重叠的一些努力可能已经出现。然仓促制定诸多无法相互关联、制造乱象而非创造秩序的法律,并不能推动社会主义法治的发展。第6条已经有这个趋向,虽然这步子迈得不大,但已经相当有用。因此,深入认识第2条规定的慈善法效力范围和第6条规定的各级政府执法管辖权之间的关系也许非常有意义。

第4条将慈善活动恰当地纳入到社会公德、他人合法权益和重点关注公共利益的视域之中。就这点而言,只有当条款旨在确保慈善部门不会沦为唯利是图的商业组织时,才会有意义。事实上,将第4条与第9条结合起来进行解读非常重要。不过,第4条涵盖了受《慈善法》规制的个人和慈善组织;而第9

---

① 同上,"总纲"第16段。
② 同上,"总纲"第18段。
③ 同上,"总纲"第11段。
④ 同上。"总纲"第10、20段。
⑤ 参见《宗教事务条例修订草案(送审稿)》(2016年9月)。英文版载 http://chinalawtranslate.com/religious-regulations/? lang = en. (最后访问日期:2016年12月19日)

条似乎只适用于慈善组织。第七章的条款（第61－68条）似乎清晰表明，第一章的限制条件同时适用于受《慈善法》规制的慈善组织和可能与之相关的个人。但是，它也表明全身心投入慈善活动的志愿者应当无偿服务，当然这种说法或许失之简略概括。在这个意义上，建议志愿者无偿工作，其本身就可能意味着与重视劳动者尊严和避免剥削的中国共产党基本路线相矛盾。更重要的是，一旦允许个人无偿从事志愿和兼职工作，作为发展大众文化、发展和谐社会以及劳动者培训重要手段的慈善事业，其功用就有可能受到不利影响，从而遭遇挫败。因此，或许应该允许为慈善组织提供服务的个人获得公平薪酬。

第5条也是非常有用的条款。希望这样的规划能够得到严格执行，以推动中国共产党的基本路线。在这个方面，考虑建立一个报告机制也许非常有意义，可以让适当级别的政府部门对这些规划进行审查和批准。至于第6条，这一条文非常恰当地强调了协调的必要性，不过，将评估义务的内容一并纳入其中或许也很有助益。

（二）第二章　慈善组织

第9条为管理慈善组织设置了一个重要框架。然而它并未明确慈善组织能否从中国境外的个人或组织那里获得必要的资金或财产，即使能，当局对此类捐赠进行审查的限额也未明确。不过，第二章的条款也必须根据第七章更为具体的规定进行解读。《慈善法》在字面上并未表露出这种关联。因为它削弱了《慈善法》作为强化社会主义法治和社会主义民主的基础价值，这颇令人唏嘘。这意味那些通过慈善组织提供慈善服务从而热心帮助自己国家的普通人也许没有能力去解读并领会复杂而微妙的法律内容。向有意遵守法律的个人普及法律，与通过法律正确体现并执行中国共产党领导下的政策同等重要。事实上，必须将与人民的有效沟通（包括上情下达和下情上达）理解为群众路线的一个基本要素，而《慈善法》为群众路线提供了重要表述。

第10条规定了一种合理的登记途径。或许可以考虑另外两个因素：第一，是否应该维持慈善组织的一种国家登记机构？第二，如果某个组织的登记被拒绝，是否应该给它一个纠正错误和疏漏并再次申请的机会？关于第一点，国家登记机构也许有利于减少欺诈和腐败，这是基本路线的一个要素。① 关于第二

---

① 《中国共产党章程》，"总纲"第23段。

点，再申请权隐晦而不明确，如果加以澄清，也许有助于下级政府更好地理解该法。此项努力也有益于政府给出拒绝登记的理由。给出理由的义务在两方面能够发挥作用。首先，它是培训人民学习党与国家规则和政策的一项重要内容。这是一项基本义务，也是党的政治工作的一项重要内容。在国家及其公务人员履行他们本职义务的每次行动中，如果不能持续努力地教育人民并纠正错误，社会主义现代化和构建社会主义先进社会与文明的目标就无法实现。邓小平非常明确地提醒党的干部说，区分两种不同类型的错误非常重要——惩罚一种，纠正另一种。这一见解现在已经成为《中国共产党章程》"总则"部分的内容，也是构建和谐社会的关键义务，可以在这方面有效适用。① 其次，给出拒绝登记理由的义务有助于打击腐败和腐化官员。要求此类理由有助于上级官员管理下级官员，并有助于中央纪律检查委员会开展工作。

第11–16条涉及慈善实体的组织，似乎很健全。不过可以考虑几点。第一，法律条款只是假设但未曾载明全体大会有责任确保慈善组织的评估与改善，第11条并未明确这方面的权力设置。或许要求理事会向全体大会（并向慈善组织登记的所在一级政府）提交详细的慈善年度报告会有助于强化问责，并减少腐败诱惑（第13条）。这些报告目前需要向民政部门提供；也需要向捐赠人和公众提供，至少提供修订过的版本。② 此外，捐赠人（第15条）和慈善组织管理者（第16条）之间的关系并不清晰。一个利益冲突是规则详尽而具体（第14条），其中表明捐赠人可以在慈善组织内部获得并保留一个领导职位。第14条还设定了一个反渎职规则，但并未明确谁有权执行这一条款。当然，至少国家拥有此项权力。因此，报告变得尤为重要。不过，为了国家能做好此类工作，可能不得不依靠慈善服务受益人或者权力滥用受害人的举报。但这一条款如何实现的方式并未明确规定。鉴于此类条款的规定并未受到鼓励，国家在监管慈善事业的工作中，防范捐赠人及其他人滥权行为会遇到阻碍。

第13条规定慈善组织按照其章程开展工作。但并未明确由何人以何种方式执行该条款。或许应该准许慈善组织的成员有权利请求民政部门强制执行，或者可由民政部门接到投诉后开展调查。这两种方式都将是有效的具体机制。

---

① "严格区分和正确处理敌我矛盾和人民内部矛盾这两类不同性质的矛盾"。见同上注，"总纲"第17段（和谐社会）。
② 《慈善法》第八章（"信息公开"，第69–76条）对此进行了初步讨论。

如果要求境外非政府组织的工作与坚持中国共产党基本路线、发展生产力以及确保迈向经济、政治、文化、社会和环境的社会主义现代化道路这一总体义务相互协调，那么第 15 条就很重要，也很必要。尽管可以假设，但事实上并未明确某一个境外非政府组织必须在中国设立一个本土机构，以满足第 8-9 条的要求。也就是说，一旦中国公民根据第 9-10 条的规定建立一个慈善组织，该组织即可与境外非政府组织展开业务联系，接受来自境外非政府组织的资金或其他物资，并贯彻境外非政府组织的基本路线，只要这些业务符合第 15 条的规定，并且不存在第 14 条项下的滥用职权现象。因此，似乎有必要对第 10 条、第 15 条以及第 17 条进行解读。倘若确乎如此，那么第 15 条（用以补充第 4 条的一般政策）表明了对境外非政府组织影响范围的限制——这与适用于中国慈善组织的一般要求并无不同。也就是说，境外非政府组织将享有与中国慈善组织同等的待遇，并遵守相同的规则和限制，甚至根据《慈善法》进行正式登记。如果将《慈善法》和《境外 NGO 法》作为一个融贯整体共同进行解读，那么根据《慈善法》进行的登记应该不会被《境外 NGO 法》削弱或禁止。但遗憾的是，目前还没有权威解释。尽管如此，这样的解读并没有与党的路线相矛盾，而且有可能成为符合党的路线的健全政策的基础。① 这也是中国共产党基本路线或改革开放政策的核心内容（"要坚持对外开放的基本国策，吸收和借鉴人类社会创造的一切文明成果"。)②。

（三）第三章　慈善募捐

有关慈善捐赠的条款值得赞赏，而且编写非常适当。不过，它们似乎强调募集机制在传统体制中更为有效，而在现代中国的大城市中的功能发挥稍弱。第 23 条的确提供了一个互联网募捐的框架，③ 但其采取的监管方法存在风险。首先，监管过于具体，也过于狭窄。它表明无须太多改变就可以使捐赠从传统途径转移到互联网领域中。但这也许不太现实。第二，将基于互联网的募捐的实体内容纳入制定法的条文，这本身就限制了对互联网募捐实施的行政监督，

---

① 《中国共产党章程》，"总纲"第 17、25 段。
② 同上，"总纲"第 13 段。
③ 《慈善法》第 23 条第 3 款规定，"慈善组织通过互联网开展公开募捐的，应当在国务院民政部门统一或者指定的慈善信息平台发布募捐信息，并可以同时在其网站发布募捐信息"。另见第 27 条对互联网服务提供商施加的限制义务。不过，并未明确互联网服务提供商对谁承担这一强制义务。

并无必要。这是因为，基于技术和互联网的行为往往瞬息万变——通过制定法条文的监管想要跟上节奏实在勉为其难。法律提供一个总体框架可能是更好的选择，比如要求互联网募捐必须遵循与传统募捐相同的标准，然后将技术细节留给监管机构，以便更迅速地应对变化和挑战。

慈善募捐规划的核心内容当然应该被准确无误地纳入募捐方案。但当前募捐方案应当向相关民政部门备案（第24条）。方案并不向公众提供，尤其是向那些要求捐赠的个人和实体提供。这是一个疏忽，应该予以纠正。① 要求在慈善组织的网站上公布这类募捐计划是很简单的事。不过这又引出另一个问题：是否应该要求所有慈善组织都保有一个网站。我怀疑答案应该是"是"，但民政部门有权在特殊情况下豁免此项要求。《慈善法》与其他领域的政策一样，必须与时俱进。

第23条会努力确保民政部门之间合理划分管辖权的过程中不会带来不必要麻烦。第23条始于一个基本假设，即最惯常的募捐方式（募捐箱和项目组织）必须局限于本地范围。登记规则就遵循着这一假设。当中国处于更早期的历史阶段时，肯定依循如此情况。但中国现在已经是一个强大、现代和统一的国家。中国公民为自己的慷慨之举感到无比自豪，他们愿意在任何必要情形下为国家的进步做出贡献。为自然灾害而捐赠就是一个确凿证据。不过，《慈善法》本身似乎是为历史而非当代所书写。人们疑惑它为何不能重新考量登记制度从而更加符合时代特征。否则的话，针对重大项目的慈善事业将会受到阻碍而不是得到加强。事实上，这个问题关涉更多的是腐败而非援助管理，尤其涉及在全国性行动中慈善组织所收"捐款"或"处置"经费的滥用。第30条朝着正确方向迈出了一步，但仅限于几类"突发事件"。②

第26条允许不具有公开募捐资格的个人和组织与有公开募捐资格的组织展开合作。这很有意义，是发展慈善捐赠生产力的一个重要开明举措。然而，确

---

① 作者的这一段论述并不准确，《慈善法》第25条规定了募捐方案的公开要求，即慈善组织开展公开募捐，应当在募捐活动现场或者募捐活动载体的显著位置公布包括募捐方案在内的详细信息以供公众尤其是捐赠人查阅。——译者注
② 《慈善法》第30条规定"发生重大自然灾害、事故灾难和公共卫生事件等突发事件，需要迅速开展救助时，有关人民政府应当建立协调机制，提供需求信息，及时有序引导开展募捐和救助活动"。它还规定了政府间的协调机制，但未明确慈善组织的工作协调能力。或许可以依照第26条的规定，由当地慈善组织牵头组织多元慈善活动（multi-charity）。不过，《慈善法》并未明确此类实践的适用范围和正当性，或者相关工作的法律要求。

保免生腐败同样重要。因此，或许应该要求对所有这类个人和组织进行识别，同时确认其与特定募捐活动的关系，至少是一般意义的确认。这种关系也应接受慈善组织和国家的审计。

《慈善法》尚未解决这样一个募捐问题，即慈善组织募集并使用境外捐赠的权限。没有理由将慈善捐赠财物的募集局限于中国境内。当然，中国的慈善组织应该有权从其他国家获得捐赠。人们尽管希望对这些捐赠进行严格监管，并使募捐行为以完全透明的方式进行，但没有理由施加其他限制。当海外华人共同体可能成为捐赠者时尤为如此。更为重要的是，《慈善法》条款是否适用于海外募捐也并未明确规定。当然，这是第23条设定的募捐基本形式这个前提带来的后果。然而《慈善法》确实应该以有效的方式授权并管理这些海外募捐。

（四）第四章　慈善捐赠

涉及捐赠的条款以公平和相当必要的方式充分推动了对捐赠的监管。慈善捐赠必须基于慈善目的来进行（第34条），① 可以包括任何形式的有形或无形财产（第36条），必须符合安全、卫生和环保标准，② 应根据特定情形执行捐赠协议，③ 且不得用于宣传烟草制品。④

第35条似乎表明了直接慈善捐赠活动的合法性。或许有必要消除一个观念，即目前《慈善法》只规范被许可的慈善形式。事实上似乎并非如此。它强调《慈善法》监管的只是传统慈善活动的一个领域。正如我们所看到的，其他领域依然是各类监管的对象。当然，协作监管在这方面可能会有所助益，只是未曾提及。就第35条而言，它将会涉及个人或企业向受益人直接捐赠的权力（power）。这些捐赠可能有利于避免滥权和腐败，但在其他方面，它们与《慈善法》的主旨关系不大。

---

① 这要求根据第一章及其主要原则来解读第四章。
② 《慈善法》并未明确由谁承担此项义务——捐赠人还是慈善组织。如果简单回答，或许就是慈善组织可以要求捐赠人根据第36条做出保证，从而进行自我保护。
③ 《慈善法》第37条（演出或其他活动的收益进行捐赠时）、第39条（应捐赠人要求并获得第38条所要求的发票）。
④ 有些人认为，这一公共政策可以扩展到其他产品。参阅"法律和国际事务基金会对《中华人民共和国慈善法》的评论"（第二稿）（2016年2月1日），可见 http://lcbackerblog.blogspot.com/2016/01/foundation-for-law-and-international.html. （最后访问时间2016年12月21日）

在某种程度上，《慈善法》中的权利保护条款并不一致（inconsistent）。第41条规定慈善组织有权对拒绝履行其捐赠承诺的捐赠人提起诉讼。然而，第42条要求捐赠人在慈善组织违反捐赠资产处置协议时向民政部门投诉。这种情形下慈善组织与捐赠人的相互关系既有助于产生公平，也有助于尽量减轻国家的负担。第41条和第42条原本可以加以修订，以允许民政部门进行干预，但最后却允许捐赠人或慈善组织可以更主动地保护自身的权利。

第43条将国有企业单列或许确有必要，但也令人遗憾。法条并未明确为何国有企业的行为可以不遵守普遍适用的法律。否则，《慈善法》实际上会一分为二，一部针对私营部门，一部针对国企部门。这种做法在社会主义现代化的形成阶段或有必要。未明确说明这种在20世纪进行区分的支持理据同样适用于21世纪。唯一的例外或许可以出于显而易见的国家安全原因，专门针对与军队相关的企业。

（五）第五章　慈善信托

反腐败的保护措施必须成为《慈善法》的核心内容。① 因此，第48条最受欢迎。然而，或许应该详细阐述腐败的性质，以及接受慈善（慈善目标、慈善服务和慈善财产）委托的人员的腐败行为。这不仅仅是第48条所涵盖的利益冲突问题。它还是一个职责问题——这种职责旨在确保所有慈善决策都是为了促进慈善目的，其方式须符合社会主义现代化的总体目标，并且慈善组织的负责人能以透明的方式展示他们恪守此项职责。这关涉慈善组织运作的所有方面，以及慈善组织自身决策机构所有成员之间关系的性质。《慈善法》在法条上并未明确是否能够有效处理这方面的腐败问题。

第44条允许的公益信托存在某种模棱两可的规定。第3条将公益确定为慈善活动的合法依据。从中或许可以推断出公益的范围。公益的范围由法而定（第3条第6项），并且不得"违背社会公德，不得危害国家安全、损害社会公共利益和他人合法权益"（第4条）。或许更为重要的是，公益活动是"践行社会主义核心价值观，弘扬中华民族传统美德"的慈善活动（第5条）。这不仅表明积极的民间社会组织提供公益的范围可能并不严格限于扶贫济困，同时也表明对民间社会活动的限制——不得从事政治性活动，不得从事改变党和国家

---

① 《中国共产党章程》，"总纲"第26段。

制度的活动。但是，一旦国家确定民间社会组织的活动能够推动社会主义或核心价值观，就会鼓励它们继续开展工作。这至少表明民间社会和政府之间存在一种密切的工作关系，它可以在诸多领域调整国家政策或者使国家政策趋向民营化。而且，这符合列宁主义者的期望，即群众组织要与先锋队政党开展合作，而不是对抗。与此同时，在努力实施解放思想重要政策、尝试进行国家服务或为实践群众路线提供工具的社会情境下，理解民间社会组织执行此项任务的价值是非常有意义的。

（六）第七章 慈善服务

慈善服务展现着慈善活动中一些最为私人性的内容。其范围可能还包括为需求方提供医疗保健、咨询服务和家政服务。不过，慈善组织提供此类服务可能会被人们理解为慈善组织发挥公共性职能。这可能会要求此类组织承担特别的责任，而当一个组织在市场中进行商业运作时，却没有此类要求。① 因此，第七章的条款既有必要，也受欢迎。有两个含糊之处值得进一步考量。一个是提供这些服务的定价问题，另一个是服务提供者的志愿性问题。

第一，法条并未明确为何慈善服务必须无偿提供（第61条）。这种僵化特质降低了一个慈善组织修改其收费计划的能力，例如，基于受益人支付能力的收费计划。一个组织更有可能选择减少收费而非取消收费，或者基于支付能力而有差别地收取费用，从而扩大服务提供量或使分配更公平。可以对这些费用的结构进行审查和管理，但不应予以禁止——以便取得更好的效果。

第二，法条也未明确慈善服务提供者本人为何会接受这种无偿。志愿服务是个人通过奉献劳动实现对慈善组织捐赠的一个基本手段。它作为募捐有形与无形财产的一个重要补充，也是服务传递的根基。这是《慈善法》的一项重要内容，相关条款应精心设计，以促进志愿服务，保护志愿者、慈善组织和受益人。

模糊歧义的出现在某种程度上使得《慈善法》可能被人解读为禁止慈善组织为其自身运作聘用员工，以及禁止以捐赠人的捐赠资金或通过募捐筹集的资金支付员工的报酬。并不明确这种狭隘的定位是否完全遵循中国共产党对外开放和解放思想的基本路线。② 我曾提出，这种思路有可能阻碍生产力的充分发

---

① 例如，《慈善法》第62条规定，慈善服务应保护受益人的人格尊严和隐私。
② 参见《中国共产党章程》，"总纲"第13段。

展，从而与社会主义现代化的核心目标形成矛盾。在构建社会主义和谐社会、社会文化和社会主义生态等一切党的基本路线的关键要素方面，尤为如此。诚然，在传统模式下，慈善被认为是个人奉献社会这一主要工作的补充。但是，这个过时的观点并未考虑慈善服务的重要性，也未考虑投资社会生产力从而明显改善人民生活的必要性，而人民通过培训、教育与社会化过程，有能力做出更积极的贡献，从而建设社会主义市场经济①与社会主义文化，② 构建社会主义和谐社会，③ 推动社会主义生态文明建设。④ 因此，允许慈善组织聘用并保留员工，对于进一步巩固、完善和开展工作非常有意义。事实上，《慈善法》第 11 条似乎要求慈善组织在这方面作出努力，以完善其治理结构和运作效率。《慈善法》的其他条款也暗示应该聘用员工。⑤

如果此类组织的慈善服务旨在为失业人口提供工作，那么这一点尤为重要。从这个意义上讲，慈善组织可能更有效地发展被国家和私营企业忽视的生产力。它们在这方面发挥着重要作用，以保护人们尊严的方式创造与分配财富，从而促进和谐社会与社会主义现代化的发展。当然，此类事务应由国家严格监管以避免出现滥用现象。尽管如此，推进这一慈善目的的努力依然值得鼓励。慈善组织的第二个目的是开展扶贫、促进社会化进程及其他生产性工作。也就是说，慈善组织是为那些决定在慈善部门工作的人提供工作机会的法人。因此，可以在一个非常广泛的意义上理解"慈善"，这涵盖所有创造财富的活动。进而可以说，慈善组织的一个核心作用是不仅为社会创造财富，而且还为慈善的从业人员创造财富。第二个目的是经济发展的一个重要因素，它与发展生产力并利用慈善组织巩固通向社会主义经济、社会主义和谐社会、社会主义文化的坚实道路等政治目标更为一致。

最后，《慈善法》没有提及剥削志愿者（尤其是那些可能被雇主或中介机构强迫的志愿者）的问题。《慈善法》可以进一步具体规定从一个"有服务专

---

① 同上，"总纲"第 14 段。
② 同上，"总纲"第 16 段（"提高全民族的思想道德素质和科学文化素质……提供强大的思想保证"）。
③ 同上，"总纲"第 17 段（"形成全体人民各尽其能、各得其所而又和谐相处的局面"）。
④ 同上，"总纲"第 18 段（"坚持生产发展、生活富裕、生态良好的文明发展道路"）。
⑤ 参见《慈善法》第 13 条：在其年度工作报告和财务会计报告中提及"慈善组织工作人员的工资福利情况"。

长的其他组织"（第57条）招募志愿者时，需要志愿者的组织不得向提供志愿者的组织支付任何费用，以进一步减少剥削机会。此外，可以明确规定由慈善组织负责医疗及其他必要服务，以确保志愿者的身心健康，或许也可以委托国家履行此项义务。①

（七）第八章　信息公开

第八章是《慈善法》的重要内容，条文编制精细、内容综合而全面。但它没有规定慈善组织信息披露义务和地方政府信息公开义务之间的重要关系。此外，《慈善法》在慈善组织的有序管理方面也未向地方政府施加任何义务，群众也无法就有关慈善组织的工作与地方官员沟通。"党在自己的工作中实行群众路线，一切为了群众，一切依靠群众，从群众中来，到群众中去，把党的正确主张变为群众的自觉行动"。② 条款并未明确《慈善法》如何进一步全面发展群众路线义务，并将其应用到慈善组织的运作以及国家机关在这一关键领域的职责中去。这里或许有改进的余地，而改进本身就是对社会主义法治与民主的双重贡献。③ 应该要求地方官员听取民意，以判断慈善组织的成效，思考对慈善事务的适当管理。应该考虑自身的慈善信息公开方式是否符合群众观点，并能适当转变为贯彻群众路线的责任。在信息的形式（第69条）和公开的内容（第70条）方面，这一点尤为重要。

然而，条文未加明确的是，必须公开的信息应该有效地服务于确保以下目的的实现。即避免腐败并向捐赠人和受益人及时提供信息。例如，未明确为何应该要求慈善组织公开第13条所要求的工作报告和财务会计报告。捐赠人有权获取他们所要求的大量信息。而国家拥有信息。但是，公众信任的基础是建立在慈善部门的行为适当性之上。鉴于公众信任以及公众愿意信任慈善组织能够适当处理捐赠财物，隐瞒慈善组织财务信息的理由太过牵强。似乎没有必要限制慈善组织信息披露的透明度。事实上，我们意识到《慈善法》正在朝着这个

---

① 这是法律与国际事务基金会提出的观点。参阅"法律和国际事务基金会对《中华人民共和国慈善法》的评论"（第二稿）（2016年2月1日），可见 http://lcbackerblog.blogspot.com/2016/01/foundation-for-law-and-international.html. （最后访问时间2016年12月21日）。

② 《中国共产党章程》，"总纲"第26段。

③ 同上，"总纲"第15段（"切实保障人民管理国家事务和社会事务、管理经济和文化事业的权利"）。

方向努力。①

涉及机密信息的第76条意义重大，也很正确。但它存在一处矛盾，《慈善法》未能予以解决。这一矛盾在于，第78条认可使用的广泛信息有可能被用以增强官员恣意从事腐败而不受惩罚的能力。这本身会严重违反党的基本路线，并没有合适的理由予以保留。必须建立某种机制以确保第76条不被腐败官员所滥用。当腐败官员可能利用其职位，通过慈善组织以隐瞒其不良行为的方式进行运作时，这一点尤为重要。老虎会在黑暗的掩护下捕食猎物，因此不应允许腐败官员恣意吞噬用于改善社会的捐赠财物而不受惩罚。高级官员应认真考量第76条赋予的自由裁量权，为他们已然拥有的自由裁量权打造一个监管之笼——因为这种自由裁量权相当有余地，以至于任何老虎都可以逃脱，也足够宽松，以至于苍蝇都很容易避开其规则。

（八）第九章　促进措施

第九章明确指出，国家意在帮助推动地方层面的慈善活动。很显然，慈善组织旨在响应国家明确提出的需求，并试图在它们的工作过程中满足这些公共义务。这些规定非常有用，但值得考虑的是，地方官员有可能拖延履行其职责。这种拖延会严重妨碍慈善法的施行和慈善活动的有效运作。无故拖延的政府官员应受到党的纪检机关迅速查处，其他人应受到相应的纪律处分，慈善组织则应该获得在地方一级政府无法注册或运作失败时可向更高级别的政府机构进行注册。

条文并未明确慈善组织是否可以从事地方政府规定以外的合法慈善活动，即使这些活动在《慈善法》第3条的目的范围内，是合法的。一项对《慈善法》的合理解读表明，一个慈善组织只有不去从事那些未经地方机构认定的活动时，其登记才不会被拒绝。另一方面，被拒绝登记的慈善组织鲜有求助的机会，因为它们回避了经过认定的地方慈善事业，从而激怒了地方官员。在此情形下，非常有必要诉诸中央纪律检查委员会，以便开展正常的慈善工作。

第86条和第87条值得称赞，它们很好地反映了政府的作用。② 但它们同样

---

① 参见《慈善法》第73条（与公开募捐相关的信息）；第74条（向捐赠人公开定向募捐信息）；第75条（向受益人公开信息）。

② 《慈善法》第86条指导政府为慈善事业提供金融政策支持。第87条允许地方政府通过购买服务等方式支持慈善事业，并公开相关情况。

会创造腐败的机会。尤其是与第76条的保密原则相结合时，第86条和第87条可以为腐败官员提供一个恣意行事且不受惩罚的巨大空间。一旦政府官员、金钱和慈善组织纠缠在一起，情况尤其如此，此时必须充分体现出透明度。或者，在此情形下（第86条或第87条所提及的交易）必须要求地方官员向上级政府全面报告他们的活动，并且要求在他们参与此类活动之后非常短的时间内报告。此外，党的纪律检察机关应该掌握并监管此类活动。只有这样，国家才能真正实现第88条的卓越目标（培育慈善文化）。

（九）第十章 监督管理

第92条旨在确保地方政府部门根据当地情况调整其监管手段。但中央政府应能审查并评估地方的差异。中央政府至少应该维护一个有关地方监管状况的中央数据库。中央政府部门还应该定期巡查地方执法的情况。当地方政府行使第93条规定的权力时，这一点尤为重要。① 第93条的困难在于这些措施须有某一慈善组织涉嫌违反《慈善法》而触发。但《慈善法》并未规定能提供必要信息的投诉/举报制度和评估机制，以合理方式触发因涉嫌行为而生的监督检查。② 第95条是迈向正确方向的又一步骤。③ 促成慈善行业标准也是一个有效步骤（第96条）——但这仅仅是一种可能性，除非为启动调查程序建立一个触发机制。这里存在一个扩大群众路线的机会，即可以在与服务提供密切相关的领域，人民可以使用群众路线，也就是在某种意义上，人民能够在政府官员的依法行政过程中，加强群众路线的使用。但令人遗憾的是，这个机会尚未开发。

（十）第十一章 法律责任

《慈善法》在分配法律责任方面做得很好。第108条规定的滥用职权定义非常有效。一个重要创新是《慈善法》第98条和第99条构建了对慈善组织实施规训的灵活机制。这些规定允许民政部门在事实处罚之前予以警告，并为整改行动提供指导意见。这是一种非常有价值的做法。

然而，《慈善法》中责任分配的有限性是否为社会提供了最佳服务这一点尚不清晰。要求慈善组织提供责任保险——或者要求政府作为小而精的慈善组

---

① 《慈善法》第93条赋予县级及以上民政部门一定的监督检查权。
② 《慈善法》第97条规定个人或工作单位可提出投诉，但并未明确指出对此类投诉进行保护，以防止报复。对于腐败官员和腐败慈善组织相勾结的情形，也没有规定任何投诉保护。在这方面应该规定有效的保护机制。这可以在党的领导下着手进行。
③ 第95条允许建立一个慈善信用记录制度。

织或农村慈善组织的承保人——的可能性未被探讨。当然，当政府通过自身的政策指令亲自来推动慈善工作的形式和范围时也会体现出公平性。然而，《慈善法》让弱势群体缺乏必要保护。像对待国有企业一样对待慈善组织，确保在责任分配方面提供适当支持，这将是迈向正确方向的一步。当然，这种支持不适用于蓄意行为或腐败行为。过错方应对此类行为承担责任。尽管如此，以某种保险形式提供补贴的方法将更能激励旨在促进发展的慈善活动。

第108条提供了一个帮助打击腐败的有力手段，包括打击慈善组织和地方官员的腐败。不过，或许应该考量构建公共报告机制。是否应该在省一级层面统一收集此类投诉，从而让相对富有经验的省级机制成为一个更加有效的地方规训实施的基地？或许可以更好整合第76条、第86条至第88条、第108条的相关规定，以形成一个更加有效的反腐制度。

三 社会主义现代化背景下的《慈善法》

在发展国家生产力方面，可以考量中国共产党干部和政府机关工作人员的两大义务：第一，要忠于中国共产党的的总体方向；第二，要忠于国家机关的既有目标。这些义务非常明确。中国随着从社会主义初级阶段向未来历史阶段的发展，必须自我发展生产力。"我国社会主义建设的根本任务，是进一步解放生产力，发展生产力，逐步实现社会主义现代化，并且为此而改革生产关系和上层建筑中不适应生产力发展的方面和环节"。① 为了达到这一目的，同样需要明确"（党必须）尊重劳动、尊重知识、尊重人才、尊重创造，做到发展为了人民、发展依靠人民、发展成果由人民共享"。② 其实现方式是"按照中国特色社会主义事业总体布局，全面推进经济建设、政治建设、文化建设、社会建设、生态文明建设"。③ 这些基本目标可用以作为审查《慈善法》最终版本的指导意见。

以此为指引，考量以下几项全局性观点可能非常重要：

第一，第一章规定的《慈善法》总体目标是否与全面发展生产力的国家总

---

① 《中共共产党章程》，"总纲"第9段。
② 同上。
③ 同上。

体目标相矛盾？之所以会存在这个问题，是因为慈善法设置的法律框架规定了狭义的慈善活动概念，并且也规定了慈善组织迫使其员工无偿劳动，但这样的法律框架并未明确能否最有成效地履行其扶贫义务（第3条第1项）。没有理由将狭义的慈善事业论证成基于自愿基础的组织，也没有迹象表明为何这种无偿劳动是对中国共产党基本路线的严格遵守。人民在许多情况下乐于奉献的事实并不能解决这个问题，而只会更为尖锐地指出这一矛盾。

社会主义现代化的一个核心要素是共同富裕。这必须建立在劳动尊严和劳动群众的尊严基础之上。正如社会主义核心价值观憎恶资本对劳动的剥削，它也应该憎恶人对人的剥削。这就提出了两个问题。《慈善法》以一种敏感但却有效的方式提及了第一个问题，这个问题涉及以其他方式在其业余时间从事劳动的志愿者，他们同样努力追求通过慈善服务来为社会主义现代化这一国家的宏伟蓝图做出贡献。也就是说，《慈善法》确认了这一值得尊敬的爱国行动，认为应予保护和表彰。

然而，令人遗憾的是还有一个更为重要的方面被忽略了。对某些人来说，慈善服务可能是体现他们社会作用主要的方式甚至唯一的方式。也可能是他们的唯一的就业途径。对于这些人，慈善组织可服务于两个重要目的。第一个目标是，《慈善法》认可它们可以为了自身以外的人或社会机构的利益去从事第3条具体规定的慈善活动。慈善组织的第二个目标是慈善组织还可用以在组织内部为自身员工提供扶贫、社会化以及其他生产性工作，然而这个目标并未被《慈善法》认可或支持。因此，可以理解慈善组织其中一个核心作用就是通过自身的慈善工作为其内部员工提供慈善服务。然而，关于发展社会生产力这一重要因素，以及通过慈善组织巩固社会主义经济、社会主义和谐社会、社会主义文化的坚实道路这一重要任务，在《慈善法》中根本未曾提及。由于对慈善意涵的概念化、减少劳动剥削的意义以及为推进社会主义目标提供手段的意义等方面施加了不必要的限制，错失了这一促进中国共产党领导目标实现的良机，这非常令人遗憾。

因此，重新考量《慈善法》中"仅限自愿"的原则会很有意义。笔者并不是要建议取消自愿原则作为慈善工作的核心内容，而是认为慈善的组织化建构既要体现外部的慈善目标，也要体现内部目标，即减少剥削，通过合理的有偿工作帮助员工，从而为努力改善人民福祉这一社会主义价值观提供一个更好的例证。

第二，有关境外慈善组织的问题必须加以郑重考量。这个问题或许应该从两个截然不同的方面进行理解。第一个方面涉及中国慈善组织的境外资助。第二个方面涉及境外慈善组织在中国的直接运作。

（a）首先，在第一种情形下应该鼓励中国慈善组织获得境外资助。这是衡量中国在全世界发挥日益重要作用的标志，也为中国资助其他地方展开慈善工作开启了大门。事实上，中国资助中国境外（尤其是在非洲）慈善事业的努力是一个非常值得认真研究和褒扬的模式。但也应该在这些努力中强调互惠的重要性。关于这些接受境外资助的工作，要求中国慈善组织认真公开信息并接受常规监管应该已经足够。其次，在另一种情形下，境外资助或许相对比较敏感。境外资助在此处指的是来自外国政府、国际性公共组织以及类似机构的境外资助。这代表着一种不同性质的资助，触及国家主权与尊重国家政治秩序的完整性等敏感问题。来自境外公共机构的慈善资助可能需要进行最合适的约束和更为谨慎的监管，并在某些情形下依法律予以限制。

（b）首先，应该鼓励外国慈善组织在中国直接运作。根据《慈善法》和新近生效的《境外NGO法》的规定，接受严格监督的境外慈善组织几乎不会造成危害，反而有助于发展生产力。在这种情形下，法律本身就可以提供依据以支持对境外元素实施最有效的管理。许多境外慈善组织在实现自身慈善目标的同时已经服务于中国的利益需求。这种目标的兼容性是利益双重保障的最佳选择，它也受到了完善的官方监督，相关官员行事严谨，讲求公平，为了避免腐败或自我扩张，确保进行合理的监管。不过，由外国政府经营或通过外国政府资助的境外慈善组织在中国的直接运作或许需要更为严格的监管。在境外慈善组织受外国政府或政治机构控制的情况下，需要进行严格监管，并在某些领域依法施加限制条件。由外国政府提供部分资助的境外慈善组织也同样需要进行严格监督，但只要在《慈善法》和《境外NGO法》的框架内运作，它们可能仍然是有助益的。来自境外的政治组织需要受到更为严厉的控制。但这需要对应予鼓励或加以禁止的活动类型进行精确定义。这应该形成符合中国共产党基本路线的书面文件，也便于需要接受这些规则指导的外国人予以知晓与理解。

中国共产党的路线表明，在那些依法运作而有利于社会主义现代化进程的境外慈善组织与可能影响国内政治而需要更为严格监管的境外民间社会组织之间确立一条严格的界限，非常有必要。将所有境外元素全部归结为一种类型也许并没有太多的意义，反而有可能危害社会主义现代化。但是依法区分与中国目标兼容的境外组织的工作和需要接受更为谨慎监督的外国组织的工作应该非常有价值。有关外国人的问题在中国具有复杂的历史。但历史不应该使先锋队无视他们的根本任务，即确保吸收一切资源以完成现代化建设这一伟大任务。中国共产党的路线自身就认识到需要将避免僵化之谬误作为开放政策的核心要素："（党）要坚持对外开放的基本国策，吸收和借鉴人类社会创造的一切文明成果。改革开放应当大胆探索，勇于开拓，提高改革决策的科学性，增强改革措施的协调性，在实践中开创新路。"① 因此，应该在将慈善组织与外国人联系起来的语境中来解读《慈善法》条款——这是正确判断到底是干涉还是亟需在该学之处进行学习的一种标准。

第三，随着《慈善法》的实施，慈善的概念化本身也需要进行更为深入的思考。鉴于是第一次用法律的方式来监管慈善部门，慈善的概念化倾向于狭义和传统的界定，或许是适当的。然而，需要重点考虑的是，在当前中国的发展阶段慈善的理念是否已经远远超越了传统的慈善概念。中国共产党的路线给出了肯定性回答。"三个代表"思想对该路线的表述②以及中国共产党路线的其他相关阐述已经清楚地表明了这一点。慈善工作的范围已经有所扩展，涵盖了社会现代化工作的各个方面。慈善工作代表了一种重要社会生产力的发展，这种生产力一旦同党的政治工作与现代化建设的战略需求相协调，就能获得最有效的利用。当然，这需要在党的领导下依法进行。不过，这些条件表明了这类工作受到鼓励和管理，而不是被忽视或边缘化。《慈善法》是符合这一方向的一个良好开端。但该法的充分全面的实施需要大量实质性工作，以便对慈善组织推动社会进步的热情与政府帮助引导人民朝正确方向发展的政策之间进行协调。

《慈善法》是在经济发展之外建构慈善部门和建设社会主义现代化的重要理论步骤。随着中国进入下一个历史阶段，两者都至关重要。但这两者基本上

---

① 《中国共产党章程》，"总纲"第13段。
② 三个代表思想的英文阐释可见人民网 "中国共产党新闻"英文版，"Three Represents"，载http://english.cpc.people.com.cn/66739/4521344.html.（最后访问时间2016年12月30日）相关讨论可见，Larry Catá Backer, "The Rule of Law, The Chinese Communist Party, and Ideological Campaigns: Sange Daibiao (the 'Three Represents'), Socialist Rule of Law, and Modern Chinese Constitutionalism," Transnational Law & Contemporary Problems 16 (1), 2006, pp. 29 - 102.

都与党的政治工作密切相关。中国共产党或许有必要提供直接领导，因为是党确定了《慈善法》（以及相关的《境外NGO法》）隐含的政策内容。构建一个充满活力的回应型民间社会，既是一个行政工程，也是一个政治工程。国家与党都是实现这一目标的必要条件。这两部法律的成功实施一方面会确定中国民间社会存在的可能性，即证明中国民间社会具有旺盛的生命力，另一方面也确定中国在何种程度上可以在公民社会类型化的国际发展路径中成为一个富有影响力的参与者。因此，将《中国共产党章程》"总纲"确定的原则推至显著位置将会发挥有益的功能，并且能够在发展一个受到妥善监管且富有价值与意义的民间社会部门的过程中推动党的政治工作。其重要性不容低估，但也不应滥用。社会主义现代化不仅是一个理论问题，而且还是一个实践问题。想要发展一种可预测的、具有确定性的而且前后一致的监管环境的实施途径，运行一些重要的规制和约束非常有必要。在这种监管环境中，民间社会可以依赖国家，国家也可以依赖其民间社会元素，国家与民间社会形成命运共同体，从而以适当方式管理民间社会的发展。因此，几个有关社会组织的行政法规[①]或能发挥作用。但是就《慈善法》及其相关监管机制的价值而言，在实施过程中是否具有更多的指导性和规律性才是对其真正的考验。

第四，早在改革开放一开始，邓小平就明智地提醒中国共产党与政府，如果不进行解放思想，则对党的政治工作具有危害性，而且对惠民政策实施的成果也会造成损害。他对民主集中制遭到破坏与权力过分集中导致官僚主义滋生这两者之间的关系特别敏感。[②]

> 思想不解放，思想僵化，很多的怪现象就产生了。
>
> 思想一僵化，条条、框框就多起来了⋯⋯
>
> 思想一僵化，随风倒的现象就多起来了⋯⋯

[①] See "Draft Regulations for Social Associations Are Out", *NGOs in China*, August 3, 2016, in http://ngochina.blogspot.com/2016/08/draft-regulations-for-social.html. （最后访问时间：2016年12月30日）

[②] 邓小平，《解放思想，实事求是，团结一致向前看》（1978年12月13日），载《邓小平文选》，第2卷，人民出版社1994年第2版，第140~153页，其英文版见 http://en.people.cn/dengxp/vol2/text/b1260.html. （最后访问时间2016年12月30日）。邓小平思想现在是中国共产党路线的一个重要组成部分，见《中国共产党章程》，"总纲"第5段。

思想一僵化，不从实际出发的本本主义也就严重起来了……

不打破思想僵化，不大大解放干部和群众的思想，四个现代化就没有希望。①

这些重要前提或许有助于《慈善法》的实施实现从理论到实践的转化。《慈善法》创造了一个重要的行政管理机制。它准许行政机构来导控慈善活动的核心与焦点。它授权政府官员监管慈善组织的慈善活动，并将民间社会限制于监管的框架之内。所有这些都有其相应的目标。然而，监管责任无法均摊于这些相应的目标之上，若慈善组织无力承受行政监管所带来的成本，那么重要的慈善规划就会被扼杀。由爱国的民间社会组织推动的改革与创新有可能在层层累积的行政自由裁量权中不断削弱，这种自由裁量权对官僚政治运作的顺从的重视程度超过对社会主义现代化目标的重视。一旦慈善组织沦为地方官员的被动工具，它们就很难成为推动蓬勃发展的群众路线运动的有效机制。中国共产党与国家机关都必须确立警示与纠正的相关手段，以确保《慈善法》实现其潜力，即通过解放思想和开放，成为发展生产力的一个有效内生机制。那样的话，《慈善法》就有可能为健康的社会主义立法和中国共产党领导体制的价值与公正提供一个宝贵的例证，以努力创建繁荣的社会主义民主。在这个模式中，所有人都能根据其自身能力，致力于"发展慈善事业，弘扬慈善文化，规范慈善活动，保护慈善组织、捐赠人、志愿者、受益人等慈善活动参与者的合法权益，促进社会进步，共享发展成果"（《慈善法》第 1 条）。

四 结论

中国的《慈善法》应该受到正面褒扬，它是对国家生产力发展的一个重要部门实施原则性监管的一大进步。它代表了大众的社会文化与植根于社会主义现代化的国家目标相互结合的一种努力。然而，《慈善法》也必须在一个更为宽泛的语境中加以理解。它还代表了管理民间社会的同时发挥民间社会潜能的一种努力，旨在为国家服务，为政治秩序的基本目标服务，希冀在中国建立一

---

① 同上，第 142～143 页。

个共产主义社会。

事实上，人们可以在更为宽泛的意义上理解向非政府组织管理的转变。它代表了国家反对它们所认知的政治跨国化。这种跨国化类似于经济企业的跨国化，后者的标志是生产链和供应链的全球化。在一个生产链代表全球化经济体制（该体制超越了国家的限度）最先进形式的世界里，经济全球化应该会实现，难怪政治也会奋起直追。①

无论是慈善理想的语境中管理中国民间社会的需求，还是限制境外非政府组织以确保国家对其自身发展调控的需求，人们都可以理解。此外，法律草案向全球征集意见的决定也证明中国已经意识到其民间社会管理途径的全球影响力，以及在有关各国管理社会共识标准的全球对话中具有的重要意义。正是由于中国的民间社会正尝试登上世界舞台，这一点变得更为重要。本文考察了《慈善法》在实现中国共产党基本路线进而推动社会主义现代化方面的作用。它同时也考察了该法的实体规定和一些更为理论性的因素，这些规定与因素共同构成了一个认识《慈善法》伟大贡献的框架，这个框架同时也可以用于认识在当前中国的历史发展阶段促进民间社会的生产力发展面临的既有挑战。

Commentary on *The Charity Law of PRC*
—Socialist Modernization Through Collective Organizations

Bai Ke

[**Abstract**] China's new Charity Law represents the culmination of over a decade of planning for the appropriate development of the productive forces of the charity sector in aid of socialist modernization. Together with

---

① Larry Catá Backer, "Ruminations 59: The Transnationalization of Politics, Civil Society and National Regulatory Responses", *Law at the End of the Day*, Dec. 24, 2015, available http://lcbacker-blog.blogspot.com/2015/12/ruminations - 59 - transnationalization-of.html. （最后访问日期 2016 年 12 月 30 日）。文中写道，"政治国际化是全球化进程本身的一个固有有机过程"。

the related Foreign NGO Management Law, it represents an important advance in the organization of the civil society sector within emerging structures of Socialist Rule of Law principles. While both Charity and Foreign NGO Management Laws could profitably be considered as parts of a whole, each merits discussion for its own unique contribution to national development. This essay considers the role of the Charity Law in advancing Socialist Modernization through the realization of the Chinese Communist Party (CCP) Basic Line. The essay is organized as follows: Section II considers the specific provisions of the Charity Law, with some references to changes between the first draft and the final version of the Charity Law. Section III then considers some of the more theoretical considerations that suggest a framework for understanding the great contribution of the Charity Law as well as the challenges that remain for the development of the productive forces of the civil society sector at this historical stage of China's development.

[**Key words**] Charity Law, Modernization, Socialism

（责任编辑：李长文）

社会共治：源于多元主体合法性诉求的一种解决路径[*]

王春婷　蓝煜昕[**]

【摘要】 在过去的二三十年，工业化和信息化的来临加剧了社会的复杂性和社会矛盾的棘手性，也使公民主体及其诉求日益多元化，亟待一种新的公共行政模式适应政治、经济和社会环境的变化。治理以此为契机在世界范围内兴起，推动了政府改革和公民参与，促使政府逐渐放权和赋权，逐渐退出那些不擅长的领域。学者们从管理主义、行政改革等方面讨论了治理兴起的动因。可以说，治理的出现不仅局限于上述几个原因，而是在某种程度上回应哈贝马斯"合法性危机"的问题。随着社会的发展，公民对政府在原有的合法性基础上，又有了新的合法性诉求，包括绩效合法性、参与性合法性、回应性合法性、依法行政合法性等。本文在分析和厘清后工业化社会出现的合法性危机后，指出社会共治范式的兴起是对这种多元主体合法性诉求的回应，多元主体通过参与、协商、赋权等治理工具来解决其诉求的整合路径。

【关键词】 治理　社会共治　合法性危机

---

[*] 本文是国家社科基金青年项目（16CGL51）、江苏生态治理体系与治理能力法治化协同创新中心阶段性成果。

[**] 王春婷，南京工业大学法学院副教授，博士；蓝煜昕，清华大学公共管理学院助理教授，博士。

一 引言

目前在全世界范围内兴起的治理并非新鲜事物。治理（Governance）作为一个政治术语最早出现在古希腊先哲柏拉图的著作中，其含义是操纵和控制，这与政府的内涵相同。公元14世纪，一位意大利画家以绘画的形式表达了善治（Good Governance）与劣质的治理（Bad Governance）。"二战"后的一段时间，治理一度被人们"遗忘"，直到20世纪80年代，治理才再次兴起并被赋予新的内涵，无论是过程还是主体，治理都不再仅指政府，它超越了传统和狭义上的限制。治理重新界定政府概念，意味着改变决策过程、既有规则和支配社会的方式（Rhodes，R. A. W. 1996）。治理的再次兴起使其成为包括政治学、法学、公共行政学、经济学、社会学、历史学等学科的研究重点。从近十年的文献看，治理仍然是当前国际学术研究的热点。在政治和公共行政学领域，其研究主要集中两个方面，一是关于治理理论兴起的经验性和描述性分析，旨在厘清治理理论的内涵与外延，探寻不同社会背景、不同层次下的治理范式；二是关于治理能力、责任和合法性问题的理论与经验性分析。

在我国，自党的十八届三中全会提出"国家治理体系和治理能力现代化"之后，国内关于治理理论和实践研究在数量上呈"井喷式"增长。事实上，早在20世纪90年代末，治理理论兴起后就迅速引起中国学者的强烈关注。在应对国内外复杂的政治、经济和社会形势下，学者们纷纷学习、探索、反思如何将西方治理模式应用于中国实践，随后"法团主义""合作治理""新公共管理""网络化治理""新权威主义""多中心治理""新公共服务"等治理范式被广泛应用和推广，与此同时，治理理论的中国适用性和本土化思维也开始受到关注（郁建兴，2010）。这些研究无论从理论上还是实践上，对处在转型期的中国具有重要的启示意义。然而，与治理相关的诸多问题并没有得到我国学者应有的关注。例如，治理的合法性问题就需要引起学者们的重视，治理若缺失合法性便既不合法也不合理，得不到公众的认可。随着政治经济和社会变迁，多元主体对政府在原有的合法性基础上，又有了新的合法性诉求，包括绩效合法性、参与性合法性、回应性合法性、依法行政合法性等，传统合法性向现代合法性转移。换言之，随着生产力的发展，社会规范结构的改变，在原有合法性的基础上出现新的合法性诉求,一旦统治者无法满足新出现的期望,就会陷入合法性危机。在传统合法性向现代合法性转移过程中,不同的治理范式与合法性危机是否存在联系?西方治理理论的中国化范式能否解除当下中国所面临的合法性危机?如果不能,能否找到适应中国国情的治理范式来回应公共权力的合法性危机?

目前,我国理论界和实践界都期望通过借鉴西方的治理范式解决公共财政、公共责任、合法性、人民满意等各种行政管理难题。但是任何一个管理理论和理念在实际操作中总会有它自身固有的缺陷,特别是将萌生于发达国家管理情境的管理理论和理念引入到异质性环境时更需要警惕其缺陷(尚虎平,2015:91~100),否则就会出现新的治理危机。

二 作为回应合法性危机的治理

治理理论的兴起,通常被看作当前世界各国回应公共管理问题和公共危机而出现的,其核心是满足公共行政绩效和政府改革诉求。然而,从公共权力合法性的角度讲,治理的兴起实际上是对传统合法性危机向现代合法性转移的直接回应。

(一)治理理论的兴起

20世纪90年代兴起的治理理论是重塑政府和公共行政改革的直接产物。不同国家以相当不同的方式应对公共行政和管理问题,使得治理范式表现出多样化的特征。学者们将治理理解为"善治""没有政府的治理""自组织治理""经济治理""公司治理""作为新公共管理的治理""网络化治理""多中心治理""从权威到网络的治理"九种发展范式,并从行政改革、管理主义、国家与社会关系的角度剖析了治理兴起的动因。减少公共财政浪费,改革现行的公共财政体系,建立更加透明、负责任的效率政府,这些得到学界的普遍认可。例如,斯多克(Stoker)认为治理理论并不满足于作为财政危机的产品,它的兴起是因认识到政府的局限,其内涵包括更广泛的边界(Stoker G.,1998)。布莱恩(O'Brien R.)等学者将治理理论的兴起理解为经济全球化背景下民族国家之间日益紧密联系的必然反应(O'Brien R. et al.,2000)。这些将治理视为管理工具的思想源于新公共管理运动和潜在的管理主义。罗茨等学者从管理主义的角度诠释了治理的兴起，表达出对政府责任、绩效和精简的诉求（Rhodes, R. A. W., 1996）。有学者将治理等同于新公共管理，认为治理就是政府如何有效运用各种工具提供公共服务，他们直接将治理理解为合同外包、特许经销和建立新规则（Osborne D. & Gaebler T., 2000）。与从政府改革和绩效这种外在的视角不同，一些学者认为治理兴起得益于自我组织网络的形成、国家－社会关系的重新调整。世界银行指出治理的出现回应了公众对有效率和责任政府的诉求，罗茨认为治理出现于国家与公民社会边界调整，俞可平指出公民社会是治理理论的基石（俞可平，2002：5）。

总之，治理理论是对当前世界各国在回应新的治理挑战中，所采取的不同于传统公共行政的公共管理方式的总结（王诗宗，2008：83～89）。然而，从更深层次的角度来说，治理理论的兴起在某种程度上回应了哈贝马斯关于合法性危机的问题，其因政府合法性由传统合法性向现代合法性转移而导致。

（二）合法性危机与治理的兴起

合法性（Legitimacy）是政治学的核心问题，研究一种政治秩序如何获得自己所需要的合法性，学者们从不同的研究视角对该问题进行探索认知。综观西方政治思想发展历程，规范主义和经验主义构成了合法性理论演进的主要脉络。规范主义合法性萌生于古希腊，从价值规范的角度定义合法性，其认为一种统治的合法不依赖于大众对它的忠诚和认可，而在于它的正义与合理的价值基础，强调合法性的"价值规范支撑"。近代的规范主义合法性理论始于洛克，其强调大众对统治集团合法性的参与式论证，认为合法性必须具备民意基础。然而，始于霍布斯并经历韦伯的"工具性合法性理论"强烈冲击了近代规范性合法性理论。经验性合法性是对现行政治秩序的承认与维护，强调"统治绩效"、"合理行政"与"行政效力"对统治合法性的功能（郭晓东，2005），其核心是一种政治秩序获得大众的支持和承认，可以解释为以韦伯为代表的统治工具性价值。正如让－马克·夸克指出的，合法性是对被统治者与统治者关系的评价。它是政治权力与其遵从者证明自身合法性的过程，是对统治权力的认可（让－马克·夸克，2002：2）。实质上，后来的学者们越来越倾向于将规范性与经验性合法性理论结合起来。哈贝马斯就指出合法性意味着某种政治秩序被认可的价值，他认为韦伯的合法性信念已退缩为一种正当性信念，依赖国家系统的合理规则建立起来的立法垄断和执法垄断不足以表达合法性，还需要满足程序上的合法性和价值基础。温克尔曼进一步证实了哈贝马斯的观点,他认为韦伯意义上的形式合理性不是正当统治的充分的合法性基础,法律实证主义要求一种建立在价值合理性基础上的普遍共识(哈贝马斯,2009)。

近年来兴起的治理在某种程度上是对哈贝马斯关于合法性危机的回应。有学者已经对该问题进行了探讨,认为治理兴起是公共行政失败、公共产品和服务低效以及传统官僚制的行政而引发的合法性危机(曹任何,2006:20~24)。这种基于经验主义合法性理论研究在一定程度上对治理兴起进行了解释,却有失偏颇。因为治理不仅是对"统治绩效"、"合理行政"、公众认可的回应,也是建立一种新的社会规范的诉求。哈贝马斯从社会系统危机方面展开分析,认为"生产力的提高会加强系统的权力,从而导致规范结构的改变,与此同时,它又对系统自律构成了限制,因为它们提出了新的合法性要求"(哈贝马斯,2009)。他指出合法性意味着某种政治秩序被认同的价值,实际上"传统结构的断裂导致确保认同的解释系统丧失了社会整合的力量,一旦后代在传统结构中无法确认自己,社会便失去了其认同"(哈贝马斯,2009),因此这种被认同的价值与一定的历史时期的社会规范结构紧密相连,统治者必须通过当时的社会规范结构来证明自己的秩序、政治权力的合法性。换言之,合法性必须与当时社会的规范结构相一致,并获得大众支持和认同。因此,生产力的发展和提高,使经济生活发生根本性变化,社会规范类型不断演变,其对合法性的诉求也在增长。"失去的合法性必须要根据系统的要求来弥补。只要对这种弥补的要求比可获得价值量增长得快,或者这种弥补无法满足新出现的期望,就会出现合法性危机。"(哈贝马斯,2009)自古以来,人类不断地为各自政权寻找合法性支撑,无论是中国先秦诸子的"止争论"、古代东方奴隶制国家及中世纪的"神权论"、以亚里士多德为代表的"自然论",还是以霍布斯、洛克、卢梭为代表的社会契约论、马克思列宁的"阶级理论",人类社会都是在不断地回应和解决合法性危机中前行。以政权运行的主体、方式、向度来划分,人类社会大体上经历了从控制、管制、管理向治理转变的过程。这个过程是治理的优化和模式升级。每一次治理模式的优化升级都是对前一模式合法性危机的解决,使合法性不断地扩大。我国传统合法性以阶级先进性为标志,但随着社会主义改造完成,特别是改革开放后我国全面奔小康,阶级差别逐渐消失,社会规范结构也发生变迁,这要求从传统合法性向现代合法性转移,并为此提供价值依据的新的社会规范结构。治理在中国兴起正是回应了传统合法性向现代合法性转移的诉求，反映出在原有的合法性基础上，产生了新的规范价值与合法性诉求，这包括绩效合法性、回应性合法性、依法行政合法性、参与性合法性等。

治理行为是一种政治行为，与统治行为相比，治理行为的技术因素要重于价值性因素，是一种偏重于技术性的政治行为，但它也体现着一定的政治价值（俞可平，2008：60~71）。中国治理的兴起和变迁也不例外，它既重视技术性的政治行为，从政治体制、经济体制和社会体制改革中获得经验主义合法性，也体现着政治价值，从政治意识形态变迁中获得规范主义合法性。具体来说包括以下几个方面。

第一，治理分别在主体层面和权力结构层面回应了一元统治和集权统治的合法性危机。改革开放之初，以"阶级斗争为纲"和"无产阶级专政下继续革命"的政治路线，破坏了党和国家政治生活的正常民主秩序，使得当时主导社会公共资源的党政体系陷于全面的"失灵"，无法集中力量进行经济建设和公共服务提供，使整个国民经济和社会生活走到崩溃的边缘。党的十一届三中全会实现拨乱反正是民间组织得以发源的体制起点（王名，2008），也是多元治理格局开始形成的起点。长期以来的国家高度集权的全能主义（Totalism）模式，造成经济和社会活力不足、公共产品和服务短缺、公民有序参与渠道不畅。与从一元治理向多元治理转移相适应的是，改革开放以来中共中央领导层和中国政府开始进行大规模的政治性分权，包括中央向地方分权、政府向社会分权、国家向社会分权。从一元统治到多元治理，从集权到分权表达出公众的参与性合法性诉求。

第二，治理在技术层面回应了管制型政府的合法性危机。沃尔多将行政效率与公共利益设定为公共行政合法性的判定标准。管制型政府以行政或政治控制为主，强调政府对经济和社会的一种严密管理和控制，具体表现为经济领域的行政命令和计划控制、社会领域的包办和包揽。市场没有自主权、社会没有自治权，缺少灵活性与应变能力，引起低效率、官僚主义、政府膨胀、财政问题等。中共十六大和十七大后，中国政府明确了服务型政府的基本内容和相应的公共政策体系。从管制型政府到服务型政府表达出公众对绩效合法性和回应性合法性的诉求。

第三，治理在形式层面回应了人治的合法性危机。人治指依靠个人意志的作用来管理并实行政治统治，其特征是权力的一元化状态，容易滋生"独裁"与"专治"。十一届三中全会提出依法治国，十八届四中全会更将依法治国作为全会主题，提出全面推进依法治国，总目标是建设中国特色社会主义法治体系，建设社会主义法治国家。从人治到法治表达出公众对依法行政的合法性诉求。

第四，在价值层面回应了民主制度不健全、注重效率优先兼顾公平的合法性危机，表明倡导富强、民主、文明、和谐、自由、平等、公正、法治的社会主义核心价值观的合法性诉求。当前中国贫富差距日益扩大，资源较多地集中在经济较发达地区，教育、医疗、卫生等各个方面的基本公共服务有失公平，在经济飞速发展之下，公共服务差异导致各种社会问题凸显。这些社会问题如不加控制和解决，极易激化社会矛盾，甚至引发社会动荡。社会主义核心价值观的提出正是从价值层面回应了公民新的合法性诉求。

多年来，我们一直运用西方治理范式来解除中国合法性危机问题，然而，由于社会文化系统的差异，西方治理方式在回应合法性危机时显得"力不从心"。比如，在西方治理范式中，非营利组织生态良好，使其在治理中发挥着重要作用，成为不可或缺的重要治理主体。但是，中国的非营利组织仍在发展中前行，尽管它也是治理主体之一，但其也只是扮演着"边缘"角色。要使非营利组织更好地发挥其功能，需要从治理范式着手。当西方的治理范式在回应合法性危机出现公共责任等问题时，在不同的社会文化系统中，我们应当思考治理理论中国化范式在回应从传统合法性向现代合法性诉求转移过程中，能否回避公共责任和公共性问题等合法性危机？这需要我们长期地从理论和实证的角度进一步探索和深入研究。简单地讲，合法性危机是一种动机危机（哈贝马斯，1999），无论是中国自古以来的治理范式还是西方治理范式中国化，都需要从动机上回应合法性诉求，就当下的社会规范价值和社会文化体系看，这包括对绩效、回应性、参与、依法行政的诉求等。在实证研究的基础上，我们发现目前在地方广泛实践的社会共治范式在一定程度上回应了现代合法性诉求。

三 社会共治的基本特征

基于法治的多元主体共同治理的社会共治是国家治理体系和治理能力现代

化非常重要的方面，它不仅是政府治理社会，也包括政府与社会共同治理，更确切地说是政府与社会共同推进的过程（王名，2014：16~19）。社会共治范式某种程度上回应了合法性危机问题。对于解除合法性危机，事实上，社会共治范式与哈贝马斯重构的公共领域在一定程度上是一致的。作为一种交往结构，公共领域关注公共问题并考虑公众的诉求，注重通过交往的话语，形成自由平等开放的舆论空间，以民主商谈的形式达成多元共识，并借助公共舆论的监督功能将公共权力限定在合理范围之内（王名，2014：16~19）。从参与、协商与决策、赋权三维度形成的公共领域看，社会共治范式因较高的公民参与度、较多的赋权、较好的协商与决策，成为回应多元合法性诉求的一种解决路径。具体来说原因如下。

一是社会共治范式是基于明确公共议题和共同目标的多元主体参与。社会共治范式作为回应合法性诉求的一种路径，必须应对公共管理的问题和实践中的挑战，而不是空泛理念意义上的探讨。如环境监管的社会共治、社区协调发展的社会共治等。共治主体既包括"公"利、又代表"私"利的组织和个人的共同参与，包括中央和地方政府、企业和各类市场主体、社会组织、公民和公民各种形式的自组织。社会共治体系中，任何主体都不是全能的支配者，保持对等的主体地位，能够实现"公民权利"的直接参与。因不同公共问题，出现主体结构和空间维度上的差异化以及关系的多样化。基于实践，我们根据共治动力基础、共治方向、主体目标一致性、主体地位对比、依赖程度，将社会共治的实践类型划分为共决模式、委托模式、耦合模式、伙伴模式、衔接模式、联动模式、统合模式、操纵模式（王春婷、蓝煜昕，2015：18~31）。

二是社会共治范式重构协商对话、促成共识和集体行动的公共领域。社会共治不是自上而下的指挥管理过程，它是建立在法治、协商、自治的基础上，通过多元主体自由进入、平等交流、协商对话形成公共领域，制衡政府专制、强权和对资本的垄断，通过反复对话、竞争、妥协与合作等机制从分歧到共识再到集体行动，形成共生、共存、共荣的共治格局。社会共治不是合作治理，它强调彼此利益边界的打破与利益的重新整合，强调共有权力、共同利益、共同价值和共同治理；共治不是自上而下的指挥管理过程，它改变了进入者最初的动机和行为模式，通过对话和竞争寻找多元主体间的分歧，通过妥协与合作达成共识，并采取集体行动；共治的结果无法瓜分，它是所有主体共同拥有的，与所有主体的利益相联系，辐射所有的主体。

三是社会共治范式的核心是赋权。社会共治的本质是一个超越彼此权力和利益边界，多元主体相互包容、认同、赋权与合作的过程，这个过程的实质是公共权力向共有权力、公共利益向共有利益、公共场域向共有场域的转换。社会共治的结果是在赋权和不断地相互融合过程中，改变进入者最初的动机和行为模式，使社会系统中熵减少、社会资本增长、社会资源增加和社会权力形成。

从公民参与、协商与决策过程、赋权三个维度来看，社会共治范式实质性的高参与度、共生共存共荣的共治格局、强有力的赋权，正是哈贝马斯重构的公共领域。社会共治范式的高参与度、共生共存共荣的共治格局、强有力的赋权，与哈贝马斯重构的公共领域在一定程度上是一致的。作为一种交往结构，公共领域关注公共问题并考虑公众的诉求，注重通过交往的话语，形成自由平等开放的舆论空间，以民主商谈的形式达成多元共识，借助公共舆论的监督功能将公共权力限定在合理范围之内。因此，社会共治因其较高的公民参与度、较多的赋权、较好的协商与决策，使其成为回应多元主体合法性诉求的一种解决路径。

四 以社会共治回应多元主体合法性诉求

近年来，电子信息技术的广泛应用加速了人类的后工业化进程，信息、网络、技术已经覆盖，并渗透到服务、金融、贸易、房产、运输、保险等各个领域，无所不在，后工业化进程也迎来了中产化社会。从世界范围来看，服务业已成为国民经济的主体、也是劳动人口的主要就业领域。产业结构、从业人口结构的变化导致消费结构的转型和社会结构的变迁，人们的经济社会生活发生根本性变化，"生产力的提高会加强系统的权力，从而导致规范结构的改变，生产力又对系统自律构成了限制，因为社会系统提出了新的合法性要求"（哈贝马斯，2009），"治理"在西方兴起就是为了回应后工业化进程中出现的公共管理危机。然而，西方的治理范式在中国的适用性问题还需要商榷。

第一，中西方迥然不同的后工业化过程，我国的经济环境更具复杂性和"变数"。西方发达国家从工业化过渡到后工业化，经历了一个漫长且时序发展的过程。我国的后工业化是一个与工业化"半重合"的叠加发展过程，即尚未完成工业化的过程却已经进入后工业化。在工业化与后工业化"半重合"进程中，廉价劳动力人口带来的低成本优势不再，导致低端制造业逐渐向东南亚转移，大批传统制造业主破产、工人下岗。淘汰落后和化解产能过剩造成大量传统制造业厂商倒闭破产，工业生产者在后工业化进程中面临巨大危机与挑战。与此同时，我国经济进入新常态，从高速增长转为中高速增长，经济结构、经济增长方式、经济增长动力结构都将面临重大调整。

第二，新生的中产阶层在经济和社会转型中成长起来但具有脆弱性，其利益诉求有其独特阶层特征。产业结构调整后，服务业成为国民经济主体，这意味着劳动力的"白领化"（张翼，2016：1～14）和中国社会的中产化。随着职业教育的发展，工人阶层迅速专业化与高收入化，形成新工人阶层，其利益诉求不同于传统的工人阶层，也不同于固化的中产阶层。一方面他们的经济状况完全取决于雇主和整体经济的稳定性，城镇化进程加快，房价和生活成本迅速上升，消解了工资增长的红利；另一方面他们与农民、工人阶层具有天然的"血缘"联系，一旦遇到父母疾病等风险，在社会保障体系不健全的情况下，他们将面临经济危机。

第三，城镇化加快了经济建设的步伐，但区域发展不平衡、不协调、不公平的问题仍然严重，大量农民工进城务工，但由于户籍、社会保障、就业等方面的制度分割，农民工无法享受捆绑在户籍上的社会福利，也很难融入城市。在当前户籍制度制约下，形成城市内部当地城镇户籍人口与外地流入非户籍人口的新二元结构。进城农民工未能通过"同步市民化"真正融入城市社会，处于"半融入""半城市化"的状态（王春光，2006：63～76）。农村转移人口"市民化"不仅是成本问题，而且是一个更为深远的经济、行为、心理和身份认同等社会融合问题。"传统结构的断裂导致确保认同的解释系统丧失了社会整合的力量，一旦后代在传统结构中无法确认自己，社会便失去了其认同。"（哈贝马斯，2009）随着更多的随迁家庭出现，农民工的第二代子女对家乡没有认同，却又不能与城市孩子一起公平竞争，现有的各种制度又存在明显的歧视，使这样一个庞大的群体传统结构断裂，新结构中的合法诉求又得不到满足，进而丧失社会认同。这种被认同的价值与一定的历史时期的社会规范结构紧密相连，统治者必须通过当时的社会规范结构来证明自己的秩序、政治权力的合法性。

第四，在农业现代化进程中，土地流转、农民工流入城市使农村空心化之后，乡镇和小城市也日渐空心化，基本公共服务需求无法得到回应。在人口流动的影响下，"撤乡并镇"导致基本公共服务的"空心化"。空巢老人的养老诉求、留守儿童的安全与教育诉求、医疗卫生等基本公共服务诉求都将成为当前中国农村亟待解决的难题。进城务工的农民如果失业，即使回乡也可能无地可种，导致的结果是"待不下的城市，回不去的农村"，那么他们的合法性诉求如何满足？"失去的合法性必须要根据系统的要求来弥补。只要对这种弥补的要求比可获得价值量增长得快，或者这种弥补无法满足新出现的期望，就会出现合法性危机。"（哈贝马斯，2009）

第五，后工业化社会改变了人们的消费观念、婚姻和生育观念，造成人口结构严重失调，人口老龄化愈发严峻。"十三五"规划，全面实施二孩政策，旨在释放生育潜力，减缓人口老龄化压力，增加劳动力供给、补充人口红利，但就目前政策实施效果来看，收效甚微。人口结构失衡将继续造成家庭的离散化和碎片化，出现更多的留守家庭和随迁家庭，"子家庭"远离"母家庭"（张翼，2016）。这些问题将伴随着城乡收入差距、行业收入差距、居民贫富差距的日益拉大而扩大化。在社会保障体系尚未建立健全的条件下，这些家庭的合法性诉求不能得到满足直接影响着中国的长治久安。

需要指出的是，在后工业化进程中，互联网的广泛应用、数据资源共享开放和开发，改变了人们的交往方式与信息传播方式以及消费方式。然而，网络社会使现实世界与虚拟世界交织，在缺乏有效网络监管的情况下，网络诈骗、非法入侵个人账户、人肉搜索、网络围观、网络暴力等问题极易引发社会危机。

综上所述，我们不难发现，我国后工业化社会出现的各种矛盾和诉求使得我们的治理环境更具复杂性和棘手性，西方的治理范式在回应我国现有的治理危机方面存在理论与实践操作中上的逻辑偏误。社会共治在矛盾和多元主体诉求中应运而生，它如何解决当前中国的治理危机，回应多元主体的合法性诉求，有它自身的特点和规律。

五 结语

社会共治范式源于中国古代治理思想和马克思主义经典理论，也是我国地方治理实践探索的经验总结，其对多元主体的关注，对公权向共权、公域向共域、公益向共益转换的强调，对法治、对话协商、集体行动的重视，回应了绩效合法性、回应性合法性、依法行政合法性和参与性合法诉求，其产生源于探索多元主体合法性诉求的一种解决路径。就当前而言，社会共治范式的研究和实践探索仍然处于初级阶段，尚未形成比较完善的治理结构和体系，理论上需要从中国传统文化和经典社会主义理论中寻找根源，实践上需要不断总结探索地方经验和模式。对社会共治范式与合法性的研究在一定程度上丰富了理论，使人获得新知，同时也有助于指导实践。

从社会共治的地方实践看，我们发现政府是通过"清权、削权、分权与放权"，对权力结构、国家与社会关系及其治理结构进行调整，从吸引多元主体参与、培育共治主体、探索共治机制，激活社会权力、社会资本和社会场域，给社会主体赋权展开，其目的是让"政府隐身"、让"社会现身"，营造政府与社会共同参与的共治格局。社会共治无论从体制还是机制上无疑都是一种突破和创新，它通过共治的途径完善和发展中国特色社会主义制度，推进国家治理体系和治理能力现代化。当前，深化社会体制改革，探索社会共治实践、回应多元主体的合法性诉求，需要把握如下几个方面问题。

第一，社会共治的实践路径要与各地方政治、经济、社会、生态和文化环境相契合，与各地既有的体制和制度设计相符合。在全面改革进入深水区、固化的利益结构调整变得困难的情形下，社会共治范式为改革提供了新的途径。社会共治存在很多实践路径，比如杭州的"增量共治"、温州的"推位让治"等，这些不同的共治路径都是与地方实际相符合的。

第二，社会共治是一个赋权的过程。多元共治使用的权力不是一般意义的公共权力，也不是私人权力或公权力与私人权力的集合，而是一种不可垄断的、不特定多数的社会权力。多个权力主体对不同问题或不同政策的争论，旨在通过反复对话、反复竞争找到分歧，通过反复妥协、反复合作平衡各主体的利益，最终形成集体行动。多元主体通过多种机制相互融合，在这个融合过程中，多元主体间的权力、资源和责任的行使是实现共治的制度保障。这需要政府解放思想、大胆创新，通过共治机制激发社会活力、培育孵化社会组织并促使其能力提升进而赋权社会；同时需要政府和社会自身培育和提高社会信任、社会资本，建构社会网络，社会通过结社、参与共治，以新媒体技术发展为工具进行自我赋权。

第三，在社会共治的过程中，需要思考和把握好共治与自治的边界，共治与权力结构的关系，与法治的关系，与体制、环境和资源的联系；注重权力和资源的共享、责任的共担、目标和价值的共识，通过社会共治实践深化社会体制改革。

当然，由于"社会共治"目前还处于草创阶段，在试行过程中，在做到权力和资源共享、责任共担的基础上，不能引发"无政府主义"。故此，就需要坚持依法治国。要坚持依法治国，增强社会自治功能，扩大自治空间，在探索社会共治实践中加强政府监管职能、拓宽社会监督方式和渠道。一方面从共治的角度，运用社会权力监督和限制公权力的扩张；另一方面也要防止社会权力的滥用以及各种原因导致的社会共治失灵。

参考文献

曹任何（2006）：《合法性危机：治理兴起的原因分析》，《理论与改革》，(2)。
陈炳辉（1998）：《试析哈贝马斯的重建性的合法性理论》，《政治学研究》，(2)。
郭晓东（2005）：《多元价值反思中的细分合法性理论》，《天津社会科学》，(2)。
〔德〕哈贝马斯（1999）：《公共领域结构转型》，上海：学林出版社。
〔德〕尤尔根·哈贝马斯（2009）：《合法性危机》，刘北成、曹卫东译，上海：上海世纪出版集团。
〔法〕让-马克·夸克（2002）：《合法性与政治》，佟心平、王远飞译，北京：中央编译出版社。
尚虎平（2015）：《政府绩效评估中的"结果导向"的操作性偏误与矫治》，《政治学研究》，(3)。
王诗宗（2008）：《治理理论的内在矛盾及其出路》，《哲学研究》，(2)。
王名（2008）：《中国民间组织30年》，北京：社会科学文献出版社。
王名等（2014）：《社会共治：多元主体共同治理的实践探索与制度创新》，《中国行政管理》，(2)。
王春婷、蓝煜昕（2015）：《社会共治的要素、类型与层次》，《中国非营利评论》(15)。
王春光（2006）：《农村流动人口的"半城市化"问题研究》，《社会学研究》，(5)。
郁建兴（2010）：《治理理论的中国适用性》，《哲学研究》，(11)。
俞可平（2002）：《中国公民社会的兴起与治理的变迁》，北京：社会科学文献出版社。

俞可平（2008）：《中国治理变迁30年（1978-2008）》,《吉林大学社会科学学报》,（3）。

张翼（2016）：《社会新常态：后工业社会与中产化社会的来临》,《江苏社会科学》,（1）。

O'Brien, R. et al. (2000), *Contesting Global Governance: Multilateral Economic Institutions and Global Social Movements*, Cambridge University Press.

Osborne, D. & Gaebler, T. (2000), *Reading*, Mass: Addison-Wesley.

Rhodes, R. A. W. (1996), "The New Governance: Governing without Government", *Political Studies*, Vol. 44, NO. 4.

—— (2005), "The Tools of Government: A Guide to the new Governance", *Public Administration*, Vol. 83, NO. 1, pp. 247–248.

Stoker, G. (1998), "Governance As Theory: Five Propositions", UNESCO.

Social Multi-governance: A Solution Originating from Legitimacy Appeal of Diversified Subjects

Wang Chunting, Lan Yuxin

[**Abstract**] In the past two or three decades, the advent of industrialization and informatization has escalated the complexity of the society and intractability of social conflicts. It has also driven the citizen subjects and their appeals to become increasingly diversified. A new public administrative model is urgently needed so as to adapt to the changes in political, economic and social environment. Taking this opportunity, governance has risen worldwide, promoting government reforms and citizen participation, and propelling governments to gradually delegate powers and withdraw from those fields that they are not good at. Scholars have discussed the causes of the rise of governance from several angles: managerialism, rise of civil society, administrative reform, etc. It suffices to say that the emergence of governance is not merely caused by the above reasons; instead, it is somewhat a response to the legitimacy crisis issue of Habermas. With social development, citizens develop new legitimacy appeals for the government on the basis of the original legitimacy, including performance legitimacy, participation legitimacy, responsiveness legitimacy, and legitimacy of law-based administration of government. After analyzing and distinguishing the legitimacy crises arising in the post-industrialization society, the paper pointed out the emergence of social multi-governance paradigm is a response to the legitimacy appeal of diversified subjects. The diversified subjects use such governance tools as participation, negotiation, and empowerment to solve the integration path of the appeals of diversified subjects.

[**Key words**] Governance; Social Multi-governance; Legitimacy Crisis;

（责任编辑：郑琦）

台湾的宗教格局与宗教慈善：基于多重契约理论框架的解释[*]

韩俊魁[**]

【摘要】 近几十年来，和在台西方宗教相比，台湾本土宗教的发展更为迅猛和繁荣，在以不同信仰为基础的慈善实践中也是如此。基于多重契约理论框架的研究发现，经过政教之间、公民与政府之间的逐渐分离与关系重构，秉承古老禁欲主义传统的佛教、道教中所包含的更为纯粹的利他主义和普世主义，在很大程度上重塑了台湾本土宗教，并推动了以信仰为基础的现代慈善的勃兴。

【关键词】 台湾　宗教　宗教慈善　多重契约理论框架

无论怎样追溯现代慈善的生成，宗教都是无法绕开的重要思想源泉之一。与 philanthropy 不同，Charity（慈善）曾在文化上坚定地属于基督教传统，系三大神学美德之一（Mcbrien，1995：300 - 301）。"慈悲"、"喜舍"、"福田"、

---

[*] 本文是在《台湾非营利组织》课题中笔者负责的"台湾的宗教与慈善文化"一章基础上改写而成。台湾调研得到香港施永青基金会的鼎力资助。对台湾政治大学江明修教授、梦洁、台湾至善基金会的晏榇、台湾大学博士生贺志峰等在实际调研和资料提供方面给予笔者的细致帮助谨致谢意。

[**] 韩俊魁，北京师范大学社会学院副教授。

"道德"、"济世救人"、"瓦哈甫"（Waqf）[①]等历久弥新的思想延绵不断地给现代慈善以深厚滋养，并赋予后者超越性的价值、使命和意义。

说到台湾宗教，不论本地居民还是外来观光客，都能强烈感受到台湾上演着的宗教博览盛会。在这里，除了丰富的民间信仰、自然宗教、各种世界性宗教外，还有大量新兴宗教。寺庙、教堂、神坛等难以计数。1987年后，宗教的分化并立快速发展，至今依然势头不坠。其中，一个引人注目的现象是20世纪60年代以来，和西方宗教在台的发展相比，本土宗教发展势头更为迅猛。此外，宗教对慈善的贡献十分惊人，对台湾慈善文化、志愿服务以及本土组织的国际化的影响也至为重要。例如，台湾"内政部"2011年的一份表彰手册中提及，社会教化事业成效卓著或捐资金额达1000万元[②]以上的宗教团体共261个。1978年捐赠额仅1113197922元，2010年达33477745803元，1978~2010年为70284272991元（江明修等，2013：276~277）。以佛教、道教为基础的基金会更为繁荣，甚至在国际上声誉卓著。本文试图以台湾为例，粗线条地讨论其宗教格局的生成，以及宗教慈善的谱系结构、实践与意义。

基于欧洲思想史的梳理，并借助"社会契约"和"政治契约"概念（迪蒙，2003：71~72），笔者提出了解释非营利组织以及现代慈善生成的多重契约理论框架（韩俊魁，2015）。简言之，因信称义[③]使得个体从宗教体系中摆脱出来，形成第一种垂直契约关系。伴随着宗教改革，尤其是加尔文"使包含国家的教会作为整体主义体制消灭了"（迪蒙，2003：54），"30年宗教战争"[④]之后确定的教随国定原则以及随后的启蒙思想运动，使宗教与国家在形式上彻底分离开来，构成第一种水平契约关系。第二种垂直契约是在国家与公民之间产生：现代国家替代宗教成为需要严加约束的"利维坦"，除了主权国家内部的分权，公民在水平契约关系上组成的社会成为国家的重要制衡力量。在两种垂直契约、第一种水平契约以及古老的基督教个体与家庭关系的特殊观念作用下，

[①] "瓦哈甫"是阿拉伯语音译。伊斯兰教法特指用于宗教或慈善事业的"公产"或"基金"。有学者甚至用来解释现代伊斯兰世界的社会企业（Salarzehi et al., 2010）。

[②] 本文所用货币单位均为新台币。

[③] 基督教用语，源自《圣经》。广义上指教徒得到救赎和在上帝面前成为义人的必要条件；狭义上指基督教徒尤其是路德宗关于如何得救的教义。

[④] 1618~1648年，欧洲历史上发生第一次大规模国际战争。30年战争是宗教改革后教派斗争加剧的结果，也是当时欧洲各国政治矛盾与领土纷争的反映。

第二种水平契约形成，即自然人不必附着在宗教组织以及国家之上，也不必然以家庭为归宿，而是可以借助水平契约，通过其他组织营造新的、有生命力的公民身份。本文以此理论框架解释台湾宗教格局与宗教慈善。在方法上，本文主要使用了文献研究法。此外，2015年8月21~26日，笔者对台湾佛教、基督教①、天主教、道教、伊斯兰教等宗教组织和基于信仰的慈善组织②或其隶属部门的负责人进行了访谈或座谈。笔者并不执着于案例研究，而是使用多重契约理论框架，着眼于解释几个宏观问题。

一 台湾宗教发展轨迹及多元局面的形成

1. 台湾宗教发展阶段的简要回顾

依据1945年和1987年这两个节点，可将台湾宗教发展史分为三个阶段。

台湾原住民的信仰多属于自然宗教的范畴，随着郑成功收复台湾以及清代设省，大量闽粤民众涌入，奠定了汉族为主体民族的格局③，宗教信仰原盘植入，构成台湾宗教信仰体系的基调。其间，基督教随着荷兰、西班牙等殖民者的入侵而传入，但影响有限。"直到清朝中叶以后，才开始有超越宗族和地域性组织的教派传入台湾。从中国大陆传来的教派有龙华教、金幢教和先天教（三者在日据时代合称"斋教"）；从西洋传来的有天主教和基督教长老教会"（宋光宇，1994：180）。日据时代，虽然扬日本佛教抑本土道教，但随着后来中国佛教会实施的戒坛制度，日本佛教、神道教对整个台湾宗教格局影响并不大。在第一阶段，西方宗教的影响力非常小，收复台湾时仅有20名传教士（郑志明，2006：163）。

真正的变化始于收复台湾，尤其是国民党迁台之后。民国时期大量的全国性乃至世界性宗教力量进入、沉积、压缩于小小岛屿之中，台湾的宗教密度陡

---

① 台湾习惯上将"基督教新教"称为"基督教"。特此说明。
② 台湾佛教慈济慈善事业基金会、门诺社会福利慈善事业基金会、台湾圣公会、台湾信义会、励馨社会福利事业基金会、台湾儿童暨家庭扶助基金会、基督教救世军、伊甸社会福利基金会、天主教白永恩神父社会福利基金会、台北行天宫文教发展促进基金会、台北清真寺基金会、台湾世界展望会等16家机构。
③ 按台湾"内政部"官网2016年3月更新的数据，原住民总人口546698人，其中平地原住民256730人，山地原住民289968人。原住民约占全台总人口23492074（2016年2月3日更新）的2.3%。

增,预示其格局将实现宏大转换。收复初期,宗教发展空间非常局促。按照"非常时期人民团体组织法",每种宗教只能有一个"全国"性质的组织,大体只认可佛教、道教、基督教、天主教和伊斯兰教。在对宗教似是而非的政治分类和确认过程中,个别宗教仍能够依靠关系获得一定的生存空间,例如,经过特批的理教、轩辕教、巴哈伊教、天理教和天帝教等。1987年前台湾有10个合法宗教(郑志明,2006:38)。整体而言,民间信仰等小传统文化所受影响并不大,并随着20世纪60年代台湾的经济起飞出现文化复振。

1945~1987年,宗教力量之对比发生明显变化。大约以台湾经济20世纪60年代中期进入繁荣期以及外援终止为界,天主教在1949~1963年进入快速增长期,信徒人数的年增长率均在10%以上,1964年后进入成长停滞期;基督教在1945~1964年快速增长,1965年后进入停滞阶段。一些独立教会和新传入的基督教派基本稳定或缓慢增长。20世纪80年代之前,佛教在各类宗教中变化幅度最小,之后开始有大的发展(瞿海源、姚丽香,1986:655~685)①。稍晚的一项研究也指出,60年代中期台湾经济腾飞后快速发展,西洋教派的发展出现了持平甚至衰退的现象,本土寺庙与教派却蓬勃发展。包括民间信仰在内的道教于1981~1985年出现跃升,1986年之后呈现稳定上升(宋光宇,1994:175~224)。总之,学者关于台湾各类主要宗教力量此消彼长规律的认识大同小异。

1987年后,尤其是1989年1月台湾"人民团体法"修订版②的颁布,打破了以往宗教团体的严格管制格局,各类传统宗教团体及新兴宗教团体如雨后春笋般涌现。2014年,台湾"内政部"统计的宗教分为寺庙类和教会(堂)两大类。前者包括道教、佛教、理教、轩辕教、天帝教、一贯道、天德教、儒教、亥子道、弥勒大道、中华圣教、宇宙弥勒皇教、先天救教、黄中、玄门真宗、天道及其他等17类;后者包括天主教、基督教、伊斯兰教、天理教、巴哈伊教、真光教、山达基教会、统一教、摩门教以及其他等10类③。从表1数据看

---

① 另据台湾"内政部"2005年《台闽地区寺庙、教会(堂)概况调查》,道教及佛教的成立时间最早;一贯道、弥勒大道于1981年以后达到成立的高峰期;基督教成立时间较为分散,天主教成立的高峰期为1951~1960年;摩门教成立的高峰期为1961~1970年;天理教成立的高峰期为1971~1980年。

② 第一章第1条即规定:"人民团体在同一组织区域内,除法律另有限制外,得组织两个以上同级同类之团体,但其名称不得相同。"

③ 因没有相关团体,太易教被从统计资料中删除。

出，经过1987年初期的组织创立的井喷，1997～2014年寺庙数仍每年稳定递增；教堂数增幅很小，且常有波动。

表1 台湾"内政部"各宗教教务概况一览

单位：个，人

类别 年份	合计		寺庙		教堂		
	寺庙教堂数	信徒人数（依各宗教皈依之规定）	寺庙数	信徒人数	教堂数	神职人员数	教徒人数
1997	12452	1575216	9321	985410	3131	6031	589806
1998	12492	1588904	9375	1000565	3117	5297	588339
1999	12548	1623968	9413	1029152	3135	6104	594816
2000	12533	1577208	9437	1011109	3096	5835	566099
2001	12970	1630744	9832	1053165	3138	5903	577579
2002	14647	1656101	11423	1068550	3224	6417	587551
2003	14747	1552956	11468	974713	3279	6465	578243
2004	14536	1525507	11384	946469	3152	6598	579038
2005	14654	1521729	11506	964892	3148	6573	556837
2006	14730	1519297	11573	961733	3157	6513	557564
2007	14840	1534955	11651	964381	3189	6691	570574
2008	14993	1540709	11731	967630	3262	6248	573079
2009	15095	1554866	11796	980558	3299	6328	574308
2010	15198	1568816	11892	989176	3306	6607	579640
2011	15285	1588327	11967	1005382	3318	6454	582945
2012	15296	1607133	12026	1010662	3270	6319	596471
2013	15406	1581383	12083	988568	3323	6620	592815
2014	15385	979519	12106	979519	3279	—	—

注：资料来自各直辖市及县（市）政府。台南市于2013年12月修正2011年及2012年教堂相关资料；信徒人数在2013年以前含寺庙信徒人数与教（会）堂教徒人数，自2014年起仅包括寺庙信徒人数。

据台湾"内政部"2005年《台闽地区寺庙、教会（堂）概况调查》，寺庙和教会（堂）的数量比约为2.5∶1。在15071个寺庙、教会（堂）中，道教占55.83%，基督教占22.53%，佛教占13.96%，三者占总数的92.32%。地域分布上，南部地区寺庙最多（4301个）；中部地区次之（3107个）；北部地区最少（2278个）。在教会（堂）分布方面，北部地区最多（1064个）；南部地区次之（991个）；中部地区最少（848个）。鉴于寺庙信徒的流动性身份、非制度化特征以及台湾并不顺畅的宗教管理政策，寺庙及信徒的统计数据并不能反映真实情况。教堂的神职人员和教徒的识别特征比较明显和固定，因而其数据较为可靠。表1显示，1997~2014年教堂神职人员数增加了近10%，但教徒人数仅增加了0.5%。

2. 对台湾宗教发展史上两个现象的解释

由上文引发台湾宗教发展史上两个值得探讨的问题，即宗教兴起的原因以及20世纪60年代以来，为何本土宗教较西方宗教的发展更为繁荣。这两个议题不仅是地方性知识，也是全球范围内重要的研究主题。

20世纪60年代现代化理论和宗教世俗化理论盛行之时，全球性宗教复振运动却以奇异的方式紧随而现，但因从未清晰界定过何为世俗化、何为宗教复振，从而产生大量无谓纷争。例如，经济被认为是推动宗教世俗化的重要动力之一。随着经济的发展，消费主义乃至金钱拜物至上观兴盛，宗教会被压缩进逼仄的私人信仰领域。在台湾案例中，有学者认为本土宗教的兴起源于台湾经济腾飞之后，人们有足够的经济实力捐香油钱或建庙。真可谓成也萧何，败也萧何。两种观点显然相悖，经济怎么会同时起相反的作用？要么其中之一正确，要么二者均不成立。即使经济决定论的说法成立，逐步富裕的台湾基督徒也应该带动教会、教堂的勃兴，但事实并非如此。因此，经济并非解释宗教复振的本质变量。

斯达克和芬克的宗教市场理论批判了宗教世俗化理论。这种理论并非简单的经济决定论，而是将宗教作为由供求关系和自由竞争决定的市场。在其看来，某个社会中的宗教需求相当稳定，宗教之所以出现重大变化，是因为宗教的供给方发生了变化。而且，宗教管制越严和越有效，宗教参与程度就会越低，反之则越高。在指出该理论忽视非制度性宗教、新兴宗教以及政府的宗教管理或管制等弊端后，杨凤岗提出中国宗教的三色市场观，试图进一步完善该理论（杨凤岗，2006；Yang，2006）。杨的观点看似对台湾宗教现象有较强的解释力，例如加强宗教管制并不能使总体宗教信仰和行为降低或减少，而是致使宗教市场复杂化。但三色市场观没有抽象出动力变迁的结构性要素，因此很难解释取消宗教管制后，本土宗教的勃兴以及西方宗教发展的迟缓。而且，杨将"宗教管理或管制"而不是"政治"或"现代国家"作为解释宗教的重要变量，在一定程度上稀释了学术的浓度和厚度。彼得·伯格等学者的国家—宗教关系的理论很有说服力（Berger et al.，2008），但台湾并未经过法国或美国式的单向分离。

社会转型理论将诸多因素囊括其中，看似流行和中允，但面面俱到的背后是无法证伪的表述。人类社会无时不在转型或变迁之中，转型说对以寻求确定因果关系为己任的社会科学来说价值有限。对于大多数被理性熏陶的研究者而言，宗教复振的非理性说（瞿海源，2010）亦很难被接受。况且，社会事实只能用社会事实而非心理事实来解释（迪尔凯姆，1995）。

以多重契约理论框架来看，在台湾，政教进行了分离，在民主化转型过程中，"公民"身份被构建出来，对政府的依附程度大大削弱。虽未经历过类似于政教改革中个人摆脱宗教的努力，但佛教、道教等宗教传统中，僧侣和家庭是一种决然的断裂，这种断裂或多或少赋予信徒以超越性。虽然本土弥散性宗教（diffused religion）的特点（Yang，1961）使宗教与信徒关系并不紧密，但随着日益转型的本土宗教对组织化的强调，二者的关系不断被强化。因此，在多重契约的作用下，个体更容易靠近宗教组织，从而出现宗教复振。那么，为何在宗教自由竞争中本土宗教占优？一方面，中国传统文化一向以民间宗教为主、佛道等教为辅，弥散性宗教的特点使后者从前者中不断汲取资源。另一方面，中国的制度化宗教很弱，其信仰以家庭、宗族、社区为载体，这些载体在台湾社会中绵延不断，为民间信仰提供了沃壤，每座寺庙都是西方教会难以逾越的屏障。当然，佛教、道教面向人间的改革，信徒基数大，一般民众较难接受基督教等宗教仪轨等也是产生这一现象的重要原因。

二 以信仰为核心的台湾宗教慈善的谱系结构与实践

论及宗教慈善，人们往往从经典教义中阐幽发微。殊不知，若不关照和结合该宗教信仰支配下的社会事实和社会行动，教义推断之演绎法极容易滑入偏狭。在马克斯·韦伯关于新教伦理与资本主义精神的著名论断中，宗教教义和伦理有着不言自喻的现实呼应，但因其论证链条存在疑问，在解释现实时就难免有无法证实亦无法证伪的文化决定论之嫌。接下来，先对宗教慈善的谱系与实践等社会事实进行描述、比较，然后再进入抽象意义的分析。

除了表1中的寺庙（按"监督寺庙条例"不具备法人资格）与教会（堂），提供宗教慈善的主体谱系还包括难以计数的神坛、宗教社团法人、以信仰为本的财团法人。实践中，这一谱系更为复杂。例如，即使均为著名佛教组织，但佛光山是以弘法利生为目的的宗教组织，国际佛光会是为团结信徒而组成的人民团体，慈济功德会则是由在家居士、"委员"组织活动为主体的自下而上的人民团体（郑志明，2006：154）。总之，在这一谱系中，宗教的神圣性不断减弱，宗教事务不断减少，社会福利功能不断增强。

官方数据表明，1977~2015年短短不到40年，全台性质的宗教团体数量从16家增至1317家，增长81倍。地方性宗教团体数量在1980年~2015年，从54家增至1479家，增长26倍之多（见图1）。之所以全台性质的宗教团体增幅大，可能和"人民团体法"修订之后，远远突破了之前一教一会之限制有关。

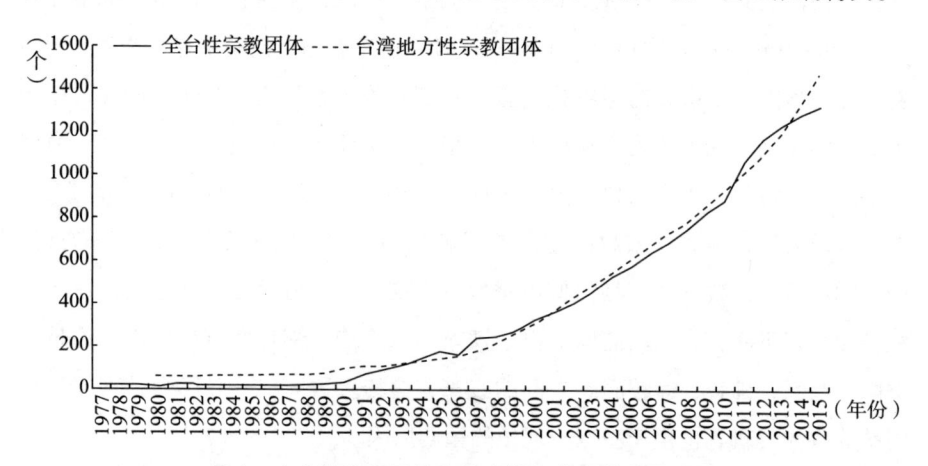

图1　全台性宗教团体和地方性宗教团体数量增长

2001~2014年，宗教类福利基金会的数量依次为84、80、71、61、101、109、84、70、71、69、73、95、75个。2006年以后此类基金会数量下降，从表2可以看出，主要是道教类福利基金会大幅减少。为何道教财团法人数量变化较大？台湾"内政部"2005年《台闽地区寺庙、教会（堂）概况调查》显示，寺庙中，仅6.69%设立了财团法人，其余分别采取管理委员制、管理人制、执事会等制度。道教中，仅5.06%设立财团法人；佛教中，设立财团法人的比例略高一些，但也仅为12.22%。儒教设立财团法人的比例为41.67%，明显高于其他类型的寺庙。但在教会（堂）中，78.22%的总单位（含总会、独立教会）、72.28%的中单位以及66.93%的分单位均成立了财团法人。基督教中，不论哪个层级的单位，成立财团法人者皆达到70%以上，其中总单位设立的比例为77.36%；天主教总单位成立财团法人的比例（82.72%）要比低层级的比例高。由上看出，佛教、道教等台湾本土宗教的现代公益的组织化程度明显弱于基督教和天主教。换言之，在宗教慈善谱系的分化与构成上，前者比后者弱。

在不同宗教的慈善实践方面，台湾"内政部"2005年的《台闽地区寺庙、教会（堂）概况调查》报告显示，全体寺庙的经常性收入（占全年总收入的90.18%）中，最高的是捐助奉献收入，占44.73%，服务收入次之，占21.52%；全体教堂的经常性收入（占全年总收入的92.79%）中，最高的也是捐助奉献收入，占78.51%，财产所得次之，占4.46%。这些数据似乎说明天主教和基督（新）教比寺庙信徒更愿捐赠。

接下来对不同宗教的慈善实践进行细分比较。需要说明的是，台湾"内政部"将各宗教社会服务概况分为医疗机构、文教机构和公益慈善事业，其中公益慈善事业又分为养老院、身心障碍教养院、青少年辅导院、福利基金会、社会服务中心以及其他。说是"公益慈善事业"，其实是公益慈善机构。表2数据正是在"公益慈善事业"狭义上的呈现。

表2 台湾"内政部"关于不同类型宗教的"公益慈善事业"的统计

单位：个

	养老院数	身心障碍教养院数	青少年辅导院数	福利基金会数	社会服务中心数	其他
道教 (2001~2014年)	5、4、4、5、5、5、6、6、7、6、6、6、6、5	3、3、0、1、1、6、7、10、7、15、1、15、15、16	4、4、1、1、1、1、2、2、1、1、1、1、1、0	47、41、38、36、66、74、49、41、41、42、43、36、47、38	31、36、28、19、48、56、56、56、53、53、49、51、49、41	22、36、28、27、27、36、27、42、50、44、45、36、51、48
佛教 (2001~2014年)	5、5、4、4、3、4、4、6、5、3、5、5、5、8	5、5、2、2、2、2、0、3、5、7、7、5、6、7	3、3、1、5、3、5、4、5、4、5、5、5、5、5	15、18、16、16、23、21、19、18、18、17、19、19、26、19	14、16、15、13、16、20、27、25、24、19、19、20、21、18	32、32、36、33、36、55、61、65、64、37、18、13、12、10

续表

	养老院数	身心障碍教养院数	青少年辅导院数	福利基金会数	社会服务中心数	其他
理教 (2001~2014年)	均为0	2001年为1,其余为0	2001年为1,其余为0	2013年为2,2014年为1,其余为0	均为0	2008、2012年各为1,其余为0
轩辕教 (2001~2014年)	均为0	均为0	均为0	均为0	均为0	均为0
天帝教 (2001~2014年)	均为0	均为0	均为0	均为0	均为0	均为0
一贯道 (2001~2014年)	2001、2002年各为1,其余为0	2009、2010年各为1,其余为0	2001、2002、2013、2014年各为1,其余为0	4、3、3、3、3、3、4、3、2、1、2、2、6、4	2、2、3、2、4、4、4、5、4、5、4、4	0、0、0、1、1、4、4、4、6、7、6、6、1、2
天德教 (2001~2014年), 2014年改称 天德圣教	2003年为1,其余为0	2003年为1,其余为0	均为0	均为0	2、2、1、1、1、1、1、0、0、0、0、0、0、0	2001年为1,其余为0
儒教	均为0	均为0	均为0	均为0	均为0	0、0、0、1、4、3、3、0、0、0、0、0、0、0
太易教 (2001~2013年)	均为0	均为0	均为0	均为0	均为0	均为0
亥子道 (2001~2014年)	均为0	均为0	均为0	均为0	均为0	均为0
弥勒大道 (2001~2014年)	均为0	均为0	均为0	均为0	均为0	均为0
中华圣教 (2001~2014年)	均为0	均为0	均为0	均为0	均为0	均为0
宇宙弥勒皇教 (2001~2014年)	均为0	均为0	均为0	均为0	均为0	均为0
先天救教 (2004~2014年)	均为0	均为0	均为0	均为0	均为0	均为0
黄中 (2004~2014年)	均为0	均为0	均为0	均为0	均为0	均为0
玄门真宗 (2007~2014年)	均为0	均为0	均为0	均为0	均为0	均为0
(寺庙类)其他 (2001~2014年)	均为0	均为0	均为0	均为0	2003年为1,其余为0	均为0

续表

	养老院数	身心障碍教养院数	青少年辅导院数	福利基金会数	社会服务中心数	其他
天主教 (2001~2014年)	6、6、8、10、7、6、7、7、7、7、6、7、8、9	14、14、12、12、11、8、9、9、9、9、8、10、10、28	0、1、0、0、0、0、0、2、2、4、4、4、4、6	4、4、2、2、3、3、3、3、5、5、5、5、5、4	7、6、11、13、14、19、19、24、22、18、16、14、14、37	24、22、26、26、25、27、25、31、32、30、39、39、38、39
基督教 (2001~2014年)	3、3、4、6、6、4、8、7、7、7、5、4、5、6	5、4、4、5、5、4、6、5、5、5、2、2、2、2	5、6、4、5、5、4、10、4、4、2、1、1、1、2	14、14、12、4、6、8、9、5、5、4、4、3、9、9	20、18、19、19、21、29、23、29、26、25、29、34、31、33	76、77、78、72、80、113、92、80、69、54、102、105、88、85
伊斯兰教 (2001~2014年)	均为0	均为0	均为0	均为0	均为0	0、0、0、0、0、0、0、0、1、2、1、0、0、1
天理教 (2001~2014年)	均为0	均为0	均为0	均为0	均为0	1、1、1、1、1、2、2、2、1、0、1、2、2、1
巴哈伊教 (2001~2014年)	均为0	均为0	均为0	均为0	均为0	均为0
山达基教会 (2005~2014年)	均为0	均为0	均为0	均为0	均为0	均为0
统一教 (2010~2014年)	均为0	均为0	均为0	均为0	均为0	均为0
摩门教 (2010~2014年)	均为0	均为0	均为0	均为0	均为0	均为0
教（会）堂类"其他" (2001~2014年)	均为0	均为0	均为0	均为0	均为0	均为0

注：所有数据均来自台湾"内政部"官方网站。

表2数据显示，道教、佛教、天主教和基督教所举办的公益慈善机构数量占到所有宗教类型举办慈善机构的绝对多数。和天主教、基督教类机构相比，道教、佛教类机构数量上全面占优。即使将所谓"公益慈善事业"的范围扩展至医疗机构和文教机构，这一结论也是成立的。

细究数据还可以发现如下结果。(1)佛教、天主教、基督教的公益慈善机构数据的稳定性较强，道教类机构的历年数据变化幅度最大。这是因为和前者相比，道教的弥散型特征最强。台湾"内政部"2005年《台闽地区寺庙、教会（堂）概况调查》显示，台湾92.62%的寺庙互不隶属。其中，道教互不隶属的比例（94.69%）较之儒教（91.67%）、佛教（87.85%）、弥勒大道（79.17%）、一贯道（58.35%）和其他寺庙（69.71%）的比例都高。（2）具体指标方面，各类宗教的养老院数比较稳定，这与台湾突出的养老需求相契合。在身心障碍教养院方面，道教类机构的变化幅度很大；天主教类教养院在2013～2014年有较大增长，佛教和基督教类教养院数量变化不大。在青少年辅导院数量方面，道教类辅导院几经变化，至2014年竟归于零；天主教类辅导院在增加，基督教类辅导院在减少，而佛教类辅导院数量相对稳定。在福利基金会方面，最稳定的是天主教类基金会，道教类基金会变化幅度最大。在社会服务中心数量方面，除了天主教类组织数量于2013～2014年明显增加外，其他宗教类中心数量差别不大。至于"其他"组织，笔者并不知分类标准，故无法进行比较。

表2是官方2001年以来的相关数据。为了更具历史感地呈现各类宗教公益慈善事业的变化，下面引用了表3中1941年～1987年的数据作为参照。

表3 1941年以来台湾地区宗教福利机构的发展情形

单位：个

总类\年份	天主教						基督教						佛教						合计
	1941年	1951年	1961年	1971年	1981年	1987年	1941年	1951年	1961年	1971年	1981年	1987年	1941年	1951年	1961年	1971年	1981年	1987年	
医疗	3	14	20	4	2	3	2	12	8	3	—	10	—	—	1	4	7	7	100
教育	—	12	32	3	—	—	2	7	6	1	—	1	1	1	2	3	1	4	76
儿童	—	—	2	1	1	1	2	3	34	2	—	1	1	2	6	1	3	—	60
老人	—	—	1	2	1	5	—	1	2	1	1	24	—	—	3	4	—	3	48
残障	—	—	2	14	2	3	2	55	42	1	—	—	—	—	—	—	—	4	44
妇女	—	1	3	2	—	—	—	—	1	3	—	—	—	—	—	—	—	12	12
青年	—	1	6	6	2	2	2	4	12	8	1	—	—	—	—	—	—	—	47
山胞	—	—	3	2	—	—	—	6	6	4	1	—	—	—	—	—	—	—	22
少年	—	—	—	1	—	—	—	—	2	2	—	—	—	—	—	—	—	—	5
咨商	—	—	1	5	—	1	—	—	4	10	—	—	—	—	—	—	1	1	23
社区	—	—	—	—	—	—	—	—	—	4	1	—	—	—	—	—	—	—	5

续表

年份\总类	天主教 1941年	1951年	1961年	1971年	1981年	1987年	基督教 1941年	1951年	1961年	1971年	1981年	1987年	佛教 1941年	1951年	1961年	1971年	1981年	1987年	合计
综合	—	3	6	7	—	2	—	1	4	2	4	4	—	—	1	2	—	4	40
合计	3	30	74	48	10	18	10	33	83	44	16	46	1	2	9	19	10	26	482
小计 比例	183 38.0%						232 48.1%						67 13.9%						

注：表中数据引自（王顺民，2001：99）。引用时将民国纪年改为公元纪年。

表3显示1987年以前，和本土宗教的慈善服务相比，西方宗教提供的服务占据绝对优势，可以说是台湾现代宗教慈善史上的先驱和启蒙者。在表3数据以及综合其他研究成果的基础上，王顺民教授将西方在台宗教团体福利服务的发展划分为三个阶段：1941~1961年为以提供医疗、教育服务为主的传统慈善发展阶段；20世纪60年代为以提供残障、劳工、咨商等倡导服务为主转型发展阶段；1981年以来为多元化发展阶段。同时，他将本土宗教团体福利服务的发展分为两个阶段：1941~1971年的以老人、医疗、儿童服务为主的传统慈善发展阶段和20世纪70年代以来以医疗、教育以及其他服务为主的转型发展阶段（王顺民，2001：101~117）。郑志明教授将基督教在台的福利服务事业分为济贫式福利工作、机构式福利工作、社区式福利工作和人权式福利工作等四种面向；将本土宗教的福利事业也分为四种面向，即夸富式福利工作、自利式福利工作、志业式福利工作和行销式福利工作。这种划分进一步细化了西方宗教与本土宗教公益慈善供给模式之间的分野（郑志明，2006：248~251）。

相比之下，不论在机构数量、社会正义倡导还是现代慈善转型方面，本土宗教福利服务1987年以前均处于下风。以台湾省为例，教会福利机构数与寺庙福利机构数两者的比例为88.9:11.1。王顺民教授敏锐地察觉到，除了早期的社会、经济因素外，这一现象还和西方宗教的教会（堂）与其服务机构分立设置、本土宗教往往仅由寺庙本身来直接从事社会服务的组织特性密不可分。换言之，西方宗教由专职的人员和机构提供服务，本土宗教是否做救世济人的工作取决于神祇灵验性，仿佛"神明"自身在从事公益慈善活动（王顺民，2001：113~114）。上述两位学者还对1987年前二者之间的差距、差距背后本土宗教的制约因素以及本土宗教志业式福利的潜力等进行了分析。和表3数据相比，表2数据表明，台湾本土宗教公益慈善事业进入21世纪后有了长足进步。

西方宗教的教会（堂）与其服务机构分立设置，本土宗教往往仅由寺庙本身来直接从事社会服务的组织特性这一看法，简单回应了之前提出的组织谱系问题。可以说，组织谱系结构决定了慈善模式的分野。对于王顺民教授提出的疑问，吊诡的是西方宗教福利服务并未推动教会（堂）的增加，甚至可以说没有直接的相关性，但本土宗教慈善活动为什么对宗教势力的扩张作用明显呢（王顺民，2001：114）？笔者以为，正是因为本土宗教慈善谱系的模糊不清导致了这一结果。但还需要追问的是，那又是什么支配或决定了宗教组织的谱系结构呢？这就须回到文化层面进行探讨了。

三 宗教信仰对于慈善的意义

绝大部分宗教信仰体系中，都不乏关于"善"的经典论述。例如，在天主教和基督教中，作为"爱"的同义词，Charity是神学意义上最重要的美德，是基督之爱的最高形式。慈善源于神，止于神（Mcbrien，1995：300－301）。本土宗教中，诸如佛教的慈悲、福田、菩提心，道教的慈爱和同、济世救人的论述亦比比皆是。

但毫无疑问，现代慈善以信奉天主教，尤其是基督教（新教）的国家最为发达。当然，有人会说，这与这些国家的经济发达有关。笔者认为，现代慈善的产生与宗教文化的关系更密切、更直接。依多重契约理论框架来看，不论在形式还是实质的文化意义上，不必附着在宗教僧侣组织、国家以及家庭中的个体，更容易受到基督教慈善使命的感召。个人一旦和以自由结社为根基的现代公益组织相结合，就孕育和开显出现代慈善事业来。

本土宗教并未成为台湾现代慈善的先行者和启蒙者。虽有太虚大师以及印顺法师人间佛教的开启，作为台湾宗教慈善代表人物的证严上人，亦是在西方宗教刺激之下发愿建医院。表3数据显示，佛教组织建立现代医疗机构也是20世纪60年代以后的事情了。慈济真正的大发展也是1979年证严上人发愿建医院之后（郑志明，2006：154～155）。借助于基督教现代慈善的做法，缘起性空、无我等精妙思想才真正为佛教慈善事业奠定了"众生平等"的普世主义基础，为其国际化铺平了道路。其他本土宗教也是通过学习而加入到现代慈善的行列中来。

为解释这一现象，王顺民教授对图2中的不同机制进行了比较（王顺民，2001：268）。这种直观比较有一定道理，但也存在诸多疑问：制度化行善与神圣性行善都是从个人到他人的利己主义吗？都是一种单方交换关系吗？现世性宗教纯粹是个体至个体的利己主义吗？功德式行善的众生的身份和实指是谁？个人和个体的差别是什么？因果轮回和业报轮回的差别又是什么？

福利国家（制度化的行善）
个人 → 中介 → 机制 → 他人
公民权益　国家　　社会连带　（一种单方交换关系）

西方宗教（神圣性的行善）
个体 → 中介 → 机制 → 他人
荣耀上帝　造物者　原罪预选　（一种单方交换关系）

本土宗教（现世性的行善）
个体 → 中介 → 机制 → 个体
累功积德　神祇　　因果轮回　（双向约定交换关系）

大乘佛教（功德式的行善）
众生 → 中介 → 机制 → 众生
福报功德　法师　　业报轮回　（非对称性交换关系）

图2 "福利国家"、"西方宗教"与"本土宗教"不同的机制处遇

如果仍用多重契约理论框架进行解释，在横向契约维度上，台湾本土宗教在"国家"与宗教关系方面没有理顺，宗教分类一直不清晰，"宗教法"呼吁多年却始终未能出台。看似西方政教分离原则写进"宪法"，但并未经过法国或美国式的单向分离，世俗依然世俗，原本应该神圣的却未必神圣。在纵向契约维度上，在信徒与宗教信仰之间以及信徒和"国家"之间，作为个体"公民"的发育有了很大进展，但依然暧昧不明。例如，类似于台湾基督教长老教会的政治倡导、权利关注等，在台湾本土宗教身上似乎很难发生。个体公民的发育没有完型，神圣开显现代公益慈善之路自然艰难。但话说回来，这些维度的契约在台湾社会转型中已经有了不同程度的型构。在另一个契约维度——个人与家庭关系上，秉承古老的禁欲主义传统，佛教、道教包含了更为纯粹的利他主义。一旦采取类似于人间宗教面向的宗教变革，透过更加组织化的活动，其传统慈善资源又被大大激活。经济学对于捐赠动机研究的研究恰恰从侧面佐证了这一点。一些经济学者一改"经济人"假设中的利己视角，从"利他"审视捐赠行为时，通过构建基准模型解释利他型捐赠动机与弱势群体获得公共物品供给之间的博弈和制度建构，认为制度化的利他捐赠能有效提升资源配置的效率，达到帕累托最优，从而避免撒玛利亚人困境（Coate，1995；Ribar & Wilhelm，2002）。

由此可见，本土宗教慈善的组织谱系与实践中的宗教与慈善相互推动，加之和信仰文化的结构性特征之间互为自洽。其中，信仰文化的结构具有支配性作用，尽管该结构尚在变迁之中。但需要强调的是，宗教慈善活动中，信仰是双刃剑：在促进慈善发展的同时，也会对之构成制约。这不仅在宗教团体的发展上，在宗教慈善的政策层面上也有所表现。例如，"（台湾宗教团体）表面上杀出了一条生路浮现出蓬勃发展的热门景象，实际上隐藏着不少内在体系性的矛盾与外在制度性的危机"（郑志明，2006：36）。江明修等教授亦指出，截至2011年底，已有127个公益团体签署成为"台湾公益团体自律联盟"会员，但宗教类团体仅13个，且大部分为基督教或天主教成立的社会福利基金会，台湾几个较大之佛教团体尚未加入。台湾"公益劝募条例"（1996）第2条规定：宗教团体、寺庙、教堂或个人，基于募集宗教活动经费之目的，募集财物或接受捐赠之行为，不受公益劝募条例之规范，而交由"监督寺庙条例"、"寺庙神坛管理或辅导办法"或"宗教团体法草案"管理。在给宗教体较大自主空间的同时，也较容易发生宗教敛财以及募款金额、经费运用黑箱作业情况（江明修等，2013）。

台湾地区宗教类慈善组织支出金额约占全台"中央政府"社会福利支出总额的5%，若加上寺庙、教堂、神坛等，贡献更为巨大（王顺民，2001）。宗教慈善已成为台湾慈善界最为瞩目的亮丽风景。慈济、佛光山、台湾儿童暨家庭扶助基金会、台湾展望会等组织在世界各地的活动日益频繁。若按照"既主张特殊性血缘亲情构成了普遍性仁爱理想的本根基础、又因此而导致普遍性仁爱理想陷入难以摆脱的无根状态，成为孔孟儒学自身无法消解的一个悖论"（刘清平，2002）的说法，孔孟儒学对现代慈善的启蒙实在有限。于是，在多重契约形塑下的台湾社会，本土宗教担起大任。在这里，宗教成为神圣与世俗服务之间心意相通的管道，将俗世中的个人变成现象学式充盈着绵延不断意义的丰满个体。个体、宗教团体乃至整个宗教，均在现实慈善耕耘中实现了超越。

参考文献

〔法〕路易·迪蒙（2003）：《论个体主义：对现代意识形态的人类学观点》，谷方译，上海：上海人民出版社。

〔法〕E.迪尔凯姆（1995）：《社会学方法的准则》，狄玉明译，北京：商务印书馆。

韩俊魁（2015）：《超越国家还是被国家驯服？——国际非政府组织生成的人类学研究》（未刊稿）。

江明修，许世雨、刘祥孚（2013）：《台湾宗教慈善》，载杨团主编《中国慈善发展报告（2013）》，北京：社会科学文献出版社。

刘清平（2002）：《无根的仁爱》，《哲学评论》，第1卷。

瞿海源、姚丽香（1986）：《台湾地区宗教变迁之探讨》，载瞿海源、章英华主编《台湾社会与文化变迁》，中研院民族学研究所。转引自郑志明（2006）：《台湾全志卷九：社会志·宗教与社会篇》，国史馆台湾文献馆，第41页。

瞿海源（2010）：《新兴宗教与社会变迁》，《弘誓》12月108期。

宋光宇编（1994）：《试论四十年来台湾宗教的发展》，《台湾经验（二）——社会文化篇》，台北：台北东大图书公司。

王顺民（2001）：《当代台湾地区宗教类非营利组织的转型与发展》，台湾洪叶文化事业有限公司。

杨凤岗（2006）：《中国宗教的三色市场》，《中国人民大学学报》，第6期。

郑志明（2006）：《台湾全志卷九：社会志·宗教与社会篇》，国史馆台湾文献馆。

Berger, P. L. et al. (2008), *Religious America, Secular Europe? A Theme and Variations*, Ashgate Publishing Limited.

Coate, S. (1995), "Altruism, the Samaritan's Dilemma, and Government Transfer Policy", *The American Economic Review*, Vol. 85, No. 1.

Mcbrien, R. P. (General editor) (1995), *The HarperCollins Encyclopedia of Catholicism*, HarperCollins Publishers Inc.

Ribar, D. C. & Wilhelm, M. O. (2002), "Altruistic and Joy–of–Giving Motivations in Charitable Behavior", *Journal of Political Economy*, Vol. 110, No. 2.

Salarzehi, H. et al. (2010), "Waqf as a Social Entrepreneurship Model in Islam", *International Journal of Business and Management*, Vol. 5, No. 7.

Yang, Fenggang (2006), "The red, black, and gray markets of religion in China", *The Sociological Quarterly*, Vol. 47, Issue 1.

Yang, C. K. (1961), *Religion in Chinese Society: A Study of Contemporary Social Func-*

tions of Religion and Some of Their Historical Factors, University of California Press.

Religious Pattern and Religious Charity in Taiwan: An Interpretation Based on Multiple Contract Theory

Han Junkui

[**Abstract**] In recent decades, compared to the Western religions in Taiwan, native religions has achieved more rapid and prosperous development. This is also the case in the charity practices based on different religions. Based on the multiple contract theory, the author found that after the gradual separation and relationship reconstruction between the government and religions and between citizens and the government, the even more pure altruism and universalism embodied in the ancient asceticism-upholding Buddhism and Taoism have reshaped the native religion of Taiwan to a large extent, and have promoted the prosperity of modern faith-based charity.

[**Key words**] Taiwan; Religion; Religious Charity; Multiple Contract Theoretical Framework

（责任编辑：林志刚　朱晓红）

转型期中国农村社会组织治理场域变迁的历史路径[*]

——常态化演进的一般性分析

李志强[**]

【摘要】 转型时期伴随农村政治生态软化和市场化趋势的增强,农村发展外部制度的弹性空间得到拓展,内生性动力不断强化,农村社会组织场域建构的因子被迅速激活。农村社会治理场域在与外部系统环境的物质、能量和信息的交换频率及程度提升的过程中,促动着社会组织结构系统的整合和重塑。农村社会组织治理场域系统的演化,就常态化理想视角而言,是在社会大环境发展的变迁过程中,农村社会制度、合作行动与系统结构受各种不确定的复杂机制的影响,经由农村社会组织治理场域开放空间再造、治理场域重构和场域系统有序耦合,实现着一般意义层面的从适应性、机制整合到均衡治理新常态的演进过程。

【关键词】 转型农村　社会组织　系统耗散　场域演进

---

[*] 江苏省高校哲学社会科学基金项目"苏南城镇化进程中新型开放社区公共安全治理研究"(2016SJB630020);南京信息工程大学人才启动经费资助项目"社区自组织与生态治理场域建构耦合研究";国家社科基金青年项目"西部地区巨灾风险评估与管理创新"(12CZZ037)。

[**] 李志强,管理学博士,南京信息工程大学公共管理学院讲师,行政管理系副主任;江苏省中国特色社会主义理论体系研究基地研究人员,研究方向为农村治理、社区治理。

转型时期农村社会系统发生了巨大变化，社会深刻的体制变革、文化变迁、利益调整导致农村社会结构进入新的重塑阶段。这一过程中，无论是宏观层面的农村社会治理的体制弊端，还是微观的农民个体情感位移等，诸方面的深刻变革都给农民组织合作的本质性命题增添了更多复杂性。转型期农村社会组织研究是一种系统化的分析视野，是对村社场域情景中各种子系统如何完成组织建构过程的关注，这在学界已成共识。本文旨在通过探讨农村社会组织场域内行动系统、规范系统与环境系统之间的互构方式，动力机制及场域演化的普遍化路径，揭示出同农村社会结构变迁相契合的基层治理秩序重构的一般性规律。对于农村社会组织治理而言，由于整体大环境的稳定和农村社会系统较强的控制力，除非社会大环境突变以适应宏观层次上的制度变迁，系统本身出现巨大振幅动荡的概率并不大，而只有当"支撑制度性机制的社会安排出现问题时，组织才会发生根本性的变迁"（鲍威尔、迪马吉奥，2008：13）。这就意味着农村社会组织系统的发展会跟随整体环境的渐进变迁呈现出某些阶段性特征，而在某些方面有所突破的基本趋势，依此实现系统自身一定程度上的进化和发展。与已有研究在系统论的框架内探讨农村社会组织关系要素的作用机制、建构动力和演化模式不同，本文将农村社会组织本体作为"系统"或"体系"的动态范畴，基于农村治理时空场域"解构"与"建构"双重维度的分析路径，借助组织研究的开放系统视域中的耗散结构理论，通过考量嵌入村社组织的合作规则秩序、社会权力网络和权变性制度框架及由此塑就的村社组织系统所对应的治理结构，阐释农村社会组织系统历时态整体演进的结构机理、内在动力和成长轨迹，依此揭示农村社会组织治理场域演进的变革要素和发展路径。为使这种一般性理论阐释在研究工具及路径层面更具有解释力，本文运用的分析策略及目标是：为遵循研究对象成长和发展的客观规律，更加突出农村组织场域演化的内在机制和现实逻辑，通过重新诠释转型期农村社会组织发展文本的符号意义及现实的经验价值，深入凝练蕴含在农村社会治理变迁层面的普遍性规律和一般性路径。深入而论，本文从农村社会组织系统的基础性本质特征出发，运用更具有普遍性的组织研究开放系统理论视角，借助与农村社会组织演化路径相契合的耗散性话语框架，解释了转型期农村社会组织治理场域建构发展的一般性机制、路径和趋势，这是一种旨在从现实分殊和多元发展的具象性表征概括到理论层面的普遍的抽象性话语的视角尝试。在对转型期农村治理的过程性思维认知能力深化的基础上，进一步探索未来中国农村社会结构变迁的基本规律和组织系统的常态性演化路径。下面将结合中国转型期农村社会组织治理场域的发展进程中所呈现的基本特征和遵循的现实路径的基本经验加以阐释。

一 农村社会组织治理场域：开放系统的分析维度

所谓的农村治理场域概念是指在村社基层治理层面所形构的具有逻辑自洽性和必然性的社会空间网络及系统间的互动关系。场域分析正是组织研究的重要路径，弗里格斯坦指出，"场域理论是关于现代组织研究的一般理论"（Fligstein、Neil，2001）。场域视野更多指向组织结构演化形态的分析，其构成了组织变迁的动力源。农村社会组织治理场域框架的建构，是在社会加速转型的现代化大背景下进行的，乡村社会治理的资源基础、权力体系、运作实践和社会文化都在经历前所未有的现代性变迁过程，诸层面的变迁又构成乡村治理从传统治理向现代治理转型的社会基础。村社场域不仅承继着国家制度层面的动力机制、组织运作机制及结构形塑的新制度安排，重构着转型期基层治理场域的政府和社会行动主体的权力格局、关系网络和合作治理的契约关系，而且也指引着国家建构现代乡村治理体系的未来走向。转型期农村社会组织研究是一种系统化的分析视野，是对村社场域各种子系统如何完成组织建构的过程关注。在制度变革和政策动力作用下，农村社会空间的迅速生长，对多元系统要素的吸纳和聚合能力不断提升，加快了农村社会系统的演变速度。当这种场域要素互动过程中的变革力量足以改变系统支撑要素结构的时候，整体的系统将会实现升级，进入新的发展阶段。此过程基本体现了开放系统的农村社会组织在耗散结构理论框架中演变的理论逻辑和现实路径。学理层面而言，该分析框架较好契合了转型农村社会组织发展演进的客观规律，能有效阐释转型农村社会组织由"无序"迈向"有序"，从"低级"向"高级"系统演进的动力和路径状态及背后蕴含的社会要素和制度机制。

（一）农村社会组织场域：开放系统的理论视角

从研究的工具路径来看，组织场域是农村社会组织分析的重要视角，其不仅划定了制度发挥作用的有效空间，也清晰界定了组织与周围环境之间的关系边界。组织场域的基本理念源于组织的开放系统，组织结构的开放性视角强调了个体要素的复杂性和多边性及相互之间的松散联系。因此，开放系统更强调组织与周围及渗透到组织中的要素之间相互的关联作用。同时，"环境被看作物质、能量和信息的终极资源，所有这些都成为系统延续的关键"（斯科特、戴维斯，2002：133）。开放系统是嵌入自身所处的更大环境系统并与其能够较好融合互动的结构共生体，并在这种积极互动中逐渐实现自己的成长进化过程的系统，其通过整体结构的质量提升和功能的整合完善等途径，从低级有序系统发展到高级有序系统。在制度变革和政策动力机制作用下，农村社会组织系统的开放性不断增强，与内外资源交换的流动性和频率加快。换言之，农村社会空间的迅速生长，对多元系统要素的吸纳和聚合能力不断提升，加快了农村社会系统的演变速度。总体来说，转型期农村社会组织系统的演进动力和发展机理，农村的规则结构、权力和利益关系，农民的行为操略、思想观念等都发生了显著变化，组织系统耗散的动能不断增强，推动了农村社会逐步进入新的分化和整合时期。这种理论逻辑的基本思路和脉络，与历史经验层面的农村组织系统演化轨迹是基本吻合的。从家庭联产承包到税费改革，国家控制农村的方式已经发生显著改变，农村社会管理体制也发生着新的变革。国家基层管理体制的改革推进了整体农村社会系统的深刻调整：一方面引导了农村社会结构分化和再整合的契机，另一方面也导致了农村社会管理的问题涌现和失序危机。乡村治理的种种危机迹象说明，乡村社会急需适应社会转型的新的制度供给，需要适应农村社会转型特征的新社会组织系统重构。现实而论，一方面，转型时期农村社会组织与国家、政府、社区、企业、非营利组织等各类组织的互动效应显著增强，系统内部呈现出明显的权力多元、组织多元及利益多元的交织互构特征。但另一方面，这种与内外部环境渐进增强的互动频率和系统内部的多元化迅速生发的存续状态，同时给系统本身增添了更多不确定因素。此外，风险社会植入农村社会的后果，引发了错综复杂的农村治理之样态，导致农村公共风险危机预警的不可预测概率剧增。此种理论意涵的背后实质是转型期农村社会组织建构和农村治理的复杂性和风险性指向。在多元要素互动的变革过程中，当某种变革的力量足以改变系统支撑要素结构的时候，整体的系统将会实现升级，进入新的发展阶段。这可以说是耗散结构理论下的农村社会组织系统演变的基本路径和依赖逻辑。也即是说，空间环境的深刻变革提出了制度变迁的时代诉求，这种诉求又反过来成了现实农村社会组织系统重塑的反馈机制。即从农村社会结构变迁和治理演化的整体视野来看，转型期中国农村社会结构的变迁，基本是在农村社会传统系统同内外新的系统要素互构过程中，由于制度结构配置与行动环境的契合错位，在由农村社会开放系统本身的调节和变革下经由分化、整合走向新均衡的系统重塑过程。

(二) 农村社会组织场域开放系统框架：边界开放性、系统重构和系统耦合

农村社会组织作为一种系统性存在，其发展与变迁反映的自然是构成系统的要素之间的差异产生的张力所导致的推动效应。从现实来看，这些系统要素容纳了制度、科技、资本、技术、人文等诸多方面，这些因素互动加剧了转型期农村社会组织系统的整体复杂性。对这种复杂性内在机理的合理阐释，能更好地解释转型期农村社会组织系统由"无序"迈向"有序"，从"低级"向"高级"系统演进的机制和路径。作为一种开放系统，农村社会组织的演化，是经由变革迟缓的传统农村社会空间，在同外界输入的制度资源对接过程中，与农村内生性资源和村落组织行动力产生共振效应，由内外因果力共同作用而逐渐打破了农村场域的边界的过程，这就促使农村社会组织系统从最初的相对平衡静态结构，开始远离平衡态而进入非平衡动态的发展阶段。这一过程的理论逻辑，与耗散理论框架基本契合，进一步说，农村社会组织系统运行的机制和原理契合了耗散结构理论的基础前提。耗散结构理论运用的前提，是它面向的主要研究对象就是开放系统，根本而言是探求开放系统的演化态势，以揭示系统从无序到有序，从低级到高级的变迁规律和过程。转型期农村社会组织系统的演化动力和变迁的路径，基本是顺沿着在农村改革所导致的传统稳态社会系统被打破，开放性增强带来的耗散结构的动能因素增加的基础上，组织要素不断变革和结构重新整合的过程中所形构而成的。同时，从转型期农村社会组织的系统总体所呈现出的开放复合动态性、不可逆与非线性、反馈中的可控与稳定及跃进性特征来看，其也大概满足了耗散结构理论的基本条件，提供了运用开放系统的耗散理论分析转型期农村社会组织系统的科学前提。总之，社会外界环境的整体结构变迁导致了原有组织系统运转的秩序紊乱，在促使系统要素重新组合和进入新阶段非线性作用的同时，也带动了组织系统建构走向新的均衡局面。这是组织系统耗散表征的跃进性特征体现，也是新时期农村重新组织化的内在动力机制和变革逻辑。

1. 农村社会组织场域边界开放性

开放系统是嵌入自身所处更大环境系统并与其能够较好融合互动的结构共生体，并在这种积极互动中逐渐实现自己的成长进化过程，通过整体结构质量提升和功能整合完善等途径，从低级有序系统发展到高级有序系统。转型期农村社会组织系统的整体结构变革和场域重塑动力之源，一方面源于外界变革大环境释放的各种资源和能量的冲击和催化作用，另一方面，也源于外界资源和能量进场过程中与农村内部内生性因子产生的共振和自我激发效应。当然，这种开放也是适度的，转型期社会处于传统与现代交割时代，转型期农村社会组织同样在"封闭"与"开放"中纠结，处于典型的过渡阶段。转型期农村社会组织系统可以说正是在与自身所处的社会大环境系统的互动共融中，在汲取转型期社会的物质、信息和能量因素基础上，逐步呈现出传统转变为现代的进化面。改革开放以后，在政治生态环境由封闭走向开放的环境氛围中，农村社会组织逐渐褪去表征政治文本的外衣，在开放式社会氛围、城市文明和现代文化气息中，开始渐显现代组织文化的某种气息。公共性、公民意识、公益文化及服务意识日益凸显，在外部政治空间拓展，政策弹性加大，城乡二元结构的逐步消除及社会资源持续输入，同步配合农村内生性动力激发组织化诉求呼声走高的当前现实形态下，为适应农村经济社会发展新需求，农村社会组织结构和功能正处在深刻变革与调整中，在社会管理创新的良好氛围中，各地样本范例和创新案例不断涌现，中国农村社会组织正在走进新的发展阶段。

2. 农村社会组织治理场域系统重构

转型期的农村社会组织系统，由于受各子系统的活跃互构作用影响，逐渐走出僵化的平衡状态，进入一种远离平衡态的发展趋势。农村社会组织的基本形态和典型特征是由农村社会内外多种因素相互耦合而成的，各种影响机制的互构交融使组织系统内部呈现出较强的非线性动力作用的表征。非线性从某种程度来说可以被称为系统演化的终极原因，因为系统内部如果没有非线性动力所产生的协同和耦合，那么要素之间就缺乏维系一体的凝聚力，也难以形塑而成具有自组织功能的有序化耗散结构。在这一过程中，农村社会组织发展是由政府层面所提供的制度保障、政策扶持及资金支援，社会层面的社会资本输入、关系网络引进及共意动员，农村自身层面的村庄精英、村民自组织及集体行动共同体等各领域相关资源要素集聚建构而成的，在很大程度上体现了社会组织的"依附性"（资源依附与行政依附）发展特征（李春霞等，2013：140）。同时，农村自治性多元化新组织的产生明显改造并提升了农村社会组织系统结构形态和功能质量，也在某种程度上有效分流了组织系统内熵增给自组织秩序施加的压力源，维持并强化了系统非平衡的耗散结构样态。转型期农村社会及嵌入其中的社会组织的流变与发展，正是基于转型期农村所面对的内外部环境动力系统相互作用的结果，而且这种作用的动力机制是交错和多向度的，呈现出不规则的界面特征。正是不规则的复杂运动，才有可能使各因素在相生相克的运动中聚合维系在一起，推动系统新质结构的生长和成型。除此之外，农村社会组织系统宏观界面的制度、政策及文化机制，中观层面的属地管控机制、地方秩序机制及组织规则机制、动员机制，加上微观组织内部运作的个体意识及心理机制，三大层面的所有相关因素共同交融在中层场域的"竞技场"，通过反复和持续的糅合和博弈过程，最终所产生的协同力，推动了农村社会组织系统机制的进化和革新。转型期农村社会组织系统的建构和成长，非线性作用在很大程度上扮演了系统演化的动力，非线性动力的增加推动了系统远离近平衡状态。随着非线性的不断增加，系统的特征逐渐由其主导，农村社会系统的自组织特征也会变得愈加明显。

3. 农村社会组织治理场域系统耦合

一般而言，当开放系统中的各要素不存在绝对孤立、对称及均衡关系时，它们之间的差异及由此导致的相互干扰和克制，必然产生与原有稳定系统结构之间某种程度的偏差，这种由系统内部动力特性引发的随机演绎的偏差，就是涨落现象。转型期农村社会组织形塑过程的动力根源于改革开放以来整个国家及社会发展层面外部动力的牵引和农村内部内生性动力合力的结果，即由"外涨落"和"内涨落"共同作用而逐渐引发的农村社会组织系统结构的流变和功能的重塑。从某种程度上而言，20世纪五六十年代人民公社的解体就基本契合了由农村社会内外部因素引发的农村内部组织系统不断涨落而最终导致集体公社系统走向崩溃的逻辑，从外部看，市场经济和商品流通机制对农村社会的不断渗入，化解了国家对资源的整体垄断局面，国家也逐渐放开农村商品流通市场；外部制度和政策系统的自主性激励同时催化了农村社会内生性活力，农村经济性集体合作组织涌现，社会性组织也开始显现。因此学界的普遍看法是，农民组织状态并没有随市场经济的发育和走向成熟而减弱，从某种意义上说，农民的组织性是在加强,在市场经济交易机制和价值规律的刺激下,农村社会组织逐渐形成了以利益为前提的新的组织状态和社会整合状态。可以说,正是农村组织场域范畴内外部各种因素的涨落动力,激发了转型期农村社会组织系统的日益流变和创新发展,内外部涨落不断积聚,在农村社会组织系统开放性不断加强的形势下,各种因素和动力引发的非线性作用被不断放大,从而导致涨落引发的冲击力度逐步增强,当这种涨落在增大到冲出系统可以容纳的序参量的阈值时,会使系统从"低级有序"向"高级有序"演化,最终形塑成中国农村社会组织新的治理场域结构。这一过程,也是农村社会场域在宏观环境的演化过程中,农村社会制度、合作行动与系统结构受各种不确定的复杂机制,经由非线性作用、涨落、系统要素持续作用、糅杂及耦合的渐次发展,循环演进,直至达致新的有序的过程。所以从某种程度上来说,转型期农村社会组织的相对开放性使系统本身具有了耗散结构形成的基本前提条件,同时也就具备了遵循耗散结构理论迈向更高更优质系统的现实可能性,或者说基于农村社会组织系统的基本属性,存在由边界开放性、系统重构到系统耦合的常态化演变过程的可能性。这正是开放系统视野下转型期农村社会组织治理场域结构耗散性表现的理论框架的基本解释。

二 农村社会组织治理场域的适应性演变:
开放系统的空间再造

农村社会组织治理场域的边界,很大程度上是由制度变迁的轨迹所框定的,这样的格局也几乎决定了农村组织场域行动者间的关系演变,是遵循着制度依赖的话语轨迹而实现生产或再生产的过程。如果制度本身在结构改善和功能提升方面有所进展,将会带来传统制度依赖路径的破除或转化。在这一形势下,农村社会组织治理场域的边界随之发生位移与拓展,场域空间新关系要素生产的动能逐步增强,催生着场域边界不断走向开放的格局。当然,乡村社会变迁的发展问题,不但是国家层面的体制刚性建构问题,而且也是基层自主性能动塑造问题,这两种机制交叉的作用领域和互动边界的衔接处就在于农村社区组织层面。在这一场域中,行动者与环境的反应结构是一种被置于历史情景中的权变性建构模式,这种建构由身处时空方位中的行动者所设置,目的是引导权力与交换的过程，并对此进行规制。其功能在于通过阐释组织系统内在的规则所形构的路径和秩序结构化的过程，更清晰地展示出组织行动领域的系统动力特征和演化机制的内在规定性。

（一）传统农村社会共同体的解构与基层场域治理的制度转换

近代以来在现代化和外部因素的冲击下，国家权力明显下渗，传统的以乡俗秩序和绅士阶层维系的共同体的乡村结构被逐渐解构（朱新山，2004：64）。从20世纪上半叶开始，小农贫困化、传统国家的衰败和治理模式的转变及乡村绅士和庶民领袖的蜕变，破坏了乡村公共生活的内生性秩序，国家与社会处于紧张状态，乡村生活陷入混乱。乡村各阶层的文化断裂，国家政权对传统文化网络的毁弃，进一步将乡村社会推向失序深渊。共产党执政后，重新建设政权的需要促"（现代民族国家）使以往忠实于地域共同体和血缘共同体的个体，不再直接作为政治共同体的整合对象，而是首先被功能性地重新聚合在彼此关联的社会治理空间中，然后再通过国家组织上和意识形态上对社会的强力渗透，来实现政治共同体的政治整合"（胡位钧，2003：41）。新中国成立后，农村传统社会共同体经历了从乡村生活共同体到基层政治、生产与经济一体化共同体的发展历程，建立在由家族、地缘和血缘维系的民间自治系统逐步瓦解，基层治理结构进入全面调整和整合的历史阶段。改革开放以来，国家权力上收，乡政村治、村民直选等开放式制度的进场和市场交换逻辑的渗透，政治权力格局重新配置，资源流动开始加强，农村社会公共领域和自治空间再度得以扩展（贺东航、张现洪，2013：67～71）。这样的制度流变过程对农村社会组织的整体环境产生重要影响，成为推进农村社会结构和组织结构变迁的重要动力源。按照黄仁宇的说法，新政权对中国社会基层的再造，是一个翻转社会基层的过程（黄仁宇，2004：189）。新中国成立后的基层大规模的改造既是国家政权和制度体制重新建构的过程，也是农村自我改造、完成新的社会建构的过程。以此为契机，中国农村社会整体结构要素和组织功能系统以重新整合与再造的历史任务拉开新的帷幕。

（二）社会转型与农村社会组织治理场域的双重解构

中国社会双重转型的发展模式将乡村社会迅速推进深度流变的历史时代。社会转型是以现代化为主题的社会结构及社会秩序的变迁过程，对于中国的现代化而言，社会转型期的现代化发展最终取决于中国农村的现代化、农民的现代化。在现代化进程不断加快的过程中，农村社会结构同时承载着基层组织治理场域要素的双重解构的作用。首先，现代化是传统社会的溶解剂，是一个随着持续不断的工业化逐步消解传统社会的生产方式、交流方式、社会制度和观念的过程，是旧的社会关系、经济关系、心理定势等不断受到工业化侵蚀而崩溃的过程（马克思、恩格斯，1995：250）。有学者指出，社会快速转型中的农村现代化表现出强烈的胶着状态，其中传统母体生长的现代性，剥离的艰难根源于乡土的文化约定和历史惯性，村落文化血缘性、聚居性、等级性、礼俗性、农耕性、自给性、封闭性、稳定性的特质，与带有社会性、工业性、开放性、广泛性和变革性特点的现代社会主义文化是不相容的（王沪宁，1999），这种不相容也由此导致了现代化进程中的乡村时代新质与传统包袱并存，物质增长与文明进步错位，由此阻碍了农村工业化、城市化和市场化进程（陈一放、潘圣平，1998：29~36）。其次，改革开放以及由此带来的社会转型对农村社会开始了强有力的解构，国家强制性制度变迁模式，为农村社会结构的重组和社会组织的改组逐渐打开了乡土社会的现代化之门。从社会结构和组织变迁的视角而论，资源配置的国家集中向社会分散过渡的过程，也正是农村社会主体分化、结构重构和新博弈格局形成的过程。现代化的推进、资源的流动增强、功能分化和基层组织关系的重组，使传统乡土内生的组织因素再度活跃，自发性农村社会组织的不断涌现，以社会化媒体为场域载体的弱关系特征维系的社会组织形态的建构和交往途径，深度解构了农村社会传统组织关系和信息网络（卫欣、陈威、严详，2015：56~62）。国家制度进场与乡土场域自身通过有效迎合机制而做出的组织层面的规范化运作，共同建构了农村现代化进程中相对稳定的社会组织治理的场域结构，而随着现代化进程的加速，农村社会结构要素和组织基础也做出了适应性的调适和变革。

（三）市场化改革与农村社会组织治理场域的深度调整

20世纪90年代后，随着农业市场化和技术国际化交流程度的加深，分散小农户与规模大市场之间的矛盾逐步凸显。农业和农村经济的发展进入了结构性调整的新阶段。家庭联产承包责任制对传统公社集体组织体制的突破和改革的深入，使传统集体资源分化的同时不断由国家向社会回归，客观上激发了体制外资源的成长和积累。体制外资源的流动和中间阶层的崛起，开始将乡村社会带入新的组织演化和互构格局。人民公社解体后，以个体农业生产为主要形式的农村,刚刚进入市场经济的初步发展阶段,在经历计划到市场的过渡时期,一切都经历着从无序到有序的过程(王颖,1996:96)。此后,个体化经营与市场经济的矛盾在农村走出"一大二公"的集体组织模式之后愈加凸显,二者供求错位导致的张力客观上激发了农村中介组织的滋长和创生,农村社会组织开始出现并进入逐渐增长阶段,为新型农村社会组织结构的成长提供了动力和条件。伴随快速社会转型带来的现代性元素和市场要素融入农村社会场域的程度不断加深,农村社会正日益进入一个现代、多元和开放的社会系统中,社会与文化的快速变迁裹挟着复杂社会的风险也如期而至。乌尔里希·贝克认为,风险是"一种应对现代化本身诱致和带来的灾难与不安全的系统方法"(Beck,1992:21),即吉登斯所谓的"自反的现代性"。现代农村社会发展本身所蕴含的风险与转型期社会的各种复杂因素融合的态势,导致农村社会秩序由稳定走向震荡,不确定和非线性因素激增,农村社会组织系统结构框架及功能机制进入分化阶段。在这一过程中,组织分化趋势尤为明显,乡村改革开放和市场化程度加深,原有的经济、政治和社群组织在利益的驱使下,功能不断分化和专业化,逐渐形成了与原有行政系统新的互构关系(李志强,2014:30~38)。民间自发性组织成长迅速,极大改变了农村传统的组织结构和利益关系网络。组织分化实质反映了农村社会自我发展和自我组织水平,表达了在农村社会不断发育过程中,这种成长中的动力因素在改变着传统农村组织架构和社会关系的同时,也重塑着新时期农村新的发展秩序。转型期农村社会秩序正是在这种破与立的抗衡中,裹挟着各种动力机制混杂交叉和多重利益诉求共生的局面,催生了转型时期农村社会组织系统的非均衡化、多元化发展格局,这样传统的农村社会组织系统线性平衡的作用机制被打破,而代之以非线性的作用机制进入螺旋上升和曲折发展的新阶段,从而开始进入系统近平衡态发展的模式过程。

  进一步说,转型期农村社会组织系统的演化动力和变迁路径,基本是顺沿着在农村改革所导致的传统稳态社会系统被打破,开放性增强带来的耗散结构动能因素增加的基础上,组织要素不断变革和结构重新整合的过程形构而成的。社会外界环境的整体结构变迁导致了原有组织系统运转的秩序紊乱,在促使系统要素重新组合和进入新阶段非线性作用的同时,也带动了组织系统建构走向新的均衡局面。转型期农村社会组织系统可以说正是在与自身所处的社会大环境系统的互动共融中,在汲取转型社会的物质、信息和能量因素基础上,逐步呈现出传统转变为现代的进化面。这正是农村社会场域边界开放性增强带来的变化结果。

三 农村社会组织治理场域失序与重构：开放系统要素的流变整合

就普遍意义而论，市场经济和风险社会是催生社会组织的土壤（高力克，2009：19~28）。农村在经历合作化后走向个体生产经营的市场化征途中，国家权力迅速回收与市场化迅速跟进，在推动农村社会结构要素解构和再建构的同时，乡村权力空间的拓展和资源的自由流动客观上也带来了社会组织的生长契机。诸类情景表明改革开放后的农村社会组织系统已经发生着结构性变化，系统内部关系的主要形态由公社时期行政隶属关系纽带集结成的组织连接方式，转变为政治与经济相结合的双重利益纽带关系。改革开放后行政系统与社会组织网络间不可分割的紧密联系，成为其区别于原系统的结构性特征。中国农村社会的组织方式及关系模式在改革开放之后已经走向一种新的组织整合路径，原有大一统的组织模式从破裂走向新的重组并迈入深度调整期。

（一）前税费改革与农村社会组织治理场域失序

后人民公社时代，国家为进一步推进现代化，继续沿袭着吸纳农村资源的制度路径。然而，面对着与脱离组织控制的分散化个体农户交易的高昂成本，国家不得不依靠"压力性体制"下的行政指标的强制手段层层下达给基层政府，由基层政府扮演直接与农民交易的角色。徐勇指出，后公社时期国家体制性权力上收，功能性权力下伸以及"压力性考评"体制悖论（徐勇，2003），无形中扩大了基层权力的运作空间。杨善华等也提出了公社解体后，基层政权队伍从"代理型政权经营者"到"谋利型政权经营者"的角色转变，导致集体监督失效（杨善华、苏红，2002：17~24）。农村基层乡村利益共同体集结和固化的畸形状况，很快在20世纪90年代再次导致了农村基层政权的内卷化，"三农"问题日益严峻（贺雪峰，2007：159）。公社体制的解体和国家放权的做法，造成社区生活"公共性"衰退（武中哲、韩清怀，2016：15~21），带来了农村社会管理的失序。在村落场域内，村落组织则失去了管理农村居民的调控手段。在农民阶层迅速分化的同时，由于地域社会没有形成新的整合基础，社会秩序出现失范状态（李远行，2004：89~100）。如董磊明所说，20世纪80年代末，随着共有的美好预期的丧失和对村集体认同的下降，以及试图在小农经济的基础上建立起现代的基层政府，农村必然会出现社会的失序和管理成本的提高，这种情况在村庄关联程度薄弱的区域尤其显著（董磊明，2007：193）。在这些区域，村社治理失序还倒逼了"强人治村""恶人治村"的畸形失衡的治理秩序，导致后来的十多年里村庄公共资源几乎被侵占殆尽，社区公共服务几近瘫痪，很多村庄社区处于危机边缘的"底线治理"险境。

社会治理失序，一方面因为家庭联产承包责任制度使个人经营从经济和组织控制上的退出导致了农村生产组织的涣散，农村组织治理的内聚力显著降低；同时市场化和城市化的加速，农村人、财、物资源的流速加剧，进一步削弱了农村治理秩序的整合能力，农村组织力量不断消解。有学者认为，后公社时期农村经济关系、社会结构、农民价值观念发生了巨大演变，社会流动性增强。另一方面，农村基础设施、社会治安、社会保障以及社会整合却是低度发展。基层管理的空壳化，以及宗族、家族、各种非正式组织力量的活跃，说明乡村社会急需适应社会转型的新的制度供给（陈益元，2004：125~131），即"国家权力从农村后撤导致村庄内权威出现真空"的困境。这种解释基本契合了公社体制解体伴随国家体制性权力的退出，由于传统组织的功能退出和新组织的缺位，引发了农村社会的失序和混乱的现象。随着改革开放进程的加快，现代与传统的作用力度越来越大，不仅逐渐凸显出现代性元素，而且也给现实的农村社会结构及传统秩序机制带来很大冲击，这种冲击逐渐撕裂人民公社时期的"总体性"社会而走向"分化性"社会（孙立平等，1994：47~62），当然这种分化本身就是一种纠缠的过程，改革开放形式上是对传统公社的一种否定，体现了农村由公社向传统村落的复归，但这种复归终归是有限的，没有退回到传统的村落中，而公社的很多东西融入新的体制中（张乐天，1997：110~120）。两种制度的纠缠使后公社时期的农村政治经济生活体现出明显的新旧互构效应——既彼此依赖又对立的矛盾色彩。

（二）后税费改革与农村社会组织治理场域再建构

实际上，从农村组织治理结构重构的视域来看，中国农村公社的解体走向家庭联产承包个体经营，实施市场化改革，意味着农村社会开始进入全面转型时代，社会转型本身就是一种同属传统元素与现代要素的过渡模式，也是一种此消彼长的过程。正如邱梦华所总结的,转型时期的中国农村,经济上,家庭联产承包责任制和乡镇企业推动了农村社会的市场化;政治上,政社分离和村民自治的实行,促使了农村权力结构和治理方式的改变;文化上,意识形态弱化,取而代之的是传统文化的复兴和经济话语的全面兴起(邱梦华,2014:118)。市场化进程逐步改变了农村社会的生产方式、生活方式、社会关系模式和思想观念,也塑造出了全新的社会组织与个体的生存逻辑和规则秩序,这种深刻的变革同样带来了农村社会结构的失序和价值失范。正是这种社会秩序在短期内遭受到如此剧烈的冲击,社会基础性结构发生了深刻的变迁,使得农村社会结构承受着适应变革社会的巨大压力,并使社会秩序在与新旧制度和传统及现代文化碰撞中发生了一系列功能紊乱,产生了严重的"基础性问题"(谭同学,2010:457)。这些问题的出现都是由于乡村改革在由总体性向分化性社会过渡的过程中,资源分散和社会分化所导致的社会主体分化,社会结构重塑所形成的新博弈格局的结果体现。基于这种基层治理的困局,中央再一次适时调整了农村的组织治理结构。2006年进行了大幅度的农业税改革,极大解放了农村社会生产力。而吊诡的是,由于国家税费改革并没有深度调整农村治理的根源性制度问题,因此农村税费改革的调整非但没有根本扭转后农业集体合作时期的无序局面,相反国家权力上收留下的权力真空,使官权与民权"公"与"私"的纠结争斗愈加激烈,传统管控思维与现代治理意识的矛盾集聚。特别是世纪之交所产生的乡村危机,是中国社会深度转型过程中诸多压力机制共同作用的结果。农村税费改革之后,国家行政性权力从基层逐步退出,留下基层行政治理的组织真空,同时新的组织模式发育尚未成熟,难以有效承担起农村社会发展的功能。正是面对新的农村社会环境和经济发展的新要求,中国农村社会系统的结构机制和功能要素开始进入变革前的调整和整顿阶段。应该说,对于这一时期的农村社会组织系统而言,挑战与机遇并存。

1. 挑战方面

转型期复杂社会催生的风险将农村社会系统内在的、由非线性动力机制产生的效应不断放大,碎片化的农村社会结构和原子化组织基础要素的存在模式导致了负熵流的大量涌入,农村社会场域系统进而陷入无序和混沌格局。这本质上体现了改革大环境中的村社行动力与现存村社治理结构间的一种张力。虽然说公社解体后个体经营模式的回归体现了国家与农村社会治理关系的再度调整，然而国家的体制性权力和功能性权力在农村社会场域的矛盾，导致了农村基层治理的畸形发展而走向失衡局面，突出表现为"乡村基层政治组织的逐渐衰败，'悬浮型政权'出现（周飞舟，2006：1~38），乡村干群关系的日益紧张，以及由此而来的国家在农村地区统治能力和合法性双重危机的加重"（王旭，1997：147~158）。后税费时代村级组织的外部环境发生较大变化，内部治理资源短缺，业绩考核呈行政化、科层式，乡村功利观念凸显，从而诱发了组织的异化行为（范柏乃、邵青、徐巍，2013：177~188）。概述之，税费改革切断了农村与基层乡镇政府的联系，乡镇基层行政官僚化与乡村组织之间的支配性关系阻断了建设和引导农村合作组织的途径，基础性权利的崩解与"选择性"、"形式化"甚至"私人"治理的畸形化，导致农村基层公共权力陷入"悬浮"（于建嵘，2010：18~19）危机。村社场域制度和规范要素由此陷入混乱，各种利益和权力力量在村社空间场域演绎了博弈的场景，村社各种行动主体也在这种混乱的空间中，与外界流入的场域要素融合，不断增加着村社场域的边界和内部维系纽带间的张力。这样，在村民个体自主的行动场域与国家权力控制的制度结构对立冲突的系统环境中，基层社会的规范化的结构要素和组织基础不断流失，基层组织面临着结构重建，农村社会组织治理场域进入了整体解构和再整合的新挑战时代。

2. 机遇方面

转型期农村社会结构系统面临解构的同时，也孕育着新的建构性要素，这一过程中出现了农村组织发展的新契机：经济资源的流动推进社会结构分化、利益分化和组织分化的同时，也培育出了村社新的行动群体，包括私营企业主、个体户、乡镇集体企业管理者和农民工等，以新的组织行动元素加入新时期农村社会场域的重塑中。与此同时，政治体制改革实施的"乡政村治"的新型治理模式，使村民自治空间不断生长，自主性权力意识凸显。王汉生指出，改革开放后农村经济的增长、经济类型的多样化以及相对独立于国家的自主性社会力量的发育，为经济精英和社会精英的产生与迅速发展提供了较以往远为广阔的空间，在原党政干部之外，大量经济"能人"破土而出。伴随这一过程的是新时期经济精英和社会精英问鼎社区权力和向权力精英的转换过程（王汉生，1994：43~52）。应该说，这些在改革开放和市场化浪潮中崛起的新一代乡村精英主体，受到现代价值和城市文化的渲染和影响，主体意识更加强烈，在新的农村治理场域结构形塑和组织建设中，更能发挥创新主动性和建构性作用。从村社集体行动的发展来看，农村自治空间的增强在消解旧式合作模式的同时也孕育着新的集体行动范式，特别是在东部集体资源实力较为强势的村社区域，人民公社解体并没有彻底分解农村集体资产，而是在个体农户合作经营的基础上又形成了新的集体主义（王颖，1996：132）和新合作主义（陈那波，2010：78~106）等新的集体生产模式，这无疑保留并巩固了新时期农村合作的物质基础。历史与现实的经验证明，这种做法是积极有效的，它不仅整合了农村税费改革前后失序的治理局面，重新实现了国家权力在基层合法性认同的回归，而且从长远来看，为国家与社会关系的重大调整，及国家治理的战略调整谱写了前奏——无论是接下来的新农村建设还是和谐社会及城乡统筹的中国农村发展的大战略。总体而言，社会转型时期，乡村社会在这种解构与建构系统要素的长期博弈中，村社场域与外界大环境的逐渐加深的交流与互动作用，持续促使着农村治理场域格局的演化，村社场域行动力释放的正熵增能量推动了系统内部非线性作用日益增强，使其直到进入系统涨落的临界点，最终突破系统边界进入新的系统均衡过程，从而推动农村社会组织场域系统面向全面升级的趋势发展。

四 农村社会组织治理场域有序耦合：开放系统的均衡建构新趋向

转型期农村社会组织的基本形态和典型特征是由农村社会内外多种因素耦合而成，各种影响机制的互融使农村社会组织系统内部呈现出较强的非线性动力作用。转型期农村社会及嵌入其中的社会组织的流变与发展，正是转型期农村所面对的内外部环境系统相互作用的结果，而且这种作用的动力机制是双向交错和多元向度的，呈现出不规则的界面特征。正是不规则的复杂运动，才有可能使各因素在相生相克的运动中聚合维系在一起，推动系统新质结构的生长和成型。改革深化时期的农村社会组织系统，在各子系统的活跃互构作用下，逐渐走出僵化的平衡状态，进入一种远离平衡态的发展趋势。当然需要说明的是，这也仅是一种理想层面的常态化演变趋势。因为就农村社会组织的整体系统而言，由于受到宏观环境演变过程中非均衡力量的影响，以及地方性政治生态、经济发展轨迹、历史社会经验及礼俗文化因素等诸多方面的综合影响，部分子系统的演变进程必定与整体系统产生非同步效应，也许在某些农村区域或者组织系统的某些侧面并不能呈现我们所指出的农村社会组织治理场域的耦合特性。但就总体而论，改革开放特别是税费改革以后，国家从农村汲取资源的现实可能性已经丧失，国家权力在上收的同时，其主导的农村自主治理模式也全面铺开，极大推进了农村治理民主意识和权力话语的凸显，农村社会公共空间不断滋长。农村自治性多元新组织的产生，明显改造并提升了社会组织系统的结构形态和功能质量，也在某种程度上有效分流了组织系统内熵增给自组织秩序施加的压力源，维持并强化了系统非平衡的耗散结构样态。

（一）现代新型农村社会组织治理场域的整合机遇

从复杂性农村社会的原理来看，转型期农村社会组织构建的新趋势也适应了复杂适应性理论的内在机理和演化逻辑。该理论认为，系统中的成员是具有同外界环境及其他成员相互作用的主体，其能够在这种交互作用过程中"学习"和"积累经验"，以此来改变自身的结构和行为，通过不断学习而"成长"并逐渐演化。主体从环境中接受刺激，然后根据经验做出反应，这种活性反应打破了传统固定的、僵化的机制，而变成具有生长和发展前提的机制（卢克莱茨，1981：185）。如果从风险社会的视角解读，这种活性机制的呈现不仅仅是一个认知概念，还是一种正在出现的秩序和公共空间（杨雪冬，2004：61～77）。也可以说现代性和风险社会的现实为农村社会的变革提供了某种反向动力和逆向思维。改革开放以来，乡村生产力和生产关系的调整，市场经济的渗透及城市化的推进，促使我国农村逐渐由传统向现代社会过渡。阿尔蒙德等曾指出："世界上凡工业、教育和大众传播工具这样的现代化机构和影响力普及的地方，便容易形成现代化的世俗—理智型态度。"（阿尔蒙德、鲍威尔，1987：54）以上诸因素渗入乡村社会，大大推进了中国乡村文化世俗化与现代化的历史进程。此间诸多因素的注入必定会引起农村社会系统的深层结构变化，使其进入制度体系深度调整和组织系统功能再造的历史新时期。这就为转型期农村社会组织治理场域从无序和混沌走向新的平衡提供了重要契机。由此可以理解的是，在国家基层政策的调整和新农村建设理念的感召之下，农村社会在新时期各种力量的互构中呈现出了新的组织格局和新的结构体系，乡村社会体系结构分化的结果进一步孕育了新农村现代社会结构的雏形，也为新时期农村社会组织带来了现代表征。阿尔蒙德等指出："许多现代的社会结构都具有高度分化的特征。"（阿尔蒙德、鲍威尔，1987：69）社会结构分化的优越性在于不仅利用角色专业化和分工明细化提高了社会整体功效，而且，它的优越性还在于将原有的结构角色、系统功能，赋予独立性、自主权。农村社会结构的分化成为衡量社会体系发展程度、成熟程度的重要标尺之一，也成为现代农村社会结构发展的重要特征。

（二）农村治理全面深化与社会组织治理场域的整体升级

2002年中共十六大明确提出统筹城乡经济社会发展的要求，农村改革进入"以工促农，以城带乡"城乡一体化发展的新阶段，各项事业改革全面深入推进。2005年党的十六届五中全会提出的新农村建设思维融合了国家治理政策转变、国家与社会关系的调整和可持续和谐发展的理念。2006年农村综合改革等一系列农村改革重大决策的相继出台，开启了农村社会全面发展的历史新时期，农村政治、经济和文化面貌焕然一新。转型期农村社会场域结构环境的改变，正是在与外界宏观结构和大场域环境的交互过程中，通过不断接受冲击，被动适应进而演化为逐渐自主的调适路径，在这种循环的反思与矫正过程中焕发出了新的面貌。国家权力布局的调整和政治生态给予社会发展的宽松环境，进一步激发了农村社会的公共意识和公民精神，公共空间得到很大增长，农村各种公益性组织、服务性组织甚至维权性组织开始纷纷涌现，村庄社区"经营性"治理特征显现（纪晓岚、朱逸，2013：93~100）。随着治理时代的来临，农村诱致性制度变迁趋势凸显，在基层集体理性行动基础上形成的"新集体主义"社会组织模式使村庄具有了更多话语权，治理主体也更加多元化，集体经济组织、社会组织、村委会及村庄精英都参与到日常社区管理中，社区治理架构也随之发生较大改变。在这样一种场域空间内，社会自治组织、公共精神和社会秩序的转型之间形成了逻辑上的互构和互动关系。我们可以说，就普遍性而论，当前农村社会的发展已经大体进入一个依靠机制诱导而非行政强制的时代，依托复合型公共单位，激发农民的自主意识，以自我发展、自我治理的组织形式，更多投入、更多参与和更多共同行为，在乡村社会形成一个宽厚的自我发展的公共空间和社会阶层，在国家与社会之间构筑成一种以责任、妥协、宽容为特征的平衡和互构状态（宫银峰、刘涛，2010：36~41）。这种国家与社会的关系，国外学者皮埃尔和彼得斯就以"伙伴关系"的观点对其进行了重新描述，认为"国家对于权威的主张必须表现在它能够适应处理问题的能力上，新的治理形式是对关于社会变迁管理的回应，因此应该逐渐塑造一种朝向镶嵌的社会自主性，让社会本身逐渐能发展出广泛而且不同的网络连接关系"（Pierre & Peters，2000：194）。转型期农村社会治理思路的转化和实践新模式的探索就是在这种国家与社会的良性互动关系的导向下开展的。围绕村民委员会组织，各种农村自治性协会组织、集体活动形式成长起来，在与传统的制度资源、地方秩序和文化互构的过程中改变着转型时期农村社会组织治理场域的系统要素，形成了新时期"融合治理"的新格局（李增元，2015：164~170）。特别是伴随"社会主义新农村建设"和新型城镇化潮流的推进，新型农村社区的培育和发展更成为现代化治理的新趋向。随着服务型政府建设和国家治理模式的转向，农村社会环境总体更加宽松，基层治理秩序进入了良性发展轨道，在农村自治方面，也取得显著成效。这种局面为中国农村深层次的社会结构改革铺设了良好基础。

就理论层面而言，转型农村社会组织场域重构过程的动力根源于改革开放以来整个国家及社会发展层面外部动力牵引和农村内部内生性动力合力的结果，即由"外涨落"和"内涨落"共同作用而逐渐引发的农村社会组织系统结构的流变和功能的重塑，激发了转型期农村社会组织系统的日益流变和创新发展。农村社会组织系统内外部涨落不断积聚，在系统开放性不断加强的形势下，各种因素和动力引发的非线性作用被不断放大，从而导致涨落引发的冲击力度逐步增强，当这种涨落在增大到冲出系统可以容纳的序参量的阈值时，会使系统从"低级有序"向"高级有序"演化，最终形塑成中国农村社会组织的新的治理场域结构。这是普遍层面的农村社会组织场域系统走向新耦合过程的一般性表征。

五 结语

众所周知，在启动农村改革以来的历史进程中，国家权力下移、深入和渗透是农村社会变迁的根本动力源泉，这种规划社会变迁的特点（许远旺，2011：161~171），使得有限的社会资源和各种不利因素分别得到调动和克服，国家政治权力的下渗附带着制度进入农村社会组织治理场域的结果，是传统农村社会相对僵固的空间流动性，由于能够对接外界正式制度资源的输入而被激活，并与农村内生性资源和村落组织行动力产生共振效应，其逐渐打破了农村社会组织治理场域的边界。在这种变革动力和机制作用下，农村社会组织系统的开放性不断增强，与内外资源交换的流动性和频率加快。农村社会空间的迅速生长，其对多元系统要素的吸纳和聚合能力不断提升，农村社会组织系统的演进动力和发展机理、规则结构、权力和组织网络的利益关系、行为操略、思想观念等都发生了显著的变化，组织系统耗散的动能不断增强，农村社会结构逐次进入新的分化和整合阶段。为有效论证这种观点，本文以转型期农村社会组织开放系统为理论框架，运用耗散话语结构，结合农村社会组织发展的理论观点和历史经验，阐释了转型期农村社会组织治理场域基本是由开放系统空间再造、开放系统要素的流变和整合到系统均衡建构新趋势的发展路径，同时详细分析了发展路径背后所依托的社会历史经验和制度政策机制。这是一种综合多种范式，将理论和经验结合，建构更包容、更开放的分析框架的创新尝试。

本文认为，农村社会组织治理场域系统的演化，就基本层面而论，是在社会大环境发展的变迁过程中，农村社会制度、合作行动与系统结构受各种不确定的复杂机制，经由农村社会组织治理场域开放空间再造、治理场域重构和场域系统有序耦合，实现着一般意义层面的从适应性、机制整合到均衡治理新常态的演进过程。这是关于农村社会组织变革路径的有一定新意的研究观点。概而论之，转型期的农村社区组织场域经过宏观制度模式变革、中层行政制度结构变革和社区自治性制度路径演化，不断实现着农村社区组织治理场域的结构化建构。这一过程，也是农村社会组织治理场域在大系统环境演化过程中，农村社会制度、合作行动与组织结构受各种不确定的复杂机制渐次发展、循环演进，直至达致新的有序的过程。当然由于受地方文化传统维系、村落模式及组织程度和村庄社会关联状态差异的影响，制度、行动者和环境等场域要素在进场程度、发散效应和领控能力方面，在不同地域村庄的表现力方面仍存在差异。换言之，农村社会组织治理要素在具体乡村社区场域的表达方式、进入路径和产出效果在不同的村庄社会秩序层面——以组织程度为表达的村庄社会关联——具有不同的演绎方式。但就普遍意义而言，就一般的趋势而言，农村社会在经历系统的混乱和无序之后，逐渐进入有序和谐的阶段，积极社会管理与和谐治理的理念和实践不断被强化的趋势不可逆转。可以预期的是，在这种治理秩序良性演化的过程中，社会转型期的中国农村社会组织新的治理场域也会得以逐渐形塑和完善。

参考文献

〔美〕加布里埃尔·A. 阿尔蒙德、〔美〕小 G·宾厄姆·鲍威尔（1987）：《比较政治学：体系、过程和政策》，曹沛霖等译，上海：上海译文出版社。

〔美〕沃尔特·W. 鲍威尔、〔美〕保罗·J. 迪马吉奥（2008）主编《组织分析的新制度主义》，姚伟译，上海：上海人民出版社。

陈一放、潘圣平（1998）：《农村社会转型与农民现代化》，《理论学习月刊》，(4)，第 29～36 页。

陈益元（2006）：《后公社时期的国家权力与农村社会：研究回顾与展望》，《中国农史》，(2)，第 125～131 页。

陈那波（2010）：《国家、市场与农民生活机遇：来自中国广东农村的经验》，北京：中央编译出社。

董磊明（2007）：《村将不村——湖北尚武村调查》，《中国乡村研究》（第五辑），福州：福建教育出版社。

范柏乃、邵青、徐巍（2013）：《后税费时代村级组织功能异化及治理研究》，《浙江大学学报》（人文社会科学版），(3)，第 177～188 页。

高力克（2009）：《在善举与权力之间——转型社会中的民间组织》，《中国社会科学季刊》，(28)，第 19～28 页。

宫银峰、刘涛（2010）：《乡村社会的变动与村民自治的实践——国家与社会视角下的乡村政治解析》，《长白学刊》，(1)，第 36～41 页。

胡位钧（2003）：《中国基层社会的形成与政治整合的现代性变迁——中国社会整合模式的政治沟通》，《复旦政治学评论》（第二辑）。

贺东航、张现洪（2013）：《政治系统论视野下的农村公共服务：现状与改革》，《探索》，(3)，第 67～71 页。

黄仁宇（2004）：《大历史不会萎缩》，桂林：广西师范大学出版社。

贺雪峰（2007）：《试论 20 世纪中国乡村治理的逻辑》，《中国乡村研究》（第五辑），福州：福建教育出版社。

纪晓岚、朱逸（2013）：《经营性治理：新集体时代的村庄治理模式及其自在逻辑》，《西北师大学报》（社会科学版），(2)，第 93～100 页。

李志强（2014）：《转型期农村社会组织开放系统研究新解释——以"结构—功能"理论为框架》，《西南大学学报》（社会科学版），(5)，第 30～38 页。

李春霞、吴长青、陈晓飞（2013）：《民间平谷——新时期社会组织在民生建设中的作用研究》，北京：九州出版社。

李远行（2004）：《互构与博弈——当代中国农村组织的研究与建构》，《开放时代》，（6），第89~100页。

〔古罗马〕卢克莱茨（1981）：《物性论》，方书春译，北京：商务印书馆。

李增元（2015）：《基础变革与融合治理：转变社会中的农村社区治理现代化》，《当代世界与社会主义》，（2），第164~170页。

〔德〕马克思、〔德〕恩格斯（1995）：《马克思恩格斯选集》（第四卷），北京：人民出版社。

邱梦华（2014）：《农民合作与农村基层社会组织发展研究》，上海：上海交通大学出版社。

〔美〕W. 理查德·斯科特、〔美〕杰拉尔德·F. 戴维斯（2002）：《组织理论：理性、自然与开放系统的视角》，高俊山译，北京：中国人民大学出版社。

孙立平等（1994）：《改革以来中国社会结构的变迁》，《中国社会科学》，（2），第47~62页。

谭同学（2010）：《桥村有道：转型乡村的道德权力与社会结构》，北京：生活·读书·新知三联书店。

王沪宁（1999）：《当代中国村落家族文化：对中国社会现代化的一项探索》，北京：人民出版社。

卫欣、陈威、严详（2015）：《网络关系与身份认同：基于农村社会组织结构的研究》，《新闻界》，（22），第56~62页。

王颖（1996）：《新集体主义：乡村社会再组织》，北京：经济管理出版社。

武中哲、韩清怀（2016）：《农村社会的公共性变迁与治理模式建构》，《华中农业大学学报》（社会科学版），（1），第15~21页。

王旭（1997）：《乡村中国的基层民主：国家与社会的权力互强》，《二十一世纪》，（4），第147~158页。

王汉生（1994）：《改革以来中国农村的工业化与农村精英构成的变化》，《中国社会科学辑刊》，（11），第43~52页。

王颖（1996）：《新集体主义：乡村社会再组织》，北京：经济管理出版社。

许远旺（2011）：《规划性变迁：理解中国乡村变革生发机制的一种阐释——从农村社区建设事件初入》，《人文杂志》，（2），第161~171页。

徐勇（2003）：《乡村治理与中国政治》，北京：中国社会科学出版社。

杨善华、苏红（2002）：《从"代理型政权经营者"到"谋利型政权经营者"——向市场经济转型背景下的乡镇政权》，《社会学研究》，（1），第17~24页。

于建嵘（2010）：《后税费时代：基层权力"悬浮"之忧》，《人民论坛》，（1），第18~19页。

杨雪冬（2004）：《全球化、风险社会与复合治理》，《马克思主义与现实》，（4），第61~77页。

朱新山（2004）：《乡村社会结构变动与组织重构》，上海：上海大学出版社。

张乐天（1997）：《公社制度终结后的农村政治与经济——浙北农村调查引发的思考》，《战略与管理》，（1），第110~120页。

周飞舟（2006）：《从汲取型政权到悬浮式政权——税费改革对国家与农民关系之影响》，《社会学研究》，（3），第1~38页。

Beck, Ulrich (1992), *Risk Society: Towards a new modernity*, translated by Mark Ritter, London: Sage Publications.

Fligstein, Neil (2001), "Social Skill and the Theory of Fields", *SociologicalTheory*, Vol. 19, NO. 2, pp. 105 – 125.

Pierre, J. & Peters, B. G. (2000), *Governence, Politics and the state*, Macmillan Press Ltd.

Historical Vicissitude of China's Rural Social Organization Governance in the Transitional Period

—A General Analysis of Normalization Evolution

Li Zhiqiang

[**Abstract**] In the transitional period, with the softening of rural political ecology and strengthening of marketization trend, rural development has seen expansion of the flexible space for its external institutions and continuous reinforcement of its endogenous impetus. The factors of field reconstruction of rural social organizations have been rapidly activated. While rural social governance field is increasing the frequency and degree of its exchanges of materials, energy and information with the external system environment, it promotes the integration and reshaping of the structural system of social organizations. From the perspective of normalization ideal, the evolution of the governance field system of rural social organizations is an evolution process where rural social institutions, cooperation actions and system structures, affected by various uncertain complex mechanisms, after the reconstruction of open space for rural social organizations' governance field, reconfiguration of the governance field, and orderly coupling of field systems, realize a general-sense evolution from adaptation, mechanism integration to new normal of equilibrium governance, during the change and development of the macro social environment.

[**Key words**] Transitional Countryside; Social Organizations; System Dissipation; Field Evolution

(责任编辑:林志刚　朱晓红)

引领与统领：社区共治中的社区领导力
——武汉百步亭社区个案研究

王 蔚 王 名 蓝煜昕[*]

【摘要】 党的十八届三中全会以来，社区从"管理"向"治理"转变，多元共治成为社区治理的主流声音。但治理主体多元同时会带来冲突和张力，需要社区领导力进行协调整合、协同共治。本文以武汉百步亭社区为个案，在梳理社区治理主导力量变迁的基础上，提炼出社区企业家、社区工作人员、社区志愿者三类社区领袖，构建了社区领袖个体领导力引领与基层党建组织领导力统领相结合的社区领导力机制，并总结了社区领导力所带来的社区主体结构嬗变与共治功能呈现。最后，本文就如何更好地进行社区共治，从发挥社区党建的组织领导力、激活社区领袖的个体领导力两方面给出了建议。

【关键词】 社区领导力　社区共治　社区领袖　基层党建

一　概念界定

社区是社会的最基层，是社会治理的最前沿。党的十八届三中全会明确提

---

[*] 王蔚，清华大学公共管理学院博士生；王名，清华大学公共管理学院教授、公益慈善研究院院长；蓝煜昕，清华大学公共管理学院助理教授。

出要"创新社会治理体制",国家"十三五"规划纲要进一步提出要"完善党委领导、政府主导、社会协同、公众参与、法治保障的社会治理体制,实现政府治理和社会调节、居民自治良性互动"。从"管理"到"治理",体现了传统领导理念的根本转变,标志着我国社区治理从单一管理向多元共治转变。但社区治理主体的多元性,同时意味着不同主体间的冲突和张力,这就更需要协调各方、整合资源的社区领导力,以形成"社区共识"。武汉百步亭社区在建设和治理实践中,探索出了一条充分发挥基层党建组织领导力、重点培育社区领袖个体领导力的社区治理新路子,组织统领与个体引领相结合,形成了独特的百步亭社区治理领导力建构机制。

(一)何为社区

社区是聚居在一定地域范围内的人们所组成的社会生活共同体。一般认为,"社区"概念最早由德国学者Ferdinand Tonnies于1887年在其著作《共同体与社会》中提出,其将社区定义为具有共同的价值观、居民同质性强的共同体,从而不同于人口异质性强、通过社会分工和社会契约联系在一起的"社会"概念(滕尼斯,1999:58~144)。中国大陆的社区建设实践,远远晚于西方发达国家,大体于20世纪90年代启动,首批确定北京市西城区、上海市卢湾区、杭州市下城区等11个城市社区作为社区建设"试验区"。2000年发布的《民政部关于在全国推进城市社区建设的意见》使社区尤其是城市社区建设在全国范围内得以推广。随着我国城镇化建设的推进,城镇化水平不断提高,城镇人口占总人口比重从2000年的36.22%上升至2015年的56.10%,平均每年上升1.33个百分点,截至2015年底,全国共有7957个街道办事处。[①] 越来越庞大的城市社区规模和越来越复杂的城市社区治理环境,已经成为中国"二元结构"下不可忽视的重要一环和实践课题。

(二)何为社区共治

社区共治是社区治理主体多元化背景下的一种治理形态。社区治理一般包括社区治理结构和社区治理过程,其中社区治理结构指社区治理中的主体关系,既包括社区组织与外部组织(政府或市场)所结成的关系,也包括社区内部的主体关系。从世界范围来看,社区治理结构一般有三:其一是强调社区自治的

---

① 数据来源:国家统计局编《中国统计年鉴摘要2016》,中国统计出版社,第2、17页。

美国模式，主要分布在欧美、澳洲；其二是强调政府主导的新加坡模式，主要分布在部分新兴工业化国家和地区；其三是强调政府与社区相结合的混合模式，以日本、以色列为代表，一般以社区力量为主、政府力量为辅。亚洲传统的社区治理多以政府主导型为主，即由政府及其派出机构掌舵社区治理，从中调度组织关系，以高度权威为支撑，统一掌管社区事务。近年来，随着公民意识崛起，世界范围内社区治理权力下沉的理论竞相涌现：如 Osborne David & Goebler Ted 提出"社区授权"概念，倡导社区自治，认为社区事务应由社区居民自己把握（奥斯本和盖布勒，2006：21）；又如 Bellefeuille 认为应当塑造一种"基于社区"（community-based）的治理网络，以引入社会组织的参与，创造"结构－反应"机制，更好地整合优化资源使用、增强回应性（Bellefeuilled Hemingway，2005：491～498）；再如 ShamsulKabir 等强调公民的社区参与可以发出不同的声音，对做出公平的决策起到更加有效和更有影响力的作用（Kabir，2013：20～28）。总之，"小政府、大社会"理念获得发展，城市社区自组织的重要作用逐渐凸显。在这一背景下，我们将社区多元主体充分互动、博弈、协调，从而达成共识、合作与集体行动的过程称为"社区共治"。贺善侃和许妙红认为，不同于以往"管理"的主体单一化、手段刚性化，"共治"更强调主体多元化、手段柔性化，需要社区领导力的引领、统领作用（贺善侃和许妙红，2014：95～101）。

（三）何为社区领导力

社区领导力是指社区中的个人或组织，充分利用、调动人力资源和客观条件完成既定任务的能力。在社区多元共治的模式下，社区领袖的个体领导力至关重要。何建萍等将社区领袖界定为在社区发展中自发形成（有的经过培育），能满足和反映社区群众的需求，影响社区思想、生活趋势的社区人物（何建萍等，2011：54～56）。他们往往具有某些方面的专长或能力，愿意为社区公共事务无偿出谋出力，能够获得社区群众的支持和信赖，并且绝大多数拥有一个共同特征，即代表一方社区群众的某些利益要求。在西方国家，尤其是华人聚集区，社区领袖地位和作用十分重要，在教育、慈善、医疗、治安等许多方面发挥着不可替代的作用，是沟通政府与居民的桥梁。国内目前关注社区领袖的文献不多：王艳蕊在对菲律宾三个社区领袖的事迹描述基础上，提出中菲两国都应该发现和培育更多的社区领袖，充分发挥社区领袖作用（王艳蕊，2010：

57~58）；刘会荪等以苏南农村的社区领袖为例，说明社区领袖是维持社会稳定的重要力量、制度变迁的推动者，但其研究局限于农村地区的社区领袖，且更侧重在经济方面的意义（刘会荪等：2003：58~63）；樊金娥则首次提出社会工作专业人才培养的主要目的就是社区领袖（樊金娥，2003：19~21），但其所称的社区领袖指的是专业社工人才，是一种后致身份，并非本土社区领袖群体。需要说明的是，社区领袖领导力若引领得当，将成为社区建设发展的骨干力量，但"一山不容二虎"，不同社区领袖之间也往往存在着张力，需要社区组织领导力予以协调整合，即从多元共治向协同治理转变。

在我国的具体国情下，各地区之间差异较大，并没有统一、既定的社区共治模式，同时也形成了多元化的社区领导力体系。坐落在湖北省武汉市的百步亭社区，是荣获首届"中国人居环境范例奖"的唯一社区，并获得了全国文明社区、全国和谐社区等100多项国家级奖项，中央政治局多名常委、150多万来自全国各地的社会各界人士以及20多个国家的友好人士都曾亲临百步亭社区考察参观，2003年中宣部、中央文明办、建设部、文化部四部委联合发文向全国推广百步亭社区经验，2013年中组部向全国推广"百步亭社区党建工作法"，百步亭已经成为全国社区建设的一面旗帜，成为全国城市社区治理的"模范生"。我们不禁会好奇，百步亭社区治理中究竟蕴含着怎样的"窍门"和"秘籍"？走过了哪些发展阶段？建构了怎样的社区领导力机制？推动实现了什么样的治理转变？因此，本文以百步亭为例，拟探究其中的社区领导力建构机制及建议。

二 百步亭社区治理的发展历程

百步亭花园社区地处湖北省武汉市江岸区后湖新区，是一个集商品房、经济适用房和廉租房于一体的混合型社区。社区占地5平方千米，居住和生活着16万人，规划将建成一个占地7平方千米，入住30万人的百步亭新城。按照每个苑区600~800户居民的标准，百步亭划分了22个苑区，辖有8个居委会，居委会的划分标准是每个居委会辖有3000户居民。如今的百步亭，文明新风扑面、人际关系亲密、管理服务完善、群众安居乐业。参考田志龙等（2014：134~151）一文，从成立之初至今，百步亭发展历程可划分为从企业主导，到政府主导，再到志愿者能动的三个阶段。

（一）企业主导阶段

第一阶段（1995~2000年）为企业主导阶段。开发建设之前的百步亭地区，位置偏僻，地势低洼，到处是鱼塘和沟渠，水电路等市政配套全无，老旧住宅小区里蚊子多、小偷多。首期开发的7家房地产公司先后进驻，都因条件恶劣、赚不到钱而退出。1995年，武汉安居工程发展有限公司成立，进驻百步亭地区；1997年，经过两年的考察学习和专家研究等前期论证，开发公司将百步亭社区定位于可持续发展的现代文明社区，率先提出"社区地产"概念，进而开工建设；1998年，居民入住，百步亭物业公司成立，并设立信访中心，同时引导居民成立业主委员会、社团组织，号召居民志愿者参与社区建设；1999年，开发公司提供资金，物业公司提供岗位，联合志愿者安置社区下岗职工再就业；2000年，开发公司拿出20万元成立"慈善援助会"、"教育援助会"，专项接济老弱病残及其子女，该年第一居委会成立。

（二）政府主导阶段

第二阶段（2001~2005年）为政府主导阶段。随着百步亭苑区规模不断扩大、入住居民不断增加，在政府主导下，各居委会陆续成立，并逐渐成为社区参与的主导力量。2001年，在居委会与企业努力下，志愿者组织、管委会等社区组织相继成立，提出以居委会为中心的居民自治主张，倡导全民社区参与；2003年，第二居委会成立，创设楼栋长制，以楼栋为单位宣传引导、大力发展志愿者队伍，此时百步亭集团成立，退居幕后指导，留物业公司（物业新总经理上任）进行社区参与；2005年，第三居委会成立，设立相应物业服务处，创新一系列志愿者发动机制，志愿者队伍也随之迅速扩张。

（三）志愿者能动阶段

第三阶段（2005年至今）为志愿者能动阶段。随着百步亭志愿者人数和队伍规模的不断扩大，志愿者活动开展呈现常态化、规模化、高质量化，志愿者成为百步亭社区的一张"金名片"，并带动社区居民、居委会和企业共同参与社区建设。2007年，百步亭社区特色志愿队伍已超过100支，在居民志愿者（居委会）和员工志愿者（物业）管理体系下发挥社区参与能动性，百步亭集团将下属的物业管理、资产经营等公司移交社区管理，按5%作为社区发展费用，居委会拓展工作范围，人员经费由企业资助转为政府补贴；2009年，各居委会相继成立，并设相应物业服务处，各居委会主任和物业服务处经理开始交叉任职，方便合作、共同解决问题；2010年，"社区志愿服务全国联络总站"在百步亭社区成立，中国社区志愿服务网开通；截至2016年，百步亭牵头连续举办五届"全国社区网络春晚"，参与社区由1000个增加到2万多个，参演居民由1万人增加到20多万人，百步亭社区的4万多名志愿者也成为社区参与的中坚力量。

三 百步亭的社区领导力建构机制

（一）三大治理主体

伴随着百步亭社区建设三大阶段的推进和发展，分别代表市场、政府和社会的三股力量在社区治理结构演进过程中深度互动，并最终形成了企业、居委会和志愿者三类社区治理主体良性互动、和谐相处的共治局面。如今的百步亭，已经告别了过去的脏乱差，告别了无人开发、无人购买、无人居住的窘境，摇身一变成为了"科教、文体、卫生、普法事业齐全，路不拾遗、夜不闭户的邻里相亲相爱、可持续发展的现代文明社区"，成为"不管楼市冷暖，都不愁销售"的热门楼盘。

在百步亭社区治理中，三大主体分工明确，各司其职。在实践中，百步亭社区按照"市场能做的交给市场去做，社会能做的交给社会去做，居民能做的交给居民去做"的指导思想，社区公共配套主要通过企业进行"市场化建设"，社区基层政权主要通过居委会进行"职能化管理"，社区居民需求则主要通过志愿者来提供"社会化服务"，从而探索了一种"建设、管理、服务"的社区治理功能以及"居委会、志愿者、企业"社区治理主体三位一体的城市社区建设发展模式。百步亭模式突出特色有二：其一是创新社会管理机制，不设街道办事处，直接由江岸区委区政府领导，从而淡化了百步亭的行政色彩，便于强化社区自治；其二是创新企业参与社区服务，社区管理由"政府办社会"转变成为"企业服务社区"，很大程度上解决了公共设施提供不足的问题。

与此同时，三大治理主体又紧密合作，互为补充。城市社区治理人多事杂，常常面临着缺资金、缺编制、缺人员的困境，百步亭社区治理模式重点发挥了志愿者和企业的主观能动性，盘活了志愿者、居委会和企业之间"三位一体"的合作关系，从而对传统的以居委会为主导或者以政府为主导的模式进行有益补充。志愿者队伍①人员庞大，且多为无偿劳动，相当于把社区工作人员变成了"千手观音"，用"千手"去服务，用"千眼"去观察，很好地解决了缺编制、缺人员的问题；百步亭集团则为社区的公共设施建设等提供了额外而重要的资金来源，解决了缺资金的问题；居委会是连接居民、志愿者和企业的桥梁，有效地反映居民需求，寻求企业支持。正是通过三大主体的合作性战略，使得百步亭社区治理"铁三角"的资源更为整合，网络更为丰富，大大增强了社区的综合服务能力。

（二）社区个体领导力

在百步亭社区治理的三大主体活动过程中，不同主体内部涌现出了社区领袖，形成了不同层面的社区个体领导力。传统的社会学观点认为，社区领袖既包括社区治理工作人员，如城市的居委会主任和农村的村委会主任等，也包括非社区工作人员，比如西方国家华人社区领袖。但本文考虑到百步亭社区的特殊性，即企业参与社区服务的重大特色，并且企业董事长兼任社区党委书记、总经理兼任社区管委会主任的做法，企业与社区事实上已密不可分，认为社区企业家也属于社区领袖的一种。因此，在企业、居委会和居民三大治理主体中，分别产生了三类社区领袖，即社区企业家、社区工作人员和社区志愿者，他们都能够满足和反映百步亭社区群众的需求，能够获得社区群众的支持和信赖，其中的佼佼者更是成为影响社区思想的关键人物，有力地发挥了各自的社区领导力。

第一类社区个体领导力来自社区企业家。茅永红、王波领导的百步亭集团，首倡"社区地产"概念，对百步亭社区的重大公共设施提供和常规活动资金来源方面提供巨大帮助，比如投资兴建群众和党员服务中心、社区卫生服务中心等，使得百步亭的体育活动、卫生医疗设施水平都远高于其他社区，同时低价征收物业费并作为社区发展费用留用，后期企业逐步退出，社区经费更多来自政府拨款、活动中心租金等，社区卫生服务中心实现自营自支。正是百步亭社区企业家领导力，使得百步亭不同于一般的物业公司，更强有力地推动了三方联动（社区居委会、物业公司、业主委员会形成合力）等一系列工作，同时也为百步亭社区提供了资金资源助力。

---

① 在百步亭的"两长四员"进楼栋机制中，"两长"是指各个楼栋的党小组长和楼栋长，"四员"则是指卫生委员、治安委员、文体委员和物业房管员，均由志愿者担任，负责楼栋的相关管理事务。

第二类社区个体领导力来自社区工作人员。百步亭社区管委会及各居委会的工作人员普遍年富力强，这得益于"双强"的社区工作人员领导力挖掘机制，即通过"奉献+才艺"选配书记、"培训+论坛"提升能力、"述职+考评"改进管理、"登机+反馈"激励党员等做法，重点观察奉献精神、工作能力、群众基础、文艺才干，着力把志愿者培养成社区干部，着力建设一支思想政治素质强、群众工作能力强的社区骨干队伍。此外，各个居委会各有特色，工作人员亦各有特长：如作为"资源节约型、环境友好型"社区的现代城居委会，更侧重于现代社区的绿色管理；又如作为保障房小区的文卉苑居委会，因残、病、老及问题人员等贫困人口众多，综合治理难度大，提出了感化、转化、教化、活动经常化等"四化"教育。

第三类社区个体领导力来自社区志愿者。社区志愿者既包括协助楼栋管理的"两长四员"、巡逻队等，也包括按兴趣爱好（如腰鼓、合唱、书法、舞蹈等）划分的文艺型队伍，前者很好地补充了社区工作人员不足的困境，激发了社区居民的主人翁意识，后者则以文体活动为载体，拉近了社区居民之间的距离，盘活了整个社区气氛，也从中培养出了许多优秀的社区干部。百步亭社区的志愿者发动机制有三个特点：一是"从文体兴趣开始"，以文体兴趣为突破口，在兴趣团体的基础上，注重培育兴趣团体领袖的服务意识，从而发展成为更公益的组织，为更广大的社区居民服务；二是"从入住开始"，入住伊始，百步亭就会对新居民进行"志愿者意愿登记"，按照兴趣加入不同的志愿者组织，即志愿者先行；三是"从老年人开始"，由于离退休人员时间富余，是社区志愿者的主力，百步亭志愿者也以老年人为主，进而带动小孩（如"小小楼栋长"活动），最后通过老人和小孩带动中青年居民加入志愿者队伍。

（三）社区组织领导力

那么百步亭社区的三大治理主体和三类社区领导力，为什么能够长期以来相安无事，并实现良性互动，共同推动社区发展，而没有出现类似其他社区的大规模冲突、对立、紧张的情况（比如居民与物业等）？事实上，在企业、居委会和志愿者之间，还有一个一以贯之、整合多方的核心要素，即基层党组织，这就是社区组织领导力。百步亭社区运行的完整机制是"党的领导、政府服务、居民自治、市场运作"的"三元一核"模式（见图1），其中，党领导下的居民自治，是整合协调百步亭社区管理多方力量的唯一主线和核心内容。

百步亭社区党委借鉴"支部建在连上"的做法，在网格内实行党组织负责的区域责任体系，要求做到"五个负责"，即党委书记负责社区，党支部书记负责苑区，党支部委员负责片区，党小组长负责楼栋，党员负责家庭。同时制定了基层党建"三制"措施，即党小组楼栋组织制、24小时党员责任制、社区与在职党员单位联系制，保证了楼栋的党员覆盖面，强化了社区党员的责任心，并通过与所在单位联系强化了社区对在职党员的约束力。这样一来，社区党员就成为志愿者乃至社区工作人员中的核心力量。

社区党员身份的认同感，是各类社区领袖合法性的来源，是促进社区领导力之间合作的黏合剂，更是激励社区领袖特别是志愿者站出来的信心之源。百步亭基层党建工作之所以能够顺利开展，涌现各类社区领导力并紧密合作，关键还在于共产党本身的合法性。拥有共产党员的身份，有助于点燃这一社区居民（特别是离退休党员）的自信心和奉献意识，鼓励其站出来成为志愿者乃至社区领袖，同时在不同的社会治理主体之间，共同拥有的党员身份，也有助于消除嫌隙，更好地开展社区管理、服务的合作。社区基层党组织，是社区巨大的组织优势，发挥着组织统领作用，从而不同于各类社区领袖的个体引领作用。

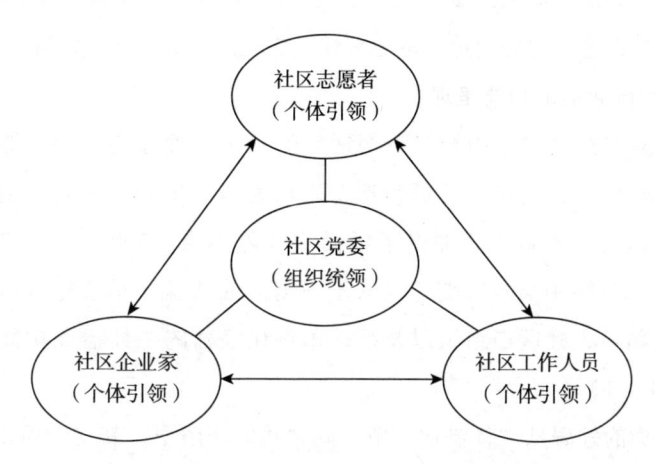

图1 百步亭社区共治的社区领导力建构机制

四 社区领导力推动的社区共治转变

（一）社区主体的结构嬗变

百步亭社区独特的社区领导力建构机制，使党组织、政府、社会和企业四方面的主体呈现出有别于一般城市社区的组织和结构特征。首先，从党建层面来看，百步亭社区党性更强。百步亭社区以党员为核心，通过自上而下的社区、苑区、片区、楼栋、家庭的"五级负责"以及党小组楼栋组织制、24小时党员责任制、在职党员联系制等"三个制度"，更好地激发了党员的党性意识和使命感。其次，从政府（社区管委会、居委会）层面来看，百步亭社区重心下沉、创新多元。传统老街道、老社区的工作，多为条条框框地应付上一级要求，很少有创新，百步亭社区则要求每个支部各有特色、各有所长，结合苑区进行更为细腻的灵活创新，在居委会和社区两个层面，借力庞大而常备的志愿者队伍，开展各式各样的活动。再次，从社会（居民）层面来看，百步亭社区的志愿者众。在百步亭社区下辖的8个居委会中，一般每个居委会的注册志愿者人数都超过1000人（各居委会人数总规模为3000人左右），经常性活动的有200~300人，如此众多的志愿者，其示范和带动作用不可忽视，也很好地解决了基层治理缺人、缺钱、缺资源的难题；最后，从企业层面来看，百步亭社区的企业助色彩明显。百步亭社区建设的发展，与百步亭集团的壮大同步进行，集团在社区公共设施前期建设上投入了巨大资金，形成了高水平的文体活动平台和医疗卫生设施，进而促进了企业与社区的良性互动、互利共赢。

（二）社区共治的功能呈现

如何建立与社会主义市场经济相适应的社区管理体制，使之能适应城市现代化的发展要求，百步亭社区管理探索作为一个生动的创新范例，为推进中国城市社区管理体制改革提供了新模式（陈小京，2007：76~77）。百步亭社区的上述组织和结构嬗变，也从不同侧面推动了在基层社区治理中党的领导、政府角色、社区自组织以及社区市场化经营的主体治理功能向共治形态转变（见表1）。

第一，党的领导从"体制保证型"向"功能作用型"转变。百步亭社区走出了一条志愿者服务蓬勃开展、企业与社区紧密联系的新路子，并不意味着放弃党对社区管理的领导，而是通过楼栋党小组长、在职党员联系制、24小时党员制等基层党建制度，进行一次适应社区发展和居民需求的大的改进，使社区党的核心作用更符合区域性、社会性、群众性、公益性的特点，更好地发挥引领、激励、带动作用。

第二，政府角色从"参与监督者"到"指导服务者"转变。百步亭社区作为一个相当于"街道"规模的现代城市社区，由"管委会"代为行使原由"街道办"行使的社区管理方面的部分职能，淡化了社区自治组织的行政权力色彩。使得百步亭社区的行政功能与自治功能得以互补、政府力量与社会力量形成互动，从而更好地实现政府职能结构重心从社会管理向社会服务、从直接参与监督到间接指导服务的位移。

第三，社区组织从"虚体居委会"向"实体自治组织"转变。按照《城市居民委员会组织法》的规定，居委会是居民自治组织，但长期以来，居委会主要承担了政府下沉到社区的管理工作，自治、服务功能并不充分。百步亭社区通过搭建法定组织平台（居委会）和非法定组织平台（如业主委员会、"两长四员"、志愿者、服务队等）等互动平台，形成了一个包容的自治组织网络体系，扩大了社区居民参与政治生活和社区生活的渠道，更充分地调动了社区居民参与社区自治的积极性。

第四，社区管理从"行政化管理"为主向"市场化经营"为主转变。百步亭社区基于市场法则经营社区的新观念，构建了"一个中心、两层网络"的管理结构。"一个中心"是指社区党委领导下的社区管委会，帮助协调社区内部组织机构与派出所、城管执法中队、社区法庭、司法所、工商所、食药监所、交管所等7个政府职能部门的关系。"两层网络"分别指开发公司和物业公司，其中开发公司负责社区的住宅及配套设施开发、公共基础设施投资等，物业公司则负责社区保洁保安、家政服务、公共维修等，从而运用高效率的市场运作机制，代替低效率的行政化运作方式。

表1 百步亭社区领导力建构机制一览表

	企业	居委会	志愿者	党的领导
主导阶段	1995~2000年	2001~2005年	2005年至今	始终是主线
社区领袖	社区企业家	社区工作人员	社区志愿者	各级党干部
参与动机	理性利润	风险精神	自我实现	
参与方式	合作性参与	合作性参与	能动性参与	指导性参与
领导力类型	个体领导力	个体领导力	个体领导力	组织领导力
领导类型	引领	引领	引领	统领
服务体系	市场性服务体系	行政性服务体系	自治性服务体系	
与传统社区的不同之处	企业助	活动多	志愿者众	党性强

续表

	企业	居委会	志愿者	党的领导
实现转变	社区管理从"行政化管理"为主向"市场化经营"为主的转变	政府角色从"参与监督者"到"指导服务者"转变	社区组织从"虚体居委会"向"实体自治组织"转变	党的领导从"体制保证型"向"功能作用型"转变

五 思考与建议

纵观百步亭社区治理的发展演进历程和现行治理结构，我们不难总结：百步亭社区治理起步于企业主导阶段，成长于政府主导阶段，稳定于志愿者能动阶段，并形成了企业、居委会和志愿者三大治理主体，社区企业家、社区工作人员以及社区志愿者三类社区领袖从中脱颖而出，各自发挥领导力实现个体引领；与此同时，党的领导则发挥组织引领作用，协调整合各类治理主体，从而构建起百步亭社区"三元一核"的独特社会领导力建构机制，进而带动百步亭实现党的领导从"体制保证型"向"功能作用型"、政府角色从"参与监督者"到"指导服务者"、社区组织从"虚体居委会"向"实体自治组织"、社区管理从"行政化管理"为主向"市场化经营"为主等四类转变。百步亭案例很好地诠释了"小区"不等于"社区"以及"社会人"的概念，对城市基层社区治理的启示和建议主要有以下两点。

（一）发挥社区党建的组织领导力

随着城市化水平提高，社区规模扩大，加之多元价值观冲击，社区治理愈加纷繁复杂。"下面千根线，上面一根针"，共产党强调"全心全意为人民服务"的宗旨，不同于西方社会现代公民的个人主义、自由主义，社区共治应注重发挥基层党建的凝聚作用，借用党组织的组织资源、思想资源，以社区组织领导力统领社区多元主体共治。

我国共产党员虽然规模庞大，但绝大多数都是社会精英分子，他们期待能够服务社会、贡献社会。百步亭社区的成功之处在于，有效地激活并点燃了社区里的党员，特别是刚刚退下正式舞台的离退休党员，通过搭建志愿者服务平台，让他们重新站出来，实现自我价值，同时为社区服务，使得党员的特殊身份优势转化为组织优势。并且，这一组织优势能够很好地抹平社区不同主体间的嫌隙，比如邻里之间、居民与物业之间以及居民与城管等政府部门之间。因此，激活基层党员能动性，盘活基层党建工作，将大大助力于社区共治事业。

（二）激活社区领袖的个体领导力

百步亭今天的成功，离不开各类社区领袖的共同建设，他们各自发挥主观能动性，很好地引领了社区治理，尤其值得关注的是社区企业家和社区志愿者，这也是百步亭区别于其他社区的两大主要特点，如何培育值得深思。

一方面，要注重激励社区企业家的个体领导力。百步亭发展离不开社区企业家的初始推动，但不能说企业家有意为之。这既有可能是企业家不强势，给居民以空间，导致社会组织和志愿者迅速做大，无意中成为成绩，形成了老百姓认同、政治上安全的百步亭治理模式；也有可能是在百步亭的发展壮大中，企业家同时完成了自身改造，对其价值、追求进行了偏离纯经济目标的调整。总而言之，驱动企业家行为的最大动机，仍然是理性利润，但它可以更好发挥政治机会的能动激励作用，让企业站出来服务社会。

另一方面，要注重培育社区志愿者（也包括成长为社区工作人员）的个体领导力。"星星之火，可以燎原。"社区志愿者是社区共治不可忽视的重要力量，借力得当则治理效果事半功倍，反之亦然。因此，做好社区共治工作，需要多渠道、全方位地挖掘和培育社区志愿者领袖，包括搭建平台使之脱颖而出，多元管理创造良好成长环境，扶持骨干提供后备人选，集中培训提升素质水平以及沟通、疏导、解决所遇难题等。此外，"社区靠群众、群众靠发动、发动靠活动、活动靠文化"，在城市社区治理中，要善于运用社区文化治理来强化认同、化解矛盾（李世敏、是理财，2005：119~122），通过丰富多彩的文化活动来重构社区文化符号，激发群众参与热情，挖掘社区领袖领导力。

参考文献

陈小京（2007）：《城市社区管理体制改革模式的新探索——浅析武汉市百步亭社区推进社区管理体制改革的实践》，《湖北社会科学》（12）。

樊金娥（2003）：《社会工作学科专业发展的理性透视——香港考察有感》，《长春工业大学学报（高教研究版）》（1）。

何建萍等（2011）：《论社区领袖的作用与培育》，《上海党史与党建》（4）。

贺善侃、许妙红（2014）：《社区治理创新呼唤柔性领导力》，《中国浦东干部学院学报》8（1）。

李世敏、吴理财（2005）：《社区治理的文化转向：一种新的理论视角》，《理论与改革》（1）。

刘会荪等（2003）：《对苏南农村社区领袖的观察与研究》，《中国农村观察》（2）。

〔美〕戴维·奥斯本，特德·盖布勒（2006）：《改革政府：企业家精神如何改革着公共部门》，周敦仁等译，上海：上海译文出版社。

〔德〕斐迪南·滕尼斯（1999）：《共同体与社会》，林荣远译，北京：商务印书馆。

田志龙等（2014）：《企业社区参与过程中的合法性形成与演化：百步亭与万科案例》，《管理世界》（12）。

王艳蕊（2010）：《菲律宾的"社区领袖"》，《社区》（2）。

Bellefeuille, G. & Hemingway, D. (2005), "The New Politics of Community - Based Governance Requires A Fundamental Shift in the Nature and Character of The Administrative Bureaucracy", 27 (5), *Children and Youth Services Review*.

ShamsulKabir M., et al., (2013), "Assessment of Governance of Fisher Communities of Inland Openwater Fisheries in Bangladesh", 80, *Ocean & Coastal Management*.

Guiding and Ruling：Community Leadership in Community Multi-governance

—A Case Study on Baibuting Community of Wuhan

Wang Wei, Wang Ming and Lan Yuxin

[**Abstract**] Since third Plenary Session of the Eighteenth CPC Central Committee, community "management" has given way to "governance" and multi-governance has become the mainstream of community governance. But the multiplicity of governing subjects will bring along conflicts and tension, and thus requires community leadership for coordination, integration, and collaborative multi-governance. In this case study on Baibuting community of Wuhan, we described the changes of the dominant force in community governance and on this basis distinguished three types of community leaders：

community entrepreneurs, community staff, and community volunteers. We built a community leadership mechanism which combines guiding by individual leadership of community leaders and ruling by organizational leadership of grassroots Party organizations. We also summarized the evolution of community subjects structure and manifestation of multi-governance function induced by community leadership. Finally, we provided suggestions on how to conduct community multi-governance better in terms of giving play to the organizational leadership of community Party organizations and activating the individual leadership of community leaders.

[**Key words**] Community Leadership, Community Multi-governance; Community Leader; Grassroots Party Organization

（责任编辑：郑琦）

政社合作：社会企业参与戒毒人员社会融入研究[*]

——以昆明市 Q 社会企业为个案

高 鹏[**]

【摘要】 作为一个特殊群体，戒毒人员面临社会融入难等问题。通过对昆明市 Q 社会企业的个案考察发现，政府出资、社会企业运作、社会力量参与的方式，能有效促进戒毒人员的社会融入，但政府与社会企业的合作也面临失败的风险。个案揭示出，政社合作的失败不仅源于社会企业的市场竞争力、社会企业家、治理结构等因素，更在于多元主体之间目标的不一致。

【关键词】 戒毒人员 社会融入 社会企业 政社合作

近年来，明星吸毒事件频发，引发了社会公众的广泛关注。而在明星吸毒事件背后，一个规模庞大的戒毒人员群体①却始终处于社会的阴暗面，被排斥或自我排斥在主流社会之外。根据国家禁毒委员会办公室发布的《2015 年中国

---

[*] 感谢北京师范大学中国社会管理研究院朱光明教授曾给予的指导和匿名评审者的修改建议。鉴于戒毒人员研究的复杂性和困难性，对昆明市公安部门和有关民警在调研中提供的帮助表示感谢。本文文责自负。

[**] 高鹏，北京师范大学行政管理专业硕士。

① 为便于表述，"戒毒人员"和"吸毒人员"在本文中不作严格区分。

禁毒报告》和《2015年中国毒品形势报告》，近年来我国每年查处的吸毒人员数量呈持续上升趋势，仅在2015年，全国就新查处有吸毒行为人员106.2万人次，其中，新发现吸毒人员53.1万人，同比上升了14.6%。所谓"一朝吸毒，终生戒毒"，在吸毒成瘾之后，吸毒人员所面临的将是毒瘾难以戒除、戒毒成果难以巩固的问题。据国家有关部门统计，吸食海洛因的吸毒人员在解除强制隔离戒毒后，其在一个月内和一年内的复吸率仍高达54.8%和88.2%。[①] 出于对毒品的畏惧和自身安全的考虑，普通公众通常对戒毒人员带有异样的眼光，而对于戒毒人员而言，他们自身既是违法者，又是遭受毒品折磨的受害者。由于长期受毒品的危害，缺乏必要的劳动能力，再加上社会的排斥，他们在解除强制隔离戒毒之后很难融入社会。在毒瘾的驱使下为了筹集毒资，或者维持基本生活，他们很容易再次走上违法犯罪道路，威胁社会和谐与稳定。[②] 正是由于戒毒人员的特殊性，这一群体长期处于政府的严格管控之下，社会力量的参与程度较低，但政府的管控也不尽如人意，突出表现在吸毒人员的持续增长和复吸率的居高不下。随着《禁毒法》（2008）和《戒毒条例》（2011年）的实施，关于吸毒人员管理的模式、理念、工作重心均发生了重大变化，更加强调以人为本，更加注重社会力量的参与（李利、高鹏，2014：75~77）。那么，在推进戒毒人员社会融入的过程中，政府与社会力量的合作将以何种方式实现、双方的合作能否成功？

一　研究回顾

作为消除社会排斥的重要途径，社会融入最初被用来研究移民问题，当前其研究对象已经扩展到了在政治、经济、文化等方面处于弱势的群体（陈成文，2012：66~71）。国内部分学者对艾滋病患者、残疾人、犯罪人员等特殊群体的研究表明社会排斥普遍存在，并提出了促进社会融入的主张（陈琦，2010：180~190；骆群，2012：150~190；莫瑞丽，2010：260~265；蔡禾、周林刚，

---

① 孟建柱：《国务院关于禁毒法实施和禁毒工作情况的报告》，http://www.npc.gov.cn/npc/xinwen/2012-07/11/content_1729565.htm，2014年1月13日访问。
② 根据《2015年中国毒品形势报告》提供的数据，2015年全国共破获吸毒人员引发的刑事案件17.4万起，占到当年全国刑事案件总数的14%。

2004：48~52）。对于戒毒人员，禁毒体制的不完善、动态监管机制的不足，无形中损害了其权益，成为一种隐性的制度排斥（褚宸舸，2012：121~131）。尤其是动态监管机制，对戒毒康复人员的生活（住宿、办理证件、旅游、隐私）、家庭、心理等造成了严重影响，阻碍了其融入社会的进程（邓玲等，2011：862~864；薛皓铭等，2011：447~451）。对于戒毒人员如何摆脱社会排斥的困境，不同学者提出了不同的思路。张敏发（2014：101~105）从再社会化的角度出发，认为戒毒人员因吸食毒品的人生经历而被污名化，他们回归社会其实是一个去标签化的再社会化的过程。余传霞（2012：90~92）从社会救助的角度出发，认为应建立戒毒人员的过渡性帮扶救助制度，包括：政府提供政策性支持和物质帮扶、安置帮教机关提供开发式和照顾性帮扶、社区提供整合资源的支持性帮扶、家庭亲情帮扶与监管相结合。朱耀垠（2012：44~47）从社会工作的视角出发，提出应充分发挥社会工作在吸毒人员等特殊人群帮扶中的作用和优势，帮助其激发自身潜能，走出自我封闭的环境，再次融入社会。郑烨（2011：98~102）认为应将社会工作引入戒毒人员社区康复，但在与戒毒人员和禁毒机构的互动中，社会工作者的介入也隐含着伦理困境。钟莹等（2008：23~28，2011：109~113）探究了在社区戒毒中引入社会工作机制的方式：一是内生机构模式，由政府出资，扶持社会力量成立社会组织，由社会组织承接政府职能；二是内生岗位模式，在现有体制内设立专门的社区戒毒工作岗位，向社会公开招聘专业工作人员或由体制内人员参与；三是外派岗位模式，由政府出资，向有需要的机构和部门购买社会工作服务。此外，有少数研究以上海市和苏州市自强社为个案，探讨了禁毒 NGO 参与戒毒人员管理问题，认为政府通过向社会组织购买公共服务，虽然促进了戒毒人员管理的社会化，但也使社会组织陷入自主与受控、营利与非营利、专业与非专业的两难之中（唐斌，2010：1~2；郭宏伟，2012：21~27）。

上述研究主要围绕戒毒人员的再社会化，提出了戒毒人员社会融入的多种策略，并重点以政府购买公共服务为切入，探讨了政府与社会组织如何推进戒毒人员社会融入。虽然有研究关注了政府购买公共服务对社会组织的负面影响，但对戒毒人员社会融入中政府与社会组织之间的互动、社会企业的参与还缺乏足够关注。昆明市 Q 企业最初是戒毒人员自主成立的一个组织，在昆明市公安部门的帮助下组建了以解决戒毒人员就业问题为宗旨的社会企业，在解决戒毒人员就业问题、巩固戒毒成果方面取得了显著成果，但企业最终走向了解体。本文将以昆明市 Q 企业为个案，深入分析政府、社会力量（以 Q 企业为主体）是如何合作，共同推动戒毒人员社会融入的，以及双方的合作为何失败。在社会融入的测量上，杨菊华（2009：17～29，2010：64～70）认为它包含经济整合、文化接纳、行为适应和身份认同，朱力（2002：82～88）在关于农民工城市适应问题的研究中提出，社会融入包含经济层面（就业问题的解决）、社会层面（行为方式和日常生活方式）和心理层面（心理认同）。本研究将从就业、心理认同、行为方式和社会接纳四方面分析戒毒人员的社会融入。本研究的资料主要来自 2015 年 1～2 月，笔者对昆明市 G 公安分局相关负责人和在 Q 企业工作的禁毒民警的访谈、G 公安分局提供的资料，以及通过网络搜集到的有关 Q 企业的视频资料、新闻报道、网友评论等。鉴于 Q 企业已经解体，在访谈过程中，笔者向访谈对象求证了网络资料的真实性。

二　个案介绍

（一）Q 企业的成立：民间自发行动与政府的支持

云南省位于我国西南边陲，由于靠近毒品生产地"金三角"地区，成为我国毒品危害的重灾区。仅在 2014 年 1 月到 4 月，全省就收戒吸毒人员 1.98 万人，同比上升 62.4%，累计管控吸毒人员 17 万人。[①] 面对严峻的禁毒形势，国际组织积极介入当地的禁毒防艾工作，自 1990 年世界卫生组织在云南建立艾滋病监测体系以来，联合国计划发展署、联合国儿童基金会等组织相继在云南开展禁毒防艾工作。在国际组织和项目的带动下，云南省本土的禁毒防艾 NGO 也快速发展，涌现出了云南戴托普药物依赖治疗康复中心、昆明市 Q 企业等典型机构和组织。

Q 企业作为戒毒人员自主成立的社会企业，其宗旨是：招收戒毒人员、劳动教养解除人员和刑满释放人员，为其提供工作岗位，帮助其实现生活自立，进而实现人的自立，促进其心理康复和融入社会，最终减少因毒品犯罪、艾滋

---

① 严尚智：《关于全省禁毒工作情况的报告——2014 年 5 月 27 日在云南省第十二届人民代表大会常务委员会第九次会议上》，http://www.srd.yn.gov.cn/ynrdcwh/1013029579347984384/20140825/260775.html，2015 年 1 月 20 日访问。

病传播、刑事犯罪而造成的社会危害。在2004年成立之初，由于资金有限、专业技能不高，Q企业面临着严峻的生存危机。2007年，在昆明市G公安分局的帮助下，Q企业成功在工商部门登记注册，昆明市GGW部门还为Q企业争取到了当地电信公司的一级业务代理权，使Q企业主要从事电话和宽带安装。但由于经营不善等原因，Q企业成立不足半年时间即宣告失败，尽管如此，当地政府并没有放弃对Q企业的支持。2008年，由Q企业负责人和G公安分局"合资"的企业正式成立，企业负责人持股51%，G公安分局持股49%（盈利全部用于扩大企业再生产和改善员工生活）。G公安分局并不干涉企业的日常经营活动，仅提供必要的指导和帮助，并为企业配备了两位专职辅导员（禁毒干警），负责企业员工的帮教工作。为提升企业的商业运营能力、企业负责人的组织能力以及戒毒人员的工作能力，从2008年起，G公安分局和PACT（美国发展署再就业机构）国外社会组织PACT为企业提供商业技能培训，并捐助3万元，帮助企业建立戒毒人员康复体系、人力资源制度、财务和商业运营机制。2009年3月，在PACT的协助下，企业成立了商务发展部、互助防艾部和家庭工作部，由商务发展部负责企业的商业运作，互助防艾部和家庭工作部开展禁毒防艾和戒毒人员家访工作，G公安分局禁毒干警负责企业戒毒人员的帮扶工作。

（二）Q企业员工的接收：多元力量的共同参与

作为戒毒人员自主创立的社会企业，Q企业的员工在最开始时主要以解除强制戒毒的戒毒人员为主，随着企业的发展，Q企业扩大了员工来源，开始接收刑满释放人员和劳动教养解除人员。然而，无论是哪一类人群，由于不光彩的经历和社会的歧视，他们大都面临就业困难的问题，对于受毒品折磨的戒毒人员而言，这一问题更加突出。许多戒毒人员由于没有合适的工作，无法维持日常生计，最终又走上了违法犯罪的道路。造成这一问题的原因主要有两方面：一是戒毒人员自身的原因，体质较差，缺乏必要的劳动能力；二是企业的原因，对戒毒人员存在偏见，不愿意接收戒毒人员就业。为做好戒毒人员的接收工作，Q企业与政府、社区和社会组织密切配合，采取了多项措施（见图1）：一是在新闻媒体发布相应的就业信息和联系方式；二是加强与强制隔离戒毒所的合作，在吸毒人员解除强制隔离戒毒之前，Q企业派人到戒毒所了解情况，对于有就业意愿的，由在企业工作的协警负责接回；三是加强与社区、社会组织的协作，由社区动员辖区内的戒毒人员到企业报名。对于报名的戒毒人员，部分社区还安排社工，协助其适应企业工作环境。

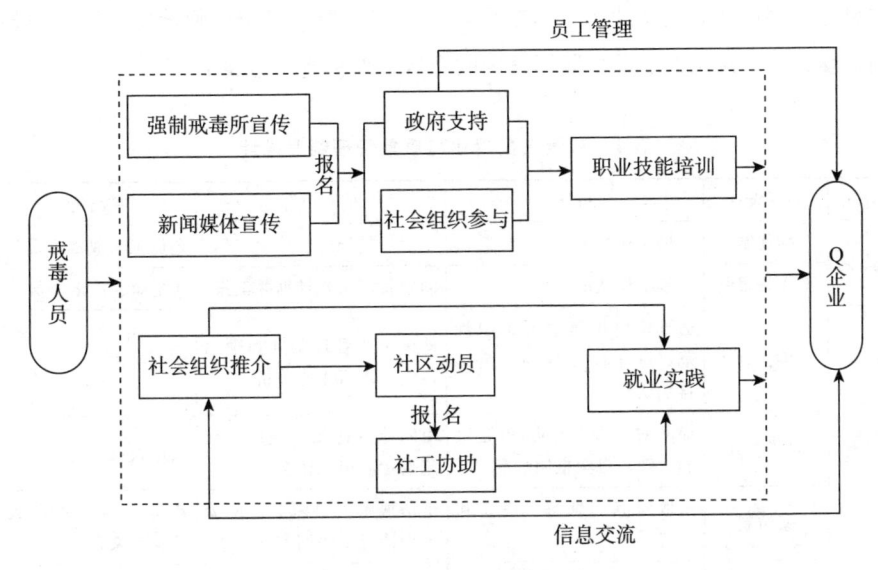

图 1　Q 企业员工接收机制

三　Q 企业戒毒人员社会融入的策略分析

（一）构建特殊的管理体制：将就业与康复管理相结合

在戒毒人员管理中，Q 企业面临三大难题。一是多数戒毒人员处于艾滋病等疾病的潜伏期，需要为其提供必要的护理和治疗，而且，在结束强制隔离戒毒，从封闭的戒毒所走向社会的过程中，需要帮助他们重新树立对社会的认知，实现再社会化。二是戒毒人员由于长期吸食毒品，其身体健康状况不容乐观，无法长期从事体力劳动，再加上劳动技能欠缺，这就决定了他们只能从事一些简单的、短期的劳动，从而影响到企业的市场竞争和生存。三是在企业运行的过程中，Q 企业需要处理好商业运作与戒毒人员管理两者之间的关系。一方面，要将商业运作与戒毒人员管理有效地衔接，使得商业运作能够为戒毒人员体能恢复、心理矫治等工作的开展留有时间，而戒毒人员管理反过来又能促进企业的发展。另一方面，要将企业运行与政府的禁毒需求相结合。根据我国现行的吸毒人员动态监管机制，吸毒人员在解除强制隔离戒毒之后，公安部门和帮教小组要对其进行为期 3 年的帮教和监管，企业需要配合有关机构做好相应的尿检和帮教工作。为很好地解决这些问题，Q企业与当地公安、有关社会组织共同努力，将戒毒人员就业和康复管理结合起来，建立了包括师徒制、工作日报制、晨会制、家访制、尿检制等在内的康复管理机制，见表1。

表1 戒毒人员就业与康复管理制度设计

议题	制度设计	目标	核心内容	参与者
就业	师徒制	掌握工作技能	一对一指导	老员工、戒毒人员
	工作日报制	了解工作状况	制定每日工作计划并汇报	Q企业、戒毒人员
康复	晨会制	通过角色扮演学习组织规范、遵守社会规则，改善自我认知	朗读企业管理制度和励志标语、进行工作分析	所有员工
	同伴教育	提升对工作、生活和健康的认知，自觉抵制毒品	由同伴讲述戒毒经历，交流戒毒心得和体会	戒毒人员
	家访制	争取家庭的理解、信任和支持	走访戒毒人员家庭，反馈工作情况、协调家庭关系	禁毒干警、戒毒人员及其家庭
	尿检制	防止员工复吸	不定期进行突击抽查	禁毒干警、戒毒人员

（二）注重组织文化建设：关注戒毒人员心理和行为引导

根据犯罪心理学的研究，长期吸食毒品会使人的身心和价值观念发生很大的变化，常见的如：消沉、萎靡不振、冷漠，对社会和家庭缺乏责任感、说谎成性、生活颓废，甚至仇视社会（刘志民等，1995：229）。此外，对戒毒人员而言，尽管已经解除了强制隔离戒毒，但强制隔离戒毒的人生经历始终在他们内心留下阴影，在工作和生活的过程中，他们千方百计隐瞒自己吸毒的经历，时刻保持一种提防的心态，而这又使他们无法很好地融入社会，用Q企业负责人的话说："原来我在别的公司工作时，都不敢和人说起我的过去，也不愿和人说话，就怕在谈话中说漏嘴失去这份工作，每天都生活在矛盾和痛苦中。"[①] 要使戒毒人员能够重新融入社会，不仅需要有效的心理引导，使其变得自信、乐观，更需要改变其对社会的敌视态度，使其能够积极参与公共生活。为引导戒毒人员树立正确的人生观，改变以往因吸毒而养成的好吃懒做的恶习，企业努力营造正面、向上的工作氛围。首先，企业确立了"融入社会、创造价值"的企业愿景、"帮扶弱势群体、建设平安社会"的企业使命以及"自信、自立、

[①] 资料来自"昆明好人"评选活动宣传材料。

自强、关爱、团结、互助"的企业精神，这一理念认为企业不仅需要解决戒毒人员的就业问题，更需要帮助戒毒人员创造社会价值、奉献社会；其次，它呼吁戒毒人员卸下心理包袱，全身心地投入到新的工作和生活中来，"尽管人生不能重来，但心灵可以重塑。活着是首要的，但是活着要有价值。我们曾经经历的过去，不代表我们没有未来"；① 再次，它强调戒毒人员自身的努力，要树立正确的价值理念，要积极主动，如企业的标语所展示的"态度决定一切，人品决定去留"、"自己决定未来"、"机会是留给有准备的人"。在管理中，Q企业尝试着引导戒毒人员参与公益活动，回馈社会，在公益参与中培养戒毒人员的社会责任感，如：鼓励戒毒人员在国际禁毒日期间协助民警开展禁毒知识宣传、为灾区捐款等。专业社会组织也围绕戒毒人员的心理和行为引导，开展了系列活动。

（三）借助新闻媒体宣传：推进社会认知转变

戒毒人员解除强制隔离戒毒后难以融入社会，这一方面是由于长期吸食毒品，戒毒人员的心理被扭曲，对社会和人生持一种悲观、失落的心态，而且难以摆脱对毒品的心理依赖，容易复吸，从而无法恢复正常的生活；另一方面是无论公民个人，还是用人单位，受刻板印象的影响，一想到戒毒人员，就会与性格古怪、危险、丑恶、好吃懒做等负面词语联系起来，从而对戒毒人员缺乏信任、包容和接纳，将其排斥在主流社会之外。要使戒毒人员远离昔日毒友的影响，为社会所接纳，就必须改变戒毒人员在公众中的形象，转变社会认知，消除社会排斥。

从媒体的报道来看，《春城晚报》最先对Q企业的事迹做了报道，讲述了企业员工艰苦创业的故事。该报道写到"小孩子摔倒了，大人们总会将他扶起；可吸毒人员'摔倒'了，人们却用异样眼光看待他们，使许多想真心改过的吸毒人员，重回到毒品的深渊中不能自拔"，"社会应该给每个真心戒毒的人员一个机会，即使不认同，能否不歧视？他们与我们的距离并没有想象的那么远"。文章一经刊出，就有热心市民自愿为企业提供帮助。时隔一月，一篇题为《××究竟能够走多远？》的报道出现在了公众眼前，它向外界传递出这样的信息：戒毒人员艰苦创业、工作认真负责，他们是"个个能吃苦、人人不怕

---

① 资料来自云南省性病艾滋病防治协会关于Q企业的介绍材料。

累的优秀员工",即使在生活最拮据的时候,他们也积极向灾区捐款,进而呼吁社会给予他们更多帮助。2008年,以"凝聚好人力量,弘扬社会真善美"为主题的"昆明好人"评选活动举办,Q企业成员主动配合媒体采访,在宣传片中展示了戒毒人员自强不息、积极向上的精神风貌。为使更多的市民关注评选活动,活动举办方还制作了好人宣传片,每天在《都市条形码》节目平台展播,同时,还开通了官方微博和公众评论平台。从论坛中网民的留言来看,网民并没有对戒毒人员抱以嘲讽、冷漠和歧视(见表2),相反,对于企业负责人参选昆明好人,多数网民都予以支持,希望有更多的人关心、帮助戒毒人员这一特殊群体。此后,新闻媒体不断披露企业热心社会公益、帮助戒毒人员就业、开展禁毒防艾公益活动的事迹,以及企业员工克服重重困难,自主创业的故事,宣传了戒毒人员的正面形象,有助于消除公众对这一特殊群体的偏见。

表2　部分网友对Q企业负责人参选"昆明好人"的评论

你才是真正意义上的好人,用自己的实际行动感化着被社会遗弃的人!我希望你能当选昆明好人
你帮助了这些失去自我的人,这种做法我都感动了流泪,加油我支持你
你是好人,你帮助了你身边失去自己的人,让他们找回自己,让他们能够重新做人,你的这种做法很好,我支持你
你是昆明好人,你帮助了你身边的人,让他们找到了自己的路,让他们敢面对社会,重新做人,我支持你,我支持你

资料来源:根据网友评论内容摘录并整理。

四　政社合作的失败

在政府、社会组织、新闻媒体的协助下,Q企业有力地推进了戒毒人员社会融入的进程:在四年多的时间里,解决了数十名戒毒人员的就业问题,员工工资基本在1000元以上,保障了戒毒人员的基本生活;通过营造良好的企业文化氛围,鼓励戒毒人员卸下心理包袱,走出生活的阴影,在与同伴的互帮互助中学会自立、自强,学会承担责任、奉献社会;企业员工凭借对工作的认真、负责,获得了顾客的认可,通过新闻媒体的宣传,戒毒人员自力更生、艰苦创业、热心公益的正面形象得到传播,在一定程度上改变了人们对戒毒人员的认知。最为突出的是,绝大多数戒毒人员的戒毒成果得到了巩固,在25~26名戒毒人员中，每年偷嘴（吸毒）的员工最多只有一两个，复吸率低于10%。然而，政府与社会企业之间的合作并没有得到持续。从2010年起，企业的运作目标逐渐以营利为主，不再接收戒毒人员，也不履行与公安机关约定的义务，并且开始辞退部分员工。2011年年初，由于双方关系的恶化，G公安分局不得不撤回在企业工作的民警，之后，在企业工作的所有戒毒人员被辞退。反思政府与社会企业合作的失败，主要有以下四方面的原因。

（一）社会企业面临市场竞争压力，生存能力不足

虽然鉴于企业的特殊性，当地政府对企业的发展给予了一定的政策扶持和优惠，包括办公场地的提供、租金的减免等，其他社会组织也为企业发展提供了支持，但是，在商业运营过程中，Q企业还是面临一系列难题。一方面，运行机制不畅。作为电信公司的一级代理商，企业必须遵从电信公司的结算制度，而结算的时间一般较晚，企业很容易出现资金紧张，乃至现金流断裂。从2009年12月到2010年4月，企业就因为电信公司未能如期结算，无法为员工正常发放工资。另一方面，企业生存空间狭小。由于企业主要经营电话和宽带安装业务，科技含量相对较低，再加上企业员工多为戒毒人员和艾滋病毒携带者，其身体素质较差，工作能力相对较弱，这使企业明显缺乏市场竞争优势。此外，随着信息技术的快速发展，通信产品更新速度加快，人们对通信设备的要求也越来越高，使用固定电话和有线网络的客户有所减少，企业的市场需求在逐渐减小。在一个日益萎缩的市场环境中，企业始终无法找到适合自己的新突破，最终只能勉强维持经营，不能继续履行公益的责任。

（二）卓越的社会企业家缺失，使得企业的公益性无法维系

社会企业是对企业营利机制、非营利组织公益机制的否定和超越，只有将市场经济与社会公益有机结合起来，社会企业才能实现可持续发展，而社会企业的核心在于富有企业家精神和公益精神的社会企业家（王名、朱晓红，2010：1~31）。卓越的社会企业家的缺失，正是Q企业走向解体的重要原因之一。因为不同于一般的企业，Q企业的创办的目并非单纯地营利，而是要帮助戒毒人员这一特殊群体解决就业问题，帮他们融入社会，因而具有浓厚的公益性质。要使营利与公益两者有机地结合起来，企业负责人不仅要满怀投身公益的热情，还需具备商业运作的能力。虽然Q企业的负责人在企业发展过程中发挥了重要作用，但其始终缺乏公益的精神，不能带领Q企业走向未来。在创业过程中，几个创始人之间就曾产生冲突,并与当地政府讨价还价,谋求自身利益的最大化。在企业发展过程中,企业负责人曾提出垄断旅店床具清洗业务的构想,遭到了当地政府的拒绝。之后,企业不再遵守与政府的约定,开始大量辞退戒毒人员,最终使Q企业走向了解体。在与G公安分局民警的访谈过程中,受访民警就曾多次指出企业负责人人品上有瑕疵,并提出,今后在成立类似企业时,一定要强调企业负责人的重要性,确保其保持企业公益的一面,履行相应的义务。

(三) 社会企业内部治理结构未能建立,无法保障组织目标的实现

戒毒人员与政府"合资"创办的企业,理应由双方共同管理。而且,在创办企业时,当地政府也曾希望电信公司将企业经营所得交给政府,再由政府根据企业的产权结构,将经营所得分为戒毒人员扶助金和企业负责人收益两部分。但是,经与电信公司多次协商,对方均未同意。这就导致了如下的局面:作为企业的出资人,G公安分局对企业的经营管理并没有话语权,无法干预企业员工的招聘与辞退;由于缺乏对企业收益的支配权,G公安分局无法保障企业收益能用于戒毒人员康复工作;有效的内部治理结构的缺失,使得G公安分局和PACT协助建立的互助防艾部和家庭工作部形同虚设,最终无法保障帮助戒毒人员就业、巩固戒毒成果的组织目标的实现。最为关键的是,由于缺乏一定的权力制约机制,作为出资人之一的G公安分局并不知晓企业的真实收益情况,在Q企业解体之后,无法妥善解决企业的产权问题,甚至有可能面临因企业经营亏损而引发的法律风险。

从更深层次分析,Q企业内部治理结构未能得以建立的根源还在于多元主体目标之间的冲突。虽然Q企业的成立是公安部门、昆明市GGW部门、电信公司共同努力的结果,但他们对企业的发展方向并不能达成一致:Q企业只希望借助各方的力量解决自身的生存问题;公安部门希望Q企业致力于公益事业,能持续接收戒毒人员就业;[①]GGW希望Q企业独立运行,不受公安部门的制约;而电信公司之所以选择支持Q企业,纯粹是因为电信公司负责人与GGW内部领导人间的私人交情,电信公司在Q企业的发展问题上只听从于GGW;公安部门与GGW并无行政隶属关系,不能对GGW施加影响;相反,GGW能得到各级

[①] 在新闻媒体的宣传下,Q企业带领戒毒人员自主创业的事迹受到了上级主管部门的关注,在上级部门的过问下,G公安分局专门召开会议,对Q企业的发展进行专题研究。

政府部门退休领导的支持，在与公安部门的交往中处于强势地位，拥有较强的话语权。饶有趣味的是，在 Q 企业成立时，为使"合资"企业明正言顺，G 公安分局专门聘请退休的公安部门领导作为持股人，但由于地位的不对等，基层民警所提的建议并未能得到老领导的认可。至于 G 公安分局与 GGW 部门之间的分歧，笔者认为其根源可能在于：公安部门作为毒品犯罪的打击者，其与戒毒人员之间长期处于一种管控与被管控的关系之中，虽然当前政府大力提倡"寓管理于服务之中"，但长期形成的"管控"思维短期难以改变，而且在当前的禁毒体制之下，公安部门对于解除强制隔离戒毒的戒毒人员依然有管控的职责；不同于公安部门，作为关心青少年健康成长的群众性组织，GGW 其所提供的更多是"服务"，而非"管控"。

（四）戒毒人员社会融入的困难性，需要强有力的社会支持

戒毒人员社会融入是一个复杂的社会问题，涉及戒毒人员的身心康复、就业培训和安置、社会认同与接纳等方方面面，不仅需要戒毒人员自身以积极主动的姿态去融入社会，更需要社会公众从"患者"、"受害者"的角度去认识和接纳戒毒人员，需要政府、社会、家庭和戒毒人员个体的共同努力，从而形成强有力的社会支持。在本案例中，虽然不同主体都有所参与，但其目标存在冲突，而且在政府方面主要依靠公安部门的"单打独斗"，卫生、民政等政府部门介入的力度较小，未形成政策合力，在一定程度上影响了戒毒人员社会融入的成效。由于缺乏必要的药物治疗和康复护理，Q 企业部分戒毒人员选择用酒精代替毒品，出现了因肝硬化而死亡的情况。① 而且，由于缺乏足够的社会支持，在 Q 企业解体后，部分企业员工再次走上了复吸的道路。要帮助戒毒人员摆脱社会融入的困境，必须依赖强有力的社会支持，正如访谈中一位有三十多年从警经历的禁毒民警所揭示的：

> 对于戒毒人员，只要政府用心做事，是可以帮教好的。那么，如何帮呢？戒毒人员从戒毒所出来后，首先要融入家庭。吸毒成瘾后，他们对家庭损害极大，伤透了家人，家人见到他们就像见到敌人。他们复吸反复，绝大部分时间都在戒毒所度过，家人死活都不管他们。要适当给他们的爹

---

① 对于酗酒、肝硬化、戒毒人员死亡三者之间的关系有待研究，本研究并不能确定酗酒是毒品成瘾所诱发的行为，还是戒毒人员为戒除毒瘾而选择的替代治疗。

妈做工作，家庭要包容他们。其次是融入社会，吸毒成瘾后吸毒人员怕见人，周围人也害怕他，因而要做通普通百姓的工作，不要敌视他，要把他当作病人。工作、回归社会中，要不歧视，真正帮助他们，要认识到他们不是天生的毒犯。再次，政府要实质上关心他们，帮助他们。对于戒毒人员，应该给他们办低保，要做好工作，帮助他们融入社会，成为自食其力的劳动者。政府要提供资金办企业。Q企业的方法是正确的，在企业就业不能完全是吸毒人员，要有一部分正常人员，使吸毒人员与社会融在一起。①

五　结论与讨论

戒毒人员一直是政府重点管控的对象，但以往政府所采取的强制戒毒②并不能帮助戒毒人员有效戒除毒瘾，也不利于促进戒毒人员的社会融入。在如何推进戒毒人员社会融入问题上，地方政府和社会企业通过尝试最终达成了默契：一方面，由政府部门出资，扶持社会企业发展；另一方面，由社会企业接收戒毒人员就业，并接受政府部门的指导。这既帮助社会企业解决了资金不足的问题，有助于发挥社会企业在戒毒人员社会融入中的积极作用，也将政府的触角延伸到了社会企业，实现了对戒毒人员的有效管理。通过对昆明市Q社会企业的深入考察，本研究展现了政府、社会企业、社会组织、新闻媒体共同推动戒毒人员社会融入的全过程。由于Q社会企业已经解体，本研究未能深入研究政府和社会企业互动的具体过程，也未能揭示社会公众是如何接纳戒毒人员这一特殊群体的。尽管如此，本研究注意到了政府与社会企业合作的失败，并试图从社会企业的市场竞争力、社会企业家、治理结构等方面进行了分析，最终揭示政社合作失败的根源在于多元主体之间目标的不一致和冲突。

近年来，随着政府向社会力量购买公共服务的力度不断加大，政府与社会组织之间的合作日益密切。有研究认为政社合作使国家服务能力得到提升，为国家权力渗透社会、资源动员及机制整合提供了平台，也使社会组织借机获得

---

① 资料来自笔者对G公安分局Z禁毒民警的访谈记录，编号2015-02-Z。
② 在禁毒体制改革后，强制戒毒和劳动教养戒毒已经被社区戒毒、社区康复、强制隔离戒毒所取代。

了合法性、生存资源及活动空间（杨宝，2014：51~59），国家与社会的关系并非此消彼长，在嵌入与自治、相互形塑、相互嵌入、相互赋予发展动力的过程中，可以形成一种新的治理格局（汪锦军，2016：70~76；杜玉华、吴越菲，2016：4~13）。相反，有学者则注意到政府购买公共服务过程中社会组织易出现目标偏离和对政府的资源依赖，乃至公共服务供给的低效（郭小聪、聂勇浩，2013：155~162；李春霞等，2012：130~132），政府与社会组织之间关系的构建是一种策略性选择，政府的权力并未削弱，反而可能成为一个国家权力再生产的过程（吕纳、张佩国，2014：65~68）。无论政府购买公共服务对社会组织有何影响，双方之间的关系如何形塑，其前提无不基于政社合作将持续推进，而本案例恰恰因没有考虑到双方之间的合作是否具有可持续性、是否会停滞不前而失败。尽管在戒毒人员社会融入这一议题上，政府和社会企业都有合作的意愿，并采取了一致行动，但多元主体目标之间的冲突始终无法在有效的治理结构中得到弥补或制衡，最终使一次成效显著的合作走向了失败。无论是选择何种政策工具，通过政府向社会组织购买公共服务，还是政府直接出资成立社会企业，都应注重契约关系的建立，以确保公共目标的实现。本研究所引发的深层次思考是：政社合作得以实现和持续所依赖的条件是什么？是否在于合作共识的确立、有效治理结构的建立，参与主体自身治理能力的提升？这些都有待进一步关注和研究。

参考文献

蔡禾、周林刚（2004）：《消除社会排斥，实现社会公正》，载广州市社会科学界联合会、广州市残疾人联合会编《残疾人社会保障》，广州：广东人民出版社。

陈成文、孙嘉悦（2012）：《社会融入：一个概念的社会学》，《湖南师范大学社会科学学报》，(6)。

陈琦（2009）：《边缘与回归：艾滋病患者的社会排斥研究》，北京：社会科学文献出版社。

邓玲等（2011）：《公安机关针对吸毒人员的动态管控机制探析——动态管理机制对吸毒人员回归社会的影响》，《卫生软科学》，(12)。

杜玉华、吴越菲（2016）：《从"政社合作"到"互嵌式共治"：社区治理结构转型的无锡实践及其反思》，《人口与社会》，(1)。

费梅萍（2014）:《政府购买社会工作服务中的基层政社关系研究》,《社会科学》,(6)。

郭小聪、聂勇浩（2013）:《服务购买中的政府—非营利组织关系:分析视角及研究方向》,《中山大学学报》（社会科学版）,(4)。

郭宏伟（2012）:《非营利组织在我国戒毒领域中的介入》,苏州大学硕士论文。

李利、高鹏（2014）:《关于新时期创新吸毒人员管理工作的思考》,《中国司法》,(10)。

李春霞、巩在暖、吴长青（2012）:《体制嵌入、组织回应与公共服务的内卷化——对北京市政府购买社会组织服务的经验研究》,《贵州社会科学》,(12)。

刘志民、赵成正、葛云（1995）:《毒品·成瘾·戒毒》,天津:天津科学技术出版社。

吕纳、张佩国（2012）:《公共服务购买中政社关系的策略性建构》,《社会科学家》,(6)。

骆群（2012）:《弱势的镜像:社区矫正对象社会排斥研究》,北京:中国法制出版社。

莫瑞丽（2010）:《刑释人员回归社会中的社会排斥研究》,北京:中国社会科学出版社。

唐斌（2010）:《禁毒非营利组织及其运作机制研究》,上海:上海大学出版社。

王名、朱晓红（2010）:《社会企业论纲》,《中国非营利评论》,(2)。

余传霞（2012）:《谈建立戒毒回归人员过渡性帮扶救助制度——以3000例吸毒人员复吸原因解析为基础》,《中国司法》,(6)。

汪锦军（2016）:《嵌入与自治:社会治理中的政社关系再平衡》,《中国行政管理》,(2)。

薛皓铭等（2011）:《既往吸毒人员对吸毒人员动态管控系统的态度及评价分析》,《中国药物依赖性杂志》,(6)。

杨宝（2014）:《政社合作与国家能力建设——基层社会管理创新的实践考察》,《公共管理学报》,(2)。

杨菊华（2009）:《从隔离、选择融入到融合:流动人口社会融入问题的理论思考》,《人口研究》,(1)。

杨菊华（2010）:《流动人口在流入地社会融入的指标体系——基于社会融入理论的进一步研究》,《人口与经济》,(2)。

褚宸舸（2012）:《2011年中国毒品成瘾者权利保障研究报告》,《云南大学学报》（法学版）,(1)。

张敏发（2014）:《戒毒康复人员回归社会的理论与实践研究——以广东三水康复苑为考察对象》,《政法学刊》,(3)。

朱耀垠（2012）:《发展专业社会工作与完善特殊人群服务管理》,《行政管理改革》,(1)。

郑烨（2011）:《论强制隔离戒毒与社区康复的"无缝衔接"——以上海市宝山区

社区康复个案帮教工作为例》,《上海政法学院学报》,(1)。

钟莹、刘传龙(2011):《〈禁毒法〉背景下的社区戒毒工作与社会工作介入》,《江西师范大学学报》(哲学社会科学版),(3)。

钟莹、梁国勋(2008):《个案管理:社区戒毒工作的新模式》,《华东理工大学学报》(社会科学版),(2)。

朱力(2002):《论农民工阶层的城市适应》,《江海学刊》,(6)。

Government-Nonprofit Collaboration: Social Enterprise Participates in the Drug Addicts' Social Integration

—A Case Study of Kunming Q Social Enterprise

Gao Peng

[**Abstract**] As a special community, the drug addicts could not integrate into the society easily. In the case study of Kunming Q social enterprise, the author found out that it was effective to help drug addicts integrate into the society, combining government investment with social enterprise operation and the social participation. But the government-nonprofit collaboration was not successful at last. The failure was originated from these factors, which ont only included market competition, social entrepreneur, inner-governance, but also participators' incongruent goals, and the last one is more important.

[**Key words**] Drug Addicts; Social Integration; Social Enterprise; Government-Nonprofit Collaboration

(责任编辑:羌洲)

非营利组织全球文化治理功能的实践[*]

——以孔子学院项目为例

王彦伟[**]

【摘要】 孔子学院是中国在海外设立的汉语教学和中国文化传播国际非营利教育组织,历经十余年建设,已成为综合人文交流实体化平台,成为中国加强话语体系建设、积极参与全球文化治理的有效载体。以公共产品理论和自组织理论为基础,对孔子学院全球文化治理功能的实现路径和保障机制进行分析后发现,孔子学院的全球文化治理功能体现在提供全球公共产品、组织中外交流活动、进行跨领域跨组织协调、影响所在国政策并参与地区治理等四个方面。孔子学院自身也需要建立"总部-地区中心-孔子学院"的三级治理结构,实现孔子学院不同层级利益相关者的自组织和自主治理。孔子学院的创新实践探索了非营利组织积极参与全球治理的有效路径,为其他机构和项目提供了一定程度的借鉴。

【关键词】 非营利组织　全球治理　全球文化治理　孔子学院

---

[*] 本文系国家自然科学基金项目"项目利益相关方治理关系网络风险研究"(71072111)、山东大学人文社会科学重大研究项目"政府重大投资项目评价和治理机制研究"(12RWZD16)成果。

[**] 王彦伟,山东大学国际教育学院、山东大学经济研究院。

一　案例背景

把世界提升到共同体层次并建立更加完善的治理机制,需要在经济全球化、科技现代化的基础上实现文化多元化,这是任何一个民族国家,尤其是负责任大国积极参与全球治理的重要内容。改革开放以来,中国以积极的姿态全方位地融入国际社会,并试图在国际事务和全球治理中发挥重要作用。中国参与全球治理的一个重要途径就是从教育、文化等软资源入手,在全球治理过程中建构国家形象、发展软实力。中国拥有始终有吸引力的传统文化,并在世界各地建立了数百家孔子学院来推广传统文化(约瑟夫·奈,2016:60)。

孔子学院的设立初衷就是加快汉语走向世界的速度,推动中外文化与文明的交流与互鉴。如今它已成为中国在全球人文交流与教育合作领域的重要实践。孔子学院作为国际非营利教育组织,经过十余年建设,遍及世界134[①]个国家和地区,孔子学院提供文化与教育领域的全球公共产品,开创基于自愿、平等、合作的语言与文化传播模式,搭建不同文明对话与交流的平台,为维护文化生态平衡做出贡献,为增进不同国家和民族间的相互信任与理解发挥独特作用(李军、田小红,2015:37)。

近年来,海内外也出现了一些对孔子学院的质疑和批评,如质疑孔子学院资金来源的合法性,批评孔子学院干涉外国高校学术自由等。孔子学院作为新生事物在建设和运作中还有很多亟待完善之处。尽管如此,在中国以更加积极的姿态参与全球治理的大环境下,孔子学院作为非营利教育机构,其所承担的全球文化治理主体身份已日见雏形,对其全球文化治理功能以及其自身治理的研究,兼具理论和社会价值。

与此同时,当前有关孔子学院功能与价值的相关研究,重点关注孔子学院对中国文化、高等教育、外交和国家软实力建设等做出的贡献。研究认为,孔子学院已不仅仅是单纯的汉语和中国文化教学场所,还关涉中国文化对外交流、教育国际化、民间外交与公共外交、国家软实力尤其是文化软实力构建等多个宏大的社会领域,以"润物细无声"的方式逐渐发挥作用,彰显国际性非营利

[①] 数据来源:孔子学院总部网站,参见 http://www.hanban.edu.cn/,2015年12月访问。

教育机构的社会功能。研究指出，应加大孔子学院投入力度，更好地发挥政府、市场和社会互动的优势，以中国加大对外开放和交流为契机，推动孔子学院发挥更大功能（宁继鸣、马晓乐，2010：28~35；吴瑛，2012：141~151；赵跃，2014：1~2；李军、田小红，2015：37~43）。以上研究的出发点和落脚点都是作为国家单位的中国，并且对孔子学院作为一个国际性组织在世界多元共同体和全球文化治理中作用和贡献的研究尚有很大空间。本文以孔子学院为具体的研究对象进行中国积极参与全球文化治理、承担全球治理大国责任的案例研究，凸显其在全球命运共同体中的价值和可持续发展动向，为中国参与全球治理的其他项目提供参考。

二 孔子学院全球文化治理功能的产生

孔子学院是进行语言与文化传播的非营利教育机构，因此具备语言和文化属性、非营利属性以及教育属性三大基本属性，这是全球文化治理功能产生的基础。

（一）孔子学院的语言和文化属性

语言是文化的载体，当一国的民族语言被作为外语普遍学习的时候，就在相当程度上反映着该国国际地位的真正提升和国际影响力的深化。在国外设立专门机构推广本国语言文化，已经成为国际通行做法，如英国文化委员会、法国法语联盟、德国歌德学院、西班牙塞万提斯学院等都有几十年甚至上百年的历史。这些机构在推广本国语言文化、促进多元文化交流等方面发挥了重要作用。孔子学院伴随旺盛的汉语国际需求和中国国家地位的提升产生，其章程中明确指出了五项任务：开展汉语教学；培训汉语教师，提供汉语教学资源；开展汉语考试和汉语教师资格认证；提供中国教育、文化等信息咨询；开展中外语言文化交流活动。这五项任务中，前三项围绕"语言"进行，构成了教学、资源供给、认证考核三位一体且相互关联的整体；后两项任务围绕"文化"进行。尽管目前孔子学院的功能已进一步完善，成为在国家对外经贸、教育、科技等多个领域的综合人文交流平台，但语言和文化属性仍然是孔子学院的根本属性。

（二）孔子学院的非营利性

按照孔子学院章程，孔子学院是以推广汉语、推动文化交流、促进世界各国与中国友好往来为宗旨的非营利教育机构，在组织性、民间性、非营利分配性、自治性和志愿性（徐崇温，2006：47~49）等五个方面都表现出了非营利性特征。其中，从民间性看，孔子学院不是政府机构，尽管现阶段其经费来源主要是中外政府，（包括中外高校等）但社会组织、中资机构等参与孔子学院已得到政策支持和鼓励（中共中央编写组，2013）；从自治性看，孔子学院是一个本土组织，在章程规定的范围内享有办学自主权；从非营利分配性看，目前阶段绝大多数的孔子学院都是以总部牵头，国内外大学共同合作的模式，此类孔子学院的收益都用于该孔子学院的运营，并不分配给任何单位或个人。今后的孔子学院即便会出现把一小部分收益分配给孔子学院合作方或者特许经营方的可能，也是占比很小且经过严格限制的。

（三）孔子学院的教育属性

原美国驻英国大使约翰·温纳特在1944年写给英外务大臣安东尼·艾登的备忘录中所言："世界的未来取决于这一代的年轻人将会做什么。"教育方面的国际合作在重建世界秩序上具有极为重要的意义。教育成为国际关注的话题。在很长的一段时间内，人们充满这样的希望：教育确实可以在建立一个相互依存的世界共同体中发挥重大作用，而国际主义必定是教育的关键。受这个看法的鼓舞，无论是国家和政府间的组织，还是非政府组织都将相当大部分的资源投入到了教育交流项目的继续和扩展中（入江昭，2009：51~52）。

孔子学院定位于非营利性教育机构，这与英国文化委员会、法语联盟、歌德学院、塞万提斯学院等世界语言推广机构相比有所区别。孔子学院的教育属性体现在以下三个方面：一是孔子学院首要职能为开展汉语教学，满足各国汉语学习需求；二是孔子学院主要由中外大学合作建设，选址大多在国外大学中，并由中外大学合作投入空间场地、教师、教材等资源，发挥大学在科学研究、人才培养、社会服务和文化传承创新的主要功能；三是按照目前中国国内的运作机制，孔子学院的政府支持由中国教育主管部门牵头承担，其他职能部门配合，这也在制度和政策方面为孔子学院发挥其教育属性提供保障。

三 孔子学院全球文化治理功能的实现

国际非营利组织参与全球治理和公共事务治理的方式与途径主要有四种：提供全球公共产品、组织跨国活动、与国际政府间组织协调、影响国家政策并参与地区治理（叶江，2010：126~143）。具体到孔子学院全球文化治理功能，也主要体现在以下四个方面。

（一）提供全球公共产品

全球治理的目标是稳定的世界秩序，这需要政府、市场和社会多中心等组织的共同参与。非营利组织参与全球治理的重要方式就是提供全球公共产品。根据受益者范围的不同，公共产品可分为四个层次：地方、国家、区域和全球。全球公共产品是一种原则上能使不同地区的许多国家乃至世界上所有国家都受益的公共产品，它是公共产品概念在国际范围内的延伸和拓展，是"指那些具有很强跨国界外部性、能使不同地区的许多国家或全球所有国家受益、需要全球合作才能提供的货物、服务、资源、环境、规则和体制等"（邱东、徐强，2004：4）。非营利组织，尤其是国际非营利组织在提供全球公共产品上具有其自身的特点与优势。

语言国际推广最早是为国家的殖民扩张服务的，表现为国家公共产品。随着世界经济全球化的不断发展，不同文明之间的竞争与冲突进一步加剧，维护语言多样性、文化多元化成为构建和谐世界的重要选择，在语言国际推广的国家公共产品属性进一步加强的同时，其全球公共产品的属性日趋明显（宁继鸣，2008：125）。

结合近五年（2011~2015）全球孔子学院大会的有关信息，孔子学院的服务范围除了前文中所属的五项任务之外，还专门拓展增加"新汉学国际研修计划"，资助有关中国的研究及学术交流，培养更多造诣高深的汉学家，同时支持中国的高校建立国别研究中心，培养熟悉各国语言文化的中国学者。

以上产品和服务涉及多项职能，其公共属性可以按照产品和服务的类型，根据保罗·萨缪尔森（Paul A. Samuelson）公共性界定标准，即消费的非竞争性（Non-rivalness）与受益的非排他性（Non-excludability）（萨缪尔森、诺德豪斯，1996：570~572）进行具体分析。

1. 汉语教学

首先，汉语教学的效用具有不可分割性。汉语教学课程有效供给的结果是全世界掌握和精通汉语的民众越来越多，汉语作为一门交际语言的使用规模和频率不断提高，增加了市场机会和就业机会。这种效用从享用的空间来看是不可分割的，从享用的时间上来看是受益终生的。其次，汉语教学课程具有人为的消费的非竞争性。尽管设立新的汉语教学课程需要一定的初始成本，但课程一旦实施，在一定容量内，多一个学生不会影响其他学生听课的效用，教学效果不受影响。最后，汉语学习的受益具有显著非排他性。汉语学习课程是收费教育，其规则是谁付费谁受益，不付费不受益。学生付费参加汉语学习课程，也无法阻止别人同样付费学习。因此，汉语教学类产品和服务具有显著的非竞争性和非排他性。

2. 资源配置

资源配置是孔子学院运行的基础和保障，根据孔子学院总部/国家汉办网站上的官方信息，资源配置涵盖了资金、师资和教材（图书及多媒体教学资源等）。对资源公共属性的分析相对复杂，这是由资源种类的复杂性决定的。为了分析方便，根据开放程度将资源分为两类，一类是开放与共享程度低的资源，包括了汉语师资、实体教材，以及人工辅导或者具有版权的多媒体课程；另一类是开放与共享程度高的资源，包括正在使用的多媒体教学资源包、无版权的电子读物，以及无人工辅导的多媒体课程。前者具有竞争性与非排他性；后者具有非竞争性和非排他性。

3. 考试认证

对于各类汉语考试，考生支付考试费用。增加考生的直接影响包括增加考场、监考人员和试卷等，间接影响包括对考场的布置安排、监考人员培训等。考生之间相互独立，既不存在竞争，也没有相互影响。因此该类服务具有竞争性和非排他性；对于教师资格认证，教师本身无须支付费用，现有的各类选拔考核，也不会因为某个人的参与影响他人的通过率，具备显著的非竞争性和非排他性。

4. 信息咨询

孔子学院建立在海外的大学和社区，成为当地学校师生和民众了解中国的窗口。最初的咨询以来华留学咨询为主，并逐步扩展到文化、教育、科技等多个领域，乃至对中国的对外投资产生显著的积极作用（连大祥，2012：88~98）。对于孔子学院提供的信息咨询服务，不会由于接受服务的人员多少发生明显的成本变化，也不可能仅仅掌握在某些特定的范围内，因此具有显著的非竞争性和非排他性。

5. 文化活动

孔子学院的文化活动类型多、受众广泛，按照活动地点划分，包括在海外本土文化活动和短期来华文化活动。前者主要包括孔子学院自行组织的中小型文化活动和孔子学院总部统一规划的大中型活动，后者包括来华文化考察（针对教育官员、议员等高端人群）、来华文化研修（针对师资等）和来华夏/冬令营（针对大中小学生）等。对于在海外本土实施的文化活动，鼓励海外民众积极参与，基本不会收取费用，人数增加不会对已参加活动的人产生太大影响，活动的非竞争性和非排他性比较明显。而对于短期来华文化活动，由于成本相对较高，活动人数受到限制，再加上大部分活动的费用不需要本人支付，因此具有竞争性和非排他性。

6. 合作研究

将科学研究项目按照公共产品属性进行分类，主要可以分为公共产品类科研和非公共产品类科研两类项目，这是两类明显具有不同经济特征的研究活动，非公共产品类科研经济收益动机非常明确，一般都设定了收益率、投资回收期、市场占有率等经济指标；公共产品类科研则没有经济和商业目标，不具有任何经济动机，或者是期望取得经济报酬的动机已明确但仍没有形成很明确、具体的经济或商业目标（周莹莹、齐文春，2008：115）。"孔子新汉学计划"项目资助类型包括博士学位资助项目、短期来华合作研究项目、中华文化书籍出版项目等，显然属于公共产品类科研项目，具有显著的非竞争性和非排他性。

（二）组织中外交流活动

按照《孔子学院章程》等有关规定，孔子学院提供中国教育、文化等信息咨询，开展中外语言文化交流活动等，都是和传统文化或当代中国的交流紧密相关的，具体细分的内容如表1所示。

表1 孔子学院的传统文化交流与当代中国交流活动概览[①]

类型	形式	活动地点	主要内容
海外活动	文化课程	孔子学院	传统文化专题活动 传统文化综合活动 当代中国专题活动 当代中国综合活动
	小型文化活动	孔子学院、社区	
	中型文化活动	孔子学院、社区、所在地区和国家	
	大型文化活动	所在国家、所在洲	
来华活动	文化考察	中国国内	
	文化研修	中国国内	
	文化夏/冬令营	中国国内	

① 资料来源：根据孔子学院总部/国家汉办网站整理。

根据孔子学院总部近年来发布的《孔子学院年度报告》,以上各类文化活动在近五年来每年都保持很高的增长速度(见图1)。这些文化活动的受众也从2006年的22万人,增长到2012年的900多万人,2013年和2014年同样保持在1000万人左右(见图2)。

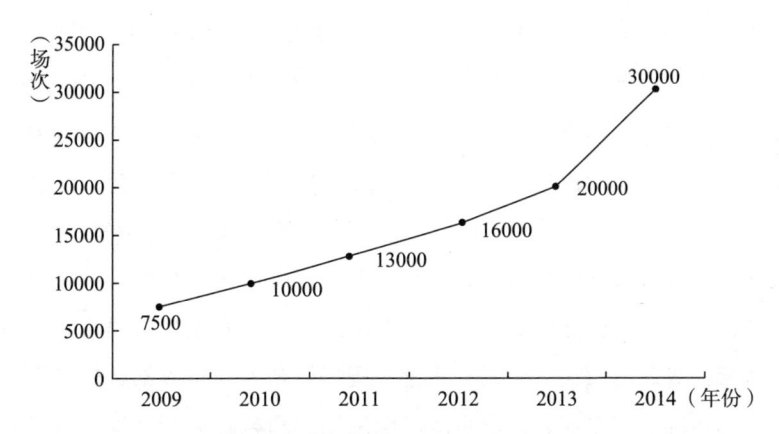

图1 全球孔子学院文化活动数量统计(2009~2014年)
资料来源:《孔子学院年度报告》(2009~2014年)。

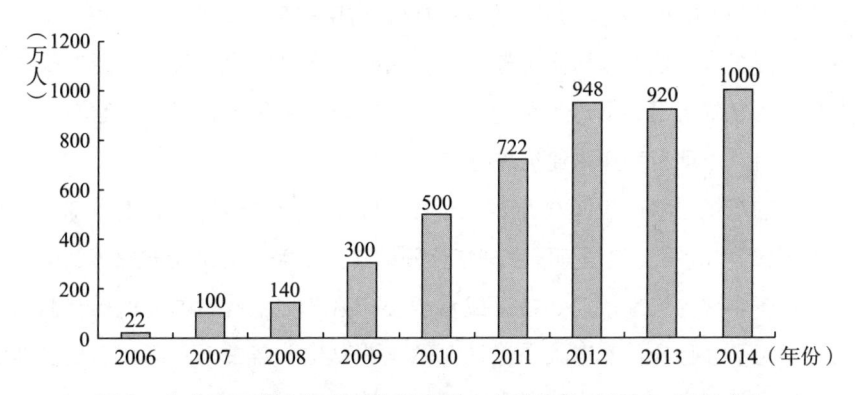

图2 全球孔子学院年度文化活动受众人数统计(2006~2014年)
资料来源:《孔子学院年度报告》(2006~2014年)。

(三)进行跨领域跨组织协调

公共事务治理的跨部门协调指对那些涉及政府多个部门、企事业单位、中介组织和社会组织等多元化主体的公共事务协调。随着全球公共事务的发展,对公共事务治理的复杂性也在不断增加,在参与主体、政策法律、管理过程以及管理目标等方面,都出现了多元化的趋势,因此带来了更高的进行协调的要求。能有效解决协调过程中存在的各种问题,是提高公共事务治理效率和有效性的一项基础性任务。

孔子学院是新兴事物，最初的建设离不开孔子学院总部、国内外承办机构的资源投入。近年来，随着孔子学院办学规模的扩大和组织机构的完善，理事会、中外方院长、汉语教师、捐赠者、当地政府等角色不断充实完善，成为孔子学院的利益相关者（王彦伟，2013：74）。尽管这些相关者包含了个人和组织两大部分，但是以组织名义参与孔子学院的现象仍占较大比重，尽管部分人员以个体的形式参与，但是他在一定程度上也代表了其利益群体或利益组织。通过孔子学院建设及其项目运行，将这些利益相关组织联结在一起，促进他们有效协作，是实现孔子学院治理功能、提升公共事务治理效率的重要途径。

按照孔子学院参与组织的国界特征，孔子学院协调的组织可以分为中国的组织、外国的组织和国际组织。其中，中国的组织主要包括六类。第一类是有关的国家部门等政府部门，包括教育部、国务院侨办、财政部、外交部、国家发改委、商务部、文化部、国家新闻广电总局、国务院新闻办等；第二类是遍布在世界各国的中国使领馆；第三类是国内的主流媒体（电视台、电台、报纸、网络媒体等）；第四类是承办孔子学院的有关省市教育主管部门和高校；第五类是各类中资机构，他们以资金捐赠、实物捐赠、产品供给、项目承接等多种方式参与孔子学院建设；第六类是社会组织，主要是文化公益组织，他们以孔子学院为平台、以项目合作为途径进行文化对外交流。

外国的组织也对应包括六类。第一类是有关的国家部门（如教育部、外交部、文化部等）；第二类是其国家驻华使领馆；第三类是当地主要媒体；第四类是承办孔子学院的当地政府、社区或者学校；第五类是各类本地机构，他们通过课程学习、项目合作等形式与当地孔子学院发生业务关系；第六类是当地的社会组织，他们会和孔子学院联合实施一些交流活动。

孔子学院与国际组织合作的案例也很多。如孔子学院与联合国教育、科学与文化组织（以下简称"联合国教科文组织"）联合发起有关儒家文化的论坛、联合国教科文组织到孔子学院的考察交流、自2009年起孔子学院总部每年派老师到联合国来协助中文语言培训和教学等。孔子学院与歌德学院、英国文化委员会、法语联盟等世界主要语言推广组织也保持着紧密的业务联系，一方面，孔子学院总部与其他语言国际推广机构保持着总部层面的沟通，另一方面，很多国家的孔子学院都与当地的语言推广机构开展了各种形式的交流与合作。

（四）影响所在国政策、参与地区治理

孔子学院在汉语教学和文化传播方面的努力，影响了很多国家的政策制定，并逐渐在地区治理中扮演越来越重要的角色。

首先，在孔子学院的影响和努力下，英国、瑞典、爱尔兰、南非、泰国等几十个国家通过颁布政令等形式，把汉语作为外语必修或选修课，纳入当地国民教育体系。

其次，将召开孔子学院地区联席会议进行制度安排，并根据发展需要，逐步在孔子学院较多的国家或地区成立孔子学院地区中心。目前，孔子学院地区联席会大多以大洲为单位，按照年度召开，为孔子学院提供了信息交流与资源共享的机会。

而孔子学院地区中心，在原有孔子学院国家代表处（如驻泰国代表处）运行经验的基础上，刚刚起步建设，旨在为当地政府了解孔子学院宗旨和活动提供公开、可靠的信息来源；与当地媒体和社会开展沟通与合作，增进公众对孔子学院的了解；促进当地孔子学院之间的交流与合作，并提供各种服务与评估等。

最后，孔子学院成为中国公共外交的重要内容，在一定程度上影响国家外交政策。

孔子学院拓展了中国外交的空间，为中国与世界其他国家的双边外交提供了新的舞台，有利于发展中国与外国的友好关系。中国政府支持的教育文化交流活动虽然从20世纪50年代开始就已经存在，但长期以来中国外交的重点一直是外国政府和官员，对外国公众尤其是普通公众的关注不足。以汉语教学活动为主的孔子学院的设立，拓展了中国外交的空间，为中国与其他国家的双边外交提供了新的舞台。

四　孔子学院全球文化治理功能的保障

尽管孔子学院以文化和教育的身份属性参与全球文化治理并发挥出积极影响，但西方国家将孔子学院意识形态化的行为却屡有发生。产生这种行为的原因很多，究其主要原因，可分为两个方面。一方面，在中国崛起的西方叙事和研究范式中，"中国机遇论"和"中国威胁论"始终并存（潘成鑫，2016：42~44），西方国家既希望通过孔子学院学习汉语和中国文化、了解中国并增加

合作机会，又担心孔子学院影响自身的核心价值理念；另一方面，在中外合作办学模式、项目运行透明度、中国官方背景和支持等具体运作问题上，西方国家对孔子学院的非营利组织运作模式提出质疑和批评。对于前者，"中国机遇论"和"中国威胁论"此消彼长，反映了西方国家自身的矛盾心理和内部冲突。对于后者，则可在认识世界语言文化推广机构自身规律的前提下，加强孔子学院自身的治理，以期更好地实现孔子学院的全球文化治理功能。

对孔子学院自身的治理，一方面需根据孔子学院的自身特点，建立"总部-地区中心-孔子学院"三级治理结构，明确孔子学院利益相关者责权利关系；另一方面，在一般性非营利组织治理的基础上，充分考虑孔子学院建设运行模式的特殊性，制定其治理措施。

（一）孔子学院的治理结构

尽管治理结构的核心是孔子学院，但围绕这一核心，治理结构在纵向和横向都需要进行广泛拓展。在纵向上，形成以"总部-地区中心-孔子学院"为链条的多级"委托-代理"式治理结构（如图3）；在横向上，又分别以总部、地区代表处、孔子学院为纽带，与相关的政府部门、非营利组织、中资外资机构建立合作式治理结构（如图4）。这种纵向和横向治理的交错，形成具有明显特征的网络治理，能够实现孔子学院自身治理结构的完善和治理功能的优化。

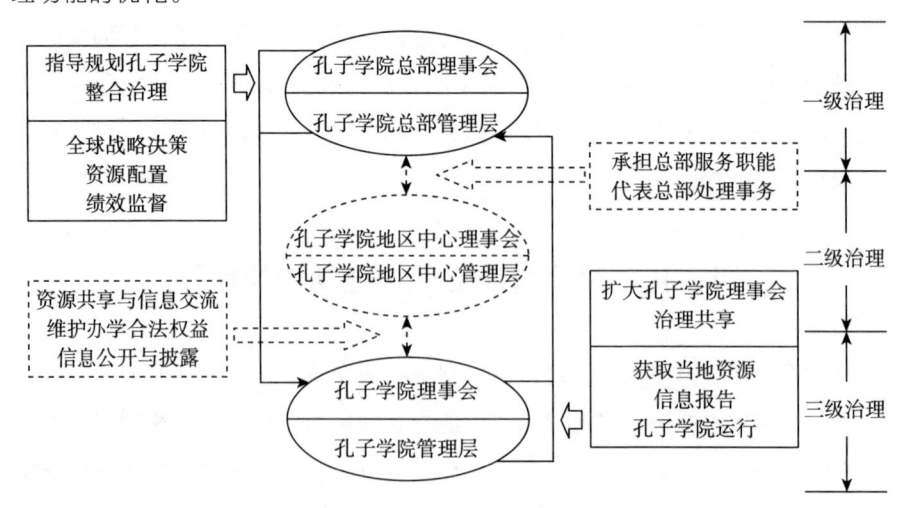

图 3 孔子学院委托-代理式治理结构

注：虚线部分不是必需内容。

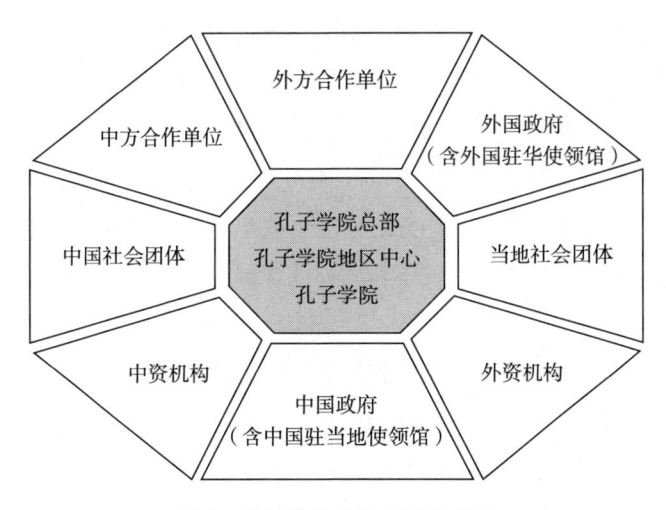

图 4 孔子学院合作式治理结构

通过以上分析可以发现，治理结构显然是个关键的制度问题。孔子学院自身的治理结构表现在多个方面。从宏观体制来看，体现为治理结构的设立、责权利的分配，如纵向上，总部、地区中心与孔子学院的责权利的划分；横向上，参与孔子学院建设的官方组织、社会组织和市场组织责权利的划分等。从微观管理体制来看，大到一项全球性孔子学院品牌项目（如全球孔子学院日、汉语桥项目、三巡项目）的制定，小到一个孔子学院日常的文化活动（如海外中国文化周、文化讲座、小型研讨会）等，都涉及不同的利益相关者，都存在一个治理结构的问题。可见，研究孔子学院自身的治理结构问题是十分必要的。

（二）孔子学院的治理措施

治理功能的有效发挥，依赖于组织自身治理的效率和效果。鲍勃·杰索普（Bob Jessop）等根据需要协调的行为系统的类型将自组织分为三类（杰索普等，1990：35）。（1）人际关系的自组织。在人际关系网络中，个人代表其本人或其职能系统，但不要求特定的机构或组织承担义务。（2）组织间关系的自组织。以各组织有利益共同点、都掌握着必需的独立资源为基础，以各组织之间的谈判和正面协调为手段。（3）系统关系的自组织。以降低噪声干扰和进行负面协调为基础。这三种自组织治理形式常在错综复杂的等级体制中相互联系。人际的信任使组织间的谈判较为顺利；组织间的对话促进系统之间的沟通交流；噪声干扰的减少又可通过增进相互理解和增强信心而促进人际的信任。自组织理论的发展为孔子学院的组织治理提供了理论基础。

孔子学院相对于一般性非营利机构，乃至世界主要语言文化推广机构，存在很大的不同，体现在以下三个方面：一是孔子学院由中外合作办学，孔子学院同时具备中外方两个院长；二是孔子学院大都由总部委托中方机构（省级教育主管部门或中国高等院校）与外方机构（外国高校、外国政府机构或社区）共同建设，总部、中方院校、外方院校三者的相互制约、相互依存是孔子学院稳定发展的关键；三是孔子学院所处的外部环境受国家之间关系和国家外交等因素影响。

自组织和自主治理理论为描述和解决以上因孔子学院特殊性带来的问题提供了新的解决思路。就自组织而言的治理，尽管目前主要研究对象仅限于组织与组织之间，然而，实际的这三个层次——人际的、组织间的和系统间的，与孔子学院自身治理的特殊性内容是完全契合的：人际的自组织主要针对孔子学院中外方院长的关系；组织间的自组织主要针对孔子学院总部、孔子学院中方承办机构、孔子学院外方承办机构三者；系统间的自组织主要针对中外方国家之间的关系。

这三个层面的治理关系具备共同的理论基础，即：治理的网络方式强调了"声誉、信任、互惠以及相互依存"。因此，网络是市场和等级制的替代，而不是二者的混合，而且网络拓宽了公共、私人和自愿部门的边界。"如果说价格竞争是市场的核心协调机制、行政命令是等级制的核心机制的话，那么信任与合作则是网络的核心机制"。更重要的是，治理的这种用法也表明网络是自组织的。在最简单的意义上，自组织意味着一种自主而且自我管理的网络。网络关系的特点是互惠与相互依赖，而不是竞争（罗茨，2000：95）。具体到三种关系，分别如下。

一是关于人际（中外方院长）关系的自组织：信任与相互学习是关键，中方院长具有教学优势，可以与中方教师和中方志愿者保持良好的沟通，可以与当地中国使领馆、孔子学院总部保持紧密的联系；外方院长熟悉办学环境和当地法律法规，可以与外方教育主管部门、高校、社区、社会组织、当地媒体保持良好的沟通。双方都应该认识到对方的优势和长处，建立信任，把工作重点由"谁说了算"的问题转向"谁应该做什么"的分工中。

二是组织（总部、中方机构、外方机构）间关系的自组织：这中间有委托代理关系（总部与中方机构、总部与外方机构），又有合作关系。按照传统理论的观点，体现出四个关键词：利益共同点、独立资源、谈判、正面协调。

对应到孔子学院的三个建设主体，则体现出以下四个原则：尽管各自的利益需求不同，但是目标相同，只有实现目标，才能满足各自的需求；各自掌握的专业资源不同，但要想实现目标，各自都应该投入资源，进而发挥资源协同和集成优势；沟通与谈判是必要的，通过两两之间的谈判和博弈实现局部均衡，进而才能实现整体均衡；在可接受的范围内，积极采取各项适应性措施，以利于合作顺利进行。

三是系统（国家）间关系的自组织：把孔子学院放在整个国际环境、外交环境、语言文化交流环境中来看，国家与国家间关系也会对孔子学院的发展产生重大影响。经典理论中的"以降低噪声干扰①和进行负面协调②为基础"，对应到国家之间的关系，也体现在两个方面：为了降低噪声干扰，国家与国家之间主张通过对话来解决分歧，求同存异，通过理解对方的文化和思维方式来理解对方国家的行为；为了进行负面协调，在制定国家政策、实施国家战略时尽量不伤害对方国家的利益，以求得长期稳定发展。

以上三个方面，是基于孔子学院特殊性提出的孔子学院自身治理三项重要内容。三者也是相互关联的，中外方院长的信任使总部、中方机构和外方机构间的谈判较为顺利；三方对话促进国家之间的沟通交流；对话和沟通交流又可通过增进相互理解和增强信心而促进中外方院长的信任，这是一个良性的循环，而且是螺旋上升的。

五　结论

对孔子学院治理功能的研究首先是在全球化、共同体的产生与发展，以及中国积极转变国家角色、参与全球治理的大背景下进行的。由于历史原因，在本土上进行跨国合作一度成为中国参与全球治理的基本方式。孔子学院突破了原有的形式约束，以主动走出去的形式为中国寻求新的国际角色和责任。

本研究主要回答了三个问题。第一，孔子学院的全球文化治理功能是如何产生的？第二，是如何实现的？第三，为了实现这种功能，孔子学院自身如何

---

① 指通过对话而不是把一个优势系统的道理和逻辑强加给其他系统。
② 指考虑到自身行动对第三者或其他系统有不良后果，从而适当地自我约束。

治理？孔子学院传播内容的语言和文化属性、孔子学院的国际非营利性、孔子学院的教育属性等方面回答了第一个问题；根据非营利组织参与全球治理的主要方式对孔子学院的功能进行了对比研究，回答了第二个问题；基于孔子学院自身特殊的组织结构和建设运行方式，研究孔子学院的治理框架和治理措施，回答了第三个问题。

孔子学院参与全球治理的途径及其自身的治理方式，为非营利组织承担全球社会公民责任、积极参与全球治理提供了借鉴。主要表现在以下三个方面：一是发挥行业和专业优势，积极提供全球公共产品和地区公共产品；二是实施在地化战略，形成不同性质、不同层级的利益相关方的联结网络，构建公私合营伙伴关系（Public - Private - Partnership，PPP）①；三是加强自身的治理，通过公共事务的自组织和自主治理，发挥非营利组织和公民社会优势，提高运行效率。

然而，孔子学院研究本身就是一个跨学科的综合性命题。同时，关于治理的研究，经济学、政治学、法学、管理学、社会学等领域的相关人士都进行了不同的学科解读与建构。因此，关于孔子学院治理功能的实现过程机制、孔子学院自身的治理机制等，都是值得进一步研究的命题。

参考文献

中共中央编写组（2013）：《中共中央关于全面深化改革若干重大问题的决定》，北京：人民出版社。

〔英〕鲍勃·杰索普等（1990）：《治理的兴起及其失败的风险：以经济发展为例的论述》，《国际社会科学杂志》（中文版），（01）。

李军、田小红（2015）：《中国大学国际化的一个全球试验——孔子学院十年之路的模式、经验与政策前瞻》，《中国高教研究》，（04）。

连大祥（2012）：《孔子学院对中国出口贸易及对外直接投资的影响》，《中国人民大学学报》，（01）。

〔美〕罗伯特·罗茨（2000）：《新的治理》，转引自俞可平编《治理与善治》，北

---

① 公私合营伙伴关系（Public - Private - Partnership，PPP），原指政府及其公共部门与企业之间结成伙伴关系，并以合同形式明确彼此的权利与义务，共同承担公共服务或公共基础设施建设与营运。孔子学院构建的海内外利益相关方网络，在某种意义上也是一种 PPP 关系。

京：社会科学文献出版社。

〔美〕约瑟夫·奈（2016）：《美国世纪结束了吗》，〔美〕邵杜罔译，北京：北京联合出版公司。

宁继鸣（2008）：《语言国际推广：全球公共产品和国家公共产品的二重性》，《文史哲》，（03）。

宁继鸣、马晓乐（2010）：《传播的视角：国际汉语教育的社会价值探析》，《国际汉语教育》，（02）。

〔澳〕潘成鑫（2016）：《国际政治中的知识、欲望与权利：中国崛起的西方叙事》，张旗译，北京：社会科学文献出版社。

邱东、徐强（2004）：《全球公共品视角下的 SNA》，《统计研究》，（10）。

〔美〕入江昭（2009）：《全球共同体——国际组织在当代世界形成中的角色》，北京：社会科学文献出版社。

〔美〕保罗·萨缪尔森、威廉·诺德豪斯（1996）：《经济学》，代光译，北京：北京经济学院出版社。

王彦伟（2013）：《孔子学院的利益相关方及其互动关系：一个分析框架》，《云南师范大学学报（对外汉语教学与研究版）》，（04）。

吴瑛（2012）：《中国文化对外传播效果研究——对 5 国 16 所孔子学院的调查》，《浙江社会科学》，（04）。

徐崇温（2006）：《非营利组织的界定、历史和理论》，《中国党政干部论坛》，（05）。

叶江（2010）：《全球治理与中国的大国战略转型》，北京：时事出版社。

赵跃（2014）：《孔子学院教育功能研究》，山东大学博士学位论文。

周莹莹、齐文春（2008）：《公共产品类科研项目的分类及定价体系研究》，《产业与科技论坛》，（07）。

Practice of Global Cultural Governance Function of Non-profit Organizations

—A Case Study on the Confucius Institute Program

Wang Yanwei

[**Abstract**] The Confucius Institute is an international non-profit educational organization set up by China overseas to teach the Chinese language and disseminate Chinese culture. After over a decade's development, it has become a physical platform for comprehensive cultural and educational exchanges, and an effective carrier for China to strengthen its own discourse system and actively participate in global cultural governance. Based on the public goods theory and self-organization theory, the author analyzed the implementation path and safeguard mechanism of the global cultural governance function of the Confucius Institute, and found that the global cultural governance function of the Confucius Institute is shown in four aspects: providing global public goods, organizing Chinese and foreign exchange events, coordinating across fields and organizations, and influencing the policies of the host country while participating in regional governance. The Confucius Institute itself also needs to build a three-level governance structure involving "Headquarters-Regional Centers-Confucius Institutes", so as to realize the self-organization and self-governance of the stakeholders of the Confucius Institutes at different levels. The innovation practice of the Confucius Institute has explored the effective path for non-profit organizations to actively participate in global governance, and can provide certain insight to other institutions and programs.

[**Key words**] Non-profit Organization; Global Governance; Global Cultural Governance; Confucius Institute

(责任编辑: 郑琦)

政府购买社工服务对政社分开作用的制度比较

——基于台湾与大陆的社会服务案例

郑杰榆[*]

【摘要】 本研究是一项关于"政府购买社工服务对推进政社分开作用"的探索性研究，案例选择广州市与台北市具有相似服务性质与政策程序的政府购买项目"家庭综合服务中心"（以下简称家综）进行比较，以深入的质性访谈资料与问卷为依据，深入三个层次、十个维度比较两个案例，分析政府购买社工服务推进政社分开的作用。研究发现广州市与台北市有两个维度相同，八个维度相异；以社会资本理论归纳，正是相异的维度促成了两岸政社分开与政社难分的不同路径发展。大陆政社难分的表象是当前政府购买社工服务实际上为推进政社分开形成了实践悖论，分别为"政府的政策悖论"、"社工机构的价值悖论"以及"社区公民性的发育悖论"，本文归纳了两地制度比较结果，分析大陆当前实践悖论的成因，并提出对应的三个逻辑转型。

【关键词】 政府购买社工服务　政社分开　社会资本

---

[*] 郑杰榆，管理学博士，台湾政治大学社会科学学院兼任助理教授，主要从事政府购买社工服务、社会资本和 NGO 管理等研究。

引 言

中共中央于十八大提出深入推进政企分开、政资分开、政事分开、政社分开的趋势。2013年9月26日出台的《国务院办公厅关于政府向社会力量购买服务的指导意见》在"改革创新，完善机制"基本原则中提及"坚持与事业单位改革相衔接，推进政事分开、政社分开，放开市场准入，释放改革红利，凡社会能办好的，尽可能交给社会力量承担"，与台湾在2000年前后提出"民间能做的政府就不要做"的政策导向几乎重合。

然而相较于多数国家推动政府购买的民营化脉络，大陆的政府购买服务被赋予多重政策目标，除了回应政府推动公共服务的效率原则，还包含"培育社会组织""推进政府职能转移""推进事业单位体制改革""行业协会政社分开"等功能。本文选择政府购买社工服务当中，政社边界最容易混淆的综合型服务项目为案例，从政府购买社会工作服务（以下简称政府购买社工服务）源起的社会经济环境、制度设计的整体结构、民间社工机构体现的价值以及作为政策工具、政府购买社工服务对于推进政社分开的作用等多个角度，对广州市与台北市的案例进行了比较研究。主要探讨以下三个具体问题：经济社会发展到什么样的阶段，才有可能使得政府开始推动政府购买社工服务？在政府购买社工服务的实施过程中，政府部门与社工机构的政社关系发展有哪些异同？政府购买社工服务如果能促进政社分开，需要具备哪些前提条件；若是不能，又可能是因为缺乏了哪些前提条件？

一 目前相关研究状况与局限

（一）缘由：政府购买服务政策的出台脉络与功能辩证

现有研究对于"政府为何购买社工服务"的一个基本共识是，当今政府面临四个方面的不足：一是提供公共产品与服务效率低下，公众不满；二是新公共管理运动的兴起与发展；三是社会组织自身不断发展和完善；四是社会大众公共服务需求不断增长。本研究的对象内容属于购买公共服务中的"社会工作服务"，针对性更强，并牵涉两个维度：一是因应福利国家转型的福利多元主义，另一个是民营化（或称私有化）。

台湾的福利政策与购买社工服务在 2000 年政党轮替时达到一个高峰，当时主政者强调"大有为政府的时代已过去，我们应该加速精简政府职能与组织，积极扩大民间扮演的角色，让民间的活力尽情发挥，以大幅减轻政府的负担"。于是台湾大量的政府购买社工服务有了政策推力的支持，"新管理主义"在政府部门被强烈推广执行至今。而大陆的社会福利发展，则进入了从"摇篮到坟墓"一系列的基本公共服务体系（见图1）的福利国家雏形；根据王绍光对大陆社会福利的详细考察，在过去10余年的时间里，中国连续跨过三道门槛，现在正在追赶俄罗斯与巴西目前的水平（王绍光，2013：70～95）。当前大陆已经基本符合所谓福利国家的四个特征，即"国家或政府介入市场经济"、"以社会保障每一国民最基本的需求满足"、"福利成为一种法定的社会权"以及"国家提供强制性、集体性与非差别性的福利措施"。

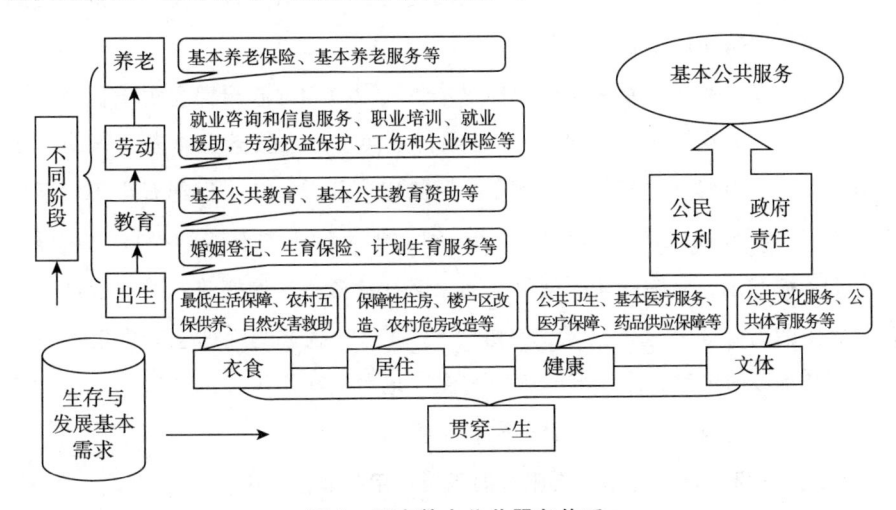

图 1　国家基本公共服务体系

正是在这个大背景下，2013年下半年国务院出台的《国务院办公厅关于政府向社会力量购买服务的指导意见》提出："与人民群众日益增长的公共服务需求相比，不少领域的公共服务存在质量效率不高、规模不足和发展不平衡等突出问题，迫切需要政府进一步强化公共服务职能……政府向社会力量购买服务，就是通过发挥市场机制作用，把政府直接向社会公众提供的一部分公共服务事项，按照一定的方式和程序，交由具备条件的社会力量承担，并由政府根据服务数量和质量向其支付费用。"

那么，当年西方福利国家僵化的服务输送体系，用大量购买的方式解决了哪些问题，又制造了哪些问题呢？在大陆，长期不在主流范围的民办社工机构突然借此浮上了台面，这些机构能够在政府购买中担当福利多元主义的服务主体工作吗？政府购买社工服务是买了服务，还是一并也买了机构，使得社工机构成为政府的延伸而更加政社不分？作者这样的推测并非凭空臆测，检视中国千年来的民情，"自我管理的社会"是缺乏的。托克维尔提出民情（moeurs）即"一个民族的整个道德和精神面貌"（托克维尔，2005：359）。梁漱溟在中国村社自组织的基层中深有感触，"中国人切己的便是身家，远大的便是天下了。小起来甚小，大起来甚大"（梁漱溟，1990：5）。所谓"没有自我管理的社会"意味着中国的民情看待任何社会问题都是"政府该管的事"，本研究访谈验证了上述民情确实仍然存在，即便是如广州这样发达的大城市也普遍有这样的现象：从前家庭吵架这种私领域的事要找居委会，现在对门垃圾没放好也要找居委会或是政府购买社工服务的家综。

台湾的政府购买服务经验也同样显示，若只是因为政府自身组织再造、人事精简推出"为买而买"，可以想见结果仍是换了一个服务主体去"帮助"民众解决问题，而难以"培育"出属于社区的自治能力。二十世纪五十年代至七十年代政府包揽社区事务，效益不佳。到七十年代末政府逐渐推展"赋权社会"的各式政策，开始逐渐积累自下而上的社会资本，例如政府的岗位社工进入社区协助去行政化的"社区发展协会"、以"社区营造"理念全面培养社区领袖与结社议事机制、以"多元就业方案"培育社会组织发掘社区产业潜力等等，方打造出台湾今日社会自治自律的发展。

（二）作用：政府购买社工服务的积极作用与消极作用

政府购买社工服务涵盖的范围包含了政府、社工机构与接受服务的公民三个主体。已往研究多半是在西方国家政社分开的前提下，提出实施政府购买政策后，对于购买者、承担者与使用者三方分别形成了哪些影响，但是缺乏反向将政府购买此政策工具对推进政社分开作用的研究，这也是大陆社会情境的发展阶段下特殊的命题。本节梳理三方主体在政府购买服务中接受到的积极与消极作用，并探讨有哪些作用对当前以政府购买服务促进政社分开有所影响。

1. 政府

积极作用主要可以分为"效率"、"弹性"与"创新"。萨拉蒙（萨拉蒙，

2008：1~47）提出世界各国政府都感受到了社会组织因为规模相对较小，能够反应更灵活，可以提高社会服务的质量。如果所处的社会环境具有足够的募款空间与志愿者文化，社会组织能够动员的资源以及解决棘手问题时所设计的创新方法都能更早识别需要解决的问题，促进"社会资本"与社会和谐。大陆研究显示，政府购买有利于实现政府角色转型、提高公共服务质量，对政府部门有示范作用，激发政府部门创新的潜能，对其责任意识、服务意识、行政成本核算意识和公民需求导向意识及其相关制度建设都有不同程度的强化。另外，中国特色的积极作用是政府购买成为事业单位改革的新途径，降低了财政成本，政府从购买"人"，转变为购买"事"，降低了财政成本，提高了公共服务的生产和供给效率（王浦劬，2010）。台湾的政府再造也受惠于政府购买服务，自2000年前后开始大量购买社会服务之后，政府"部会"在2012年从原本的37个缩减为29个，减幅27%。

购买服务对政府的消极作用，主要体现在管理能力、问责机制与合法性等方面的挑战。

（1）管理能力方面的挑战。购买属于权力转移与主体分散的协作关系，这使得政府必须要更深入细致地规划，而不能"一购了之"。契约的规划、过程的监督、激励以及具体支持等，都考验政府是否培养出与传统公共行政不同的能力。台湾的经验就显示出政府购买单位承办人力有限、负荷过重及行政监督与专业辅导经验不足的问题；另一方面福利服务因目标多重与复杂、服务技术难以精准测量、服务成效难以量化，以致不但政府对委托契约之监督管理难以落实，亦无法有效评估委托契约之执行成效（邱瑜瑾，2005：90~108）。另外，因为本案例中的综合型项目购买牵涉到房舍建照、装修等专业问题，对政府部门而言，如果选用非相关专业人员，过程中很容易增生行政成本、浪费公帑（江明修，2001：15~43）。大陆的案例研究也显示，常见服务评价和监管体系缺失，导致服务成本难以控制，原因来自于政府人员自身专业性不足。横向职能部门与目前大量因政策而催生的社会组织有着千丝万缕的联系，复杂的利益纠葛使监管显得非常乏力（王浦劬，2010；杨团，2013：1~2；朱静君，2014：4~5）。

（2）问责方面的挑战。由于执行细节更多的在社会组织手中，"委托—代理理论"指出政府必须兜底负责，这一方面挑战了政府与合作组织的关系，另一方面也形成一种依赖。台湾政府的购买经验中，就发生过几次政府需要购买却无单位承接的窘境，在无人承接的过渡期政府必须负担自行运营的成本与责任，而后再修改购买条件与民间单位协商（黄源协，2006：1~25）。大陆目前由于购买经验时间较短，常见问责挑战在于购买标准不够清晰，究竟政府职能的边界在哪还需要进一步厘清。另外，案例调查中显示有的社会组织所有费用都向政府报销，导致政府支付了一些本来不应该支付的费用，公私混淆浪费资源，凸显了政社不分的现实。

（3）合法性方面的挑战。意指政府将服务外包导致自身的合法性受到质疑。这方面的挑战，在相对独立、发达的国家或地区的多数社会组织中比较常见，大陆社会组织官民二重性的现状反而避免了这一挑战，却也削弱了促进政社分开的作用。实证研究指出，许多社工机构是地方政府发起或者倡导成立的社会组织，大量应政府购买所设立的社工机构形成了一种购买服务内部性现象，社工机构变成政府部门的延伸（吕普生，2009：5~27；王浦劬，2010：126~135；朱静君，2014：3~5）。

2. 社工机构

购买服务对社工机构的积极作用包含了四点："增加了机构获取资源的渠道"、"锻炼了项目管理与运营能力"、"建立合作网络，从而提升了处理问题能力"以及"资源来源稳定，降低对外募资源的时间精力"。2005年一项对台北市承接政府购买与未承接的社工机构大规模问卷调查显示，最显著的效益就是机构的服务范围扩大与数量增长，得以聘用更多的专业人员以达到品质的提升。这一点与西方的文献较有差异，却与大陆的现状十分贴近。第二也是两岸较为相近的一点就是对于服务成果的科学化评估。由于华人文化中公益慈善观点强调善意与爱心，较不重视科学化的成果衡量，但台湾近年来由于"全面品质管理"的思潮被引入社工机构，引发了组织学习的效应，也连带提升了公众对机构的信任（王浦劬，2010：38~39；邱瑜瑾，2005：90~108）。

消极作用则与国内外研究相仿，有三个最常见的风险：一是社会组织的"自主性与倡导性的丧失"，大陆的购买内部化现象，影响了社会组织的使命和特色，即高度风险；二是可能"丧失灵活性与创新"，由于购买服务当中有大量的行政工作要求，导致社会组织忙于文书作业以及可能形成官僚化，失去灵活性和创新能力（黄源协，2006：1~25；江明修，2001：15~43；萨拉蒙，

2008：1~47；王浦劬，2010：35~37）；三是社会组织的"金融风暴"，由于非营利的特征，政府的拨款与报销审批状况会对社会组织造成极大的影响。实践中常见延迟发薪甚至无法报销，台湾与大陆都出现过因为政府财政审批程序延迟，导致社会组织必须靠借贷来维持运营的案例（王浦劬，2010；康晓光、韩恒，2007：116~128；王名，2014：42~43）。

3. 社区公民

对于社区公民，政府购买服务的积极作用在国内外通常见包含"社会服务的选择权"、"服务的可近性（快速而有弹性）"、"服务的品质（细致、人性化）"、"建立社会资本的机会（较熟悉与亲近的社区网络）"。成熟的政府购买服务中，社会组织能够发挥的作用是动员市民和社区其他资源进行社会治理创新。这是因为社会组织创造新的结社资源或提供机会，使弱势或边陲群体也能参与社会公共事务，这种社会过程可以使弱势者学习到民主技巧与创造社会资本，主动地创造他们的生存环境，并积极发展市民众关心公共事务的潜能，促成民众整合入一个共享价值、义务与责任的社区共同体当中（帕特南，2001；Kretzman and Mcknight，1993；Schambra，1997：20~22；Clarke，2000：199~221）。

消极作用则是直接冲击接受服务者，社区公民受到政府购买社工服务的潜在风险包含"导入收费机制"、"因为评估指标导致更高的服务门槛"以及"水准不足的服务提供者"。而大陆当前面对服务对象最大的挑战就是来自"民众与居委会的不信任"，这是源自于多年累积社会文化。除了政府不容易相信其他组织，公众对于社会组织承接公共服务的不信任感也造成了公共服务购买过程中的额外成本（王浦劬，2010：123~144；康晓光、韩桓，2007：116~128；章晓懿，2012：50~53）。

（三）培育多元主体：政府购买政策对政社分开的主要作用

民政部自2009年至今，几乎每年都出台"推进与强化培育民间社工机构、政府购买民间社工机构服务"的政策。2014年两会的政府工作报告中"推进社会治理创新、注重运用法治方式、实行多元主体共同治理"划下多元主体来临的时代记号。而社会治理与善治（Good Governance）的关系十分密切。善治是具备合法性、透明性、责任性、法治性、回应性、有效性的政府作为和公民环境，为人民谋求最大福祉，让政、经、社各司其职、各展所长。

上述促进社区自治、共治的诉求与台湾的经验不谋而合。台湾在1987年后正式进入政社分开的历程，历经20多年孕育出当前多元包容、充满活力的公民社会。在社会治理创新一环，将基层民主自治提到了共同主体的位置，让人民进入到"民主的锻炼环节"。台湾邻里长制度以及社区中的发展协会等社会组织，类似大陆村（居）委会村原初的设定，都在强化社会自主管理与自我治理，使部分的公共责任与义务回到人民自身，以自治锻炼多元主体共同治理的能力，提升了社会组织与人民的地位。

综上，本研究所定义的"政社分开"，具体描绘为三个主体的变化："政府从全能政府转向有限政府，职能转移社会力量、改变自身服务边界"、"社会组织从附庸地位转向成为多元共治主体之一，以自身专业性与政府、社区共同协作"、"社区自组织、社区公民对社会事务能够从全部依赖政府转向部分自我治理"。根据上述政社分开的定义，当前大陆各类社会组织之间的网络体系和结构框架已初步成型，参与国家和社会治理的需求及动力日渐增强（王名等，2014：18~21）。然而长期以来，中国无疑处于一个国家强大于社会的局面，中国式的社会又不可以没有国家去加以组织。于是在当前各种政府推动社会建设的研究中经常发现："近年来的社会建设实践，有些是以压制或打击社会自主性的方式去建设社会。在轰轰烈烈的社会建设运动中，政府设立了许多负责社会事务的新部门、新机构，在一些社会领域中投入了大量的资金和人力，结果却是一个悖论的出现：社会不是越建越大，反而是越建越小。"（蓝煜昕，2012：5）

台湾也曾经历上述政府自上而下发育社会的历程，而且付出了不少的金钱与不短的时间代价。实践经验证明，政府购买政策要能够促成社会自治与共治，背后真正的议题是自身的改革开放以及配套政策的落实。

二 理论框架与政社分开指标

本研究将"政府购买服务"作为政策工具（自变量），"政社分开"作为政策目标（因变量），在对台北市与广州市案例充分调研的前提下，以"制度—结构"的分析路径，阐述两个变量之间的关系，并解释案例中出现的一系列现象。

（一）政府购买社工服务的三个比较层次：政策发展路径、政社间社会资本、实施的社会结构

在分析框架中，比较分析单元是广州市与台北市的政府购买家综项目，以

"以历史发展为基础的政府购买社工服务的政策发展路径"、"购买社工服务中政社间的社会资本"以及"实施购买服务的社会结构"三个层次，分析以政府购买服务推进政社分开的作用。分析单元的主要参与者是购买方政府、民间社工机构以及服务实施的社区场域；案例分析范围主要聚焦于政府购买社工服务过程中，社会资本对于政社关系的影响。

　　三个层次的比较分析维度体现如图2所示：包括了宏观、中观与微观的层次。

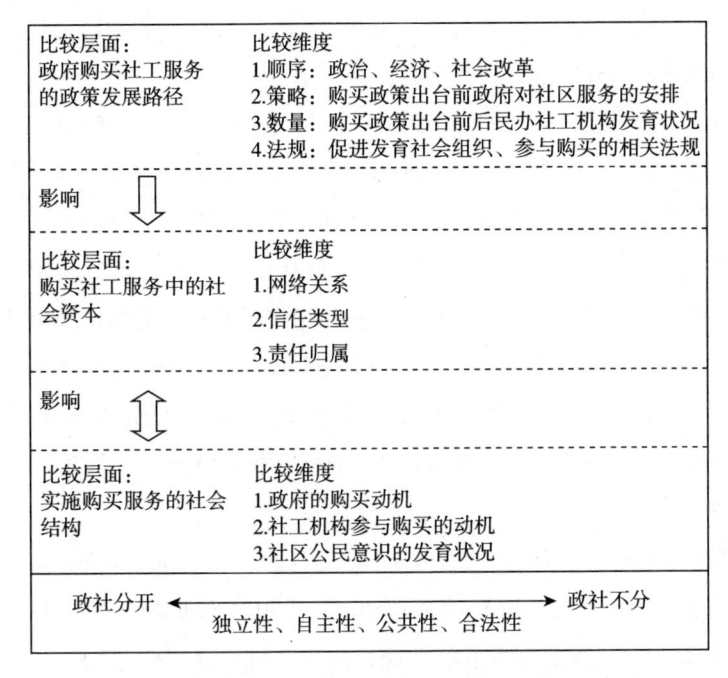

比较层面： 政府购买社工服务的政策发展路径	比较维度 1.顺序：政治、经济、社会改革 2.策略：购买政策出台前政府对社区服务的安排 3.数量：购买政策出台前后民办社工机构发育状况 4.法规：促进发育社会组织、参与购买的相关法规
影响 ⇩	
比较层面： 购买社工服务中的社会资本	比较维度 1.网络关系 2.信任类型 3.责任归属
影响 ⇕	
比较层面： 实施购买服务的社会结构	比较维度 1.政府的购买动机 2.社工机构参与购买的动机 3.社区公民意识的发育状况

政社分开 ←—— 独立性、自主性、公共性、合法性 ——→ 政社不分

图2　以政府购买社工服务促进政社分开比较分析框架

　　在第一层次，从公共行政的范式变迁视角检视政治、经济与社会发展如何影响"政府出台购买服务政策"的路径，以宏观与中观的视角比较分析顺序、策略、数量、法规等四个维度。在第一层次的基础上，第二层次是对当前广州市与台北市同类型政府购买社工服务项目的社会资本展开比较：从网络关系、信任类型与责任归属等三个维度进行分析。第三层次针对购买服务自身实施的社会结构，包含政府的购买动机、社工机构参与购买的动机以及社区公民意识的发育状况三个维度进行比较分析。政社关系的互动来自于过往许多政治意识、经济政策与社会重大事件等影响，绝非独立存在之现象。

（二）政府购买社工服务中的政社分开评价指标

通过上述不同层次与维度的比较，可以了解当今广州市与台北市的政社关系发展，以及形成今日互动关系背后原因要素。这些要素的存在，有助于解释"政府购买社工服务"这一政策工具，对于发育社工机构，提升其主体地位、推进政社分开产生了哪些作用。具体政社分开的四个评价指标根据三个前提设置，前提一是政府从全能政府转向有限政府，部分职能转移到社会力量、改变自身服务边界；前提二是社会组织从附庸地位转向成为多元共治主体之一，以自身专业性与政府、社区共同协作；前提三是社区自组织、社区公民对社会事务从全部依赖政府转向部分自我治理。

检视大陆推进政社分开的政策过程阶段，第一阶段是自1983年第一次基于农村经济改革至今，依附式的发展使得政社之间一直难分难舍；第二阶段是经济职能转移的社会团体与政府脱钩。1998年中办和国办以"两办"的名义转发民政部等部委的《关于部门领导同志不兼任社会团体领导职务问题的通知》，要求党政机关与社会团体在人事关系、职能定位以及相应的财政归属等方面要分开；第三阶段是政府职能转变与社会关系的重构。从2004年开始至今，尤其是2013年十八届二中全会通过的《国务院机构改革和职能转变方案》，更是深入推进政企分开、政资分开、政事分开、政社分开的最新的一次改革。（胡仙芝等，2014：57～61）。

台湾的过程则是社会组织自1987年之后开始进入一种自下而上与自上而下同步生长的阶段，而政府购买服务自20世纪80年代推出政策主导，再加上"政府再造"精简人事的需求推波助澜，截至今日社会组织已经成为台湾公众日常生活的一部分。而大陆长期以来的大政府作为，让社会组织与公众之间有一定的距离与不信任感。广州市政府自2010年倡导贯彻"小政府、大社会"的改革思路，其政府购买服务最具代表性的家综即为一例。为了因应政府社会职能转移需求大幅成长，政府部门带头鼓励成立社会组织承接社会服务，该过程中除了原来已经存在的社会组织，营利组织、政府自身成立的社会组织也纷纷出现，尤其是政府自身成立的社工机构，受到利益、习惯、体制等因素的影响，许多政府部门一边谈着要职能转变，一边却自立社会组织承接自家业务，形成政府和准政府组织掌握多数资源，职能资源在内部循环的封闭局面，形成推进政社分开过程中无形的屏障。随着政府干预力度加大，形成了一种"干预原本是为了能够不干预,却变成必须一直干预"的怪圈(余冰,2007:35;郑琦,2010:98;蓝煜昕,2012:145)。

那么,政府购买服务政策作为一种干预公共服务输送体系、发育社会组织以及促进政社分开的工具,如何干预才能够确保不重蹈上述怪圈的循环呢?本文根据政社关系文献综述提出初步评价政社分开的四个指标(见表1),包含:(1)管办分离的"独立性",政府与社工机构均为自我内部治理的独立主体;(2)专业能力的"自主性",作为提供高质量社会服务的代理者,社工机构有能力发现社区的实际需求、发起与政府的对话,以协商修正服务内容;(3)价值体现的"公共性",社工机构的非营利与公益使命,都必须把公众的福祉作为最优先的考虑,而非服务于政府的要求(如果与公众福祉有相矛盾之处);(4)"合法性"是组织存在于社会并被承认的重要象征,也是成为共治主体的必要条件之一,政府存在的合法性毋庸置疑,而社会组织也同样需要这种毋庸置疑的合法性。本文以这四个指标对案例政社分开状况进行初步评价。

表1　政府购买服务中政社分开的评价指标

评价指标	要素	具体行为
独立性	管办分离	1. 政府人员不在民间机构任职 2. 政府需经过正式程序商议,才能临时增加契约外的工作
自主性	专业能力	社工机构能够根据社区实际需要,通过正式协商程序改动服务内容
公共性	公共价值	社工机构主要服务于公众,有参与公共议题的正式机制
合法性	身份认同	社区公众能够分辨政府与社工机构的属性差异

三　数据收集与比较分析结果

(一)调查点选取与研究方法

根据民政部统计,2014年全国政府购买社工服务达到21亿元,较2013年增长35%(民政部社会工作司,2015)。而广东省在积极响应、先行先试的基础上,自民政部2009年出台《民政部关于促进民办社会工作服务机构发展的通知》(民发〔2009〕145号)之后,在2009~2015年政府购买社工服务的资金规模累计达到40亿元(民政部全国社会工作推进会议,2016)。

广州市民办社工机构数量和累计投入购买社工服务财政资金数额两项指标

均为全国第一。因应着政府购买社工服务政策大幅铺开，从 2008 年全市只有 9 家民办社会服务机构发展至 2015 年共有民办社会工作服务机构 267 家。86 家民办社会工作服务机构承接政府购买社会工作服务项目，投入购买社工服务财政资金累计 14.34 亿元（广州市民政局，2016）。

台湾地区的案例样本同样是购买金额最高、实际服务的民办社工机构也最多的台北市。2014 年，服务于台北市的社工机构总共有 3031 个，2014 年整体购买社工服务金额约为 5600 万（台北市政府，2014）。长期以来由于经济资源的丰沛以及福利意识与专业公共行政人员的条件较佳，台北市无论是政府购买的历史长度、服务内容、质量，还是政策规划都是台湾其他县市，乃至香港、新加坡等地经常交流学习的城市。因此作为本研究比较研究的对象，有足够丰富的试错与成功经验，能够提供对照（见表 2）。

表 2　研究案例说明

案例	广州市家庭综合服务中心	台北市妇女暨家庭服务中心
购买方式	竞争性招投标	竞争性招投标
购买类型	综合型项目：除项目资金外，政府免费提供硬件，由民办社工机构运营	综合型项目：除项目资金外，政府免费提供硬件，由民办社工机构运营
契约特征	社会服务契约	社会服务契约
契约主体	区政府、街道办、民办社工机构	市政府、民办社工机构
服务内容	社区家庭、儿童、青少年、老人	社区家庭、妇女、儿童
区域代表性	全大陆民办社工机构最多、购买金额最大的城市	全台湾民办社工机构最多、购买金额最大的城市

本研究历时逾一年，作者多次往返广州与台北，采用问卷调查作为广州市的基本状况摸底调查并结合参与式观察与深度访谈法。问卷针对广州市发出 260 份问卷，回收 72 份；访谈根据数量比例运用立意取样（Purposive Sampling），合计访谈 32 位广州市（23 位）与台北市（9 位）政府购买社工服务中的政府部门与社工机构代表（总计政府与社工机构各 16 位，见附录 A）。问卷的部份进行次数分配、交叉比较与二元回归的分析，发现政府部门与社工机构虽然在同样的组织域中，但是对政府购买服务的政策意义、政社互动关系的理解以及当前面临的挑战与问题，观点几乎完全不同，政社双方认知差距极大，政社边界与分工几乎依靠个别探索，也因此问卷中的信息难以作为定量因果分

析采用。

本研究遵循个案取向的比较方法（Case-oriented Comparative Methods），将个案视为一个完整的实体，考虑其社会脉络、历史观察，发现个案之间的复杂性、差异性与一致性，并对历史的结果、过程做解释，以建立通则（林万亿，1994：125）。而比较研究通常解释相似性或是相异性的研究发现，本文从不同城市的相同政府购买案例入手，从中去比较政府购买对两个城市政社关系的作用，并找出其中相异性因素。比较历史的优点在于关照到个案整体性、特殊性与深入性，比统计方法更为精致，当然其限制就在于样本太少的时候，其概括性与推演能力受到一定限制。

本研究虽采取了定性与定量的资料搜集方式，但特别强调定性资料的运用。主要来自两个原因，第一是考虑两个案例中购买服务的主体数量差异，问卷的主要作用是针对广州市的街道办事处与社工机构，厘清与发现政社双方如何看待上述维度的认知状态。根据交叉比较的描述性统计，双方认知几乎没有交集。唯一二元对数回归分析中仅有一项达到显著相关，显示目前实践中的现象因果逻辑尚无法成立，更需要从质性的资料中去挖掘线索。问卷结果对本研究后续深度访谈挖掘信息的丰富程度有极大帮助，作者因为更精准地掌握政社双方在政府购买服务政策中的认识鸿沟，获得了访谈对象真实的感受与想法。从访谈当中发现，政府购买服务中的政社关系是一个非常复杂的现象，由多层面的意义与想法组成。因此大量使用质性资料的原因之二，即质性的研究重点不在于"求证"某种假设，而是在探索某种意义与现象，是某种概念或变项的发现、某种意义的探讨，而不是研究结果的"概推"（简春安、邹平仪，1998：139）。

（二）比较分析结果

根据本研究的分析框架，三个层次与十个维度的详细比较（见表3），两个案例共有两个维度相同，八个维度相异。相异的八个维度体现了政府购买社工服务若要有效促进政社分开，需要具备四个必要性：一是"政府购买服务初期，社会工作专业服务与政府政策间镶嵌之必要性"；二是"完善的法令支撑社工机构发展必要性"；三是"政府就社区相关政策开放自下而上空间的必要性"；四是"民间社工机构根据自身使命与价值，面向社会积累社会资本的必要性"。这四个必要性是影响社会组织与社区主体性提升，促进社会自治力量，进而形成自主运作社会、多元共治格局的关键要素。

表3　政府购买社工服务促进政社分开作用制度结构比较

层次	异同	维度	广州市	台北市
出台政府购买社工服务政策的发展路径	（相同）	1. 改革顺序：政治、经济、社会改革	经济改革优先，而后政治改革，放开登记门槛与培育社会组织，进行社会体制改革（2012年）	经济改革优先，而后政治改革，放开登记门槛与培育社会组织，进行社会体制改革（1987年）
	相异	2. 服务策略：购买政策出台前政府对社区服务的安排	街道办事处社区服务中心与居委会（1990年之后向行政化转型）	政府社工部门与社区自组织（1991年之后向社会化转型）
	相异	3. 机构成长：购买政策出台前后注册民办社工机构发育状况	4年间近22倍增量 2009~2013年，从10个到217个	12年间近70%增量 以2001~2013年为例，从358个成长为518个
	相异	4. 法律环境：促进社会组织积累社会资本的相关法规	1.《公益事业捐赠法》 2. 广东省《政府向社会力量购买服务暂行办法》 3.《广州市募捐条例》	1."人民团体法" 2.《台北市财团法人暂行管理规则》 3.《公益劝募条例》
政府购买社工服务中的社会资本	相异	5. 网络关系	社工机构对政府单向依赖	政府与社工机构互相依赖
	相异	6. 信任类型	经济取向的威吓型信任（资源依赖理论）	经济取向的契约型信任（交易成本理论）
	相异	7. 责任归属	主要由承担服务的社工机构负担	主要倾向责任共担
实施政府购买社工服务的结构条件	（相同）	8. 政府购买服务的动机	现象：将民间机构视为自己职能部门的延伸或补充人力，积极"为我所用" 动机：政府自身利益最大化，维护政权有效性	现象：将民间机构视为广义的公务员，希望帮政府做越多事越好，但仍遵守契约精神 动机：政府自身利益最大化，维护政权有效性
	相异	9. 社工机构参与购买的动机	以获取显性资源为主（经费、硬件），隐性资源为辅（信息、网络、公信力）	前期同广州市（1996~2006年） 后期（2006年迄今）由于社会资本的积累，以隐性资源为主，显性资源为辅
	相异	10. 社区公民意识的发育状况	公民仍依赖政府解决大小事，共同体意识松散社工机构是政府多了一个照顾人民的机构（部门）	社区自组织与社工机构协同提供服务 购买服务也为社工机构积累社会资本换取经济资本

以下逐一说明相异的八个维度体现政府购买社工服务若要有效促进政社分

开,需要具备的四个必要性。

(1)"政府推动购买服务之前的社会服务策略"。台北市结合了社会工作专业,广州市依靠街道办事处的社区服务中心、居委会。并且在非常相近的时期(20世纪90年代起)分别转向了社会化与行政化两条截然不同的路径。台湾在1979年启动的"台北市社会工作员设置运用计划"与今日广州市的家综有异曲同工之处,都是政府运用社工专业为社区提供服务。当年台北市以政府结合社会工作专业自办服务,而今日广州市政府则是采取购买社会服务的方式。此一路径差异形成了台北市的社工能够结合政府的行政资源给民众实质帮助,而广州市的社工在推展服务时,首先必须面对基层政府不理解、自身不熟悉政府资源以及民众不信任的挑战,相当于"腹背受敌"。此一路径上的差异从社会资本角度来说,积累科层型连接性社会资本(与垂直的政府资源链接)差异不大,但是对社区自治力量的凝结性社会资本与外展型嫁接性社会资本却造成极大差异。

(2)"完善的法令支撑社工机构发展必要性"。从2012年政府降低社会组织登记门槛的那一刻开始,广州在五年内从不到10个社工机构跨越成长十倍的数量,政策的宽松与鼓励,使得多数社工机构登记时间在政府大力铺开购买服务之后,明显是由政府以法令变更催生为购买所用的态势;而台北市的社工机构在12年间(以2001~2013为例)从358个成长为518个(台北市政府社会局统计年报,2015),是近70%的增量,其增长率一直是逐年稳步提升,而不是翻倍增长。另一个关于完善法令的支撑作用,是面对公众募捐的文化与法治环境。目前大陆以公募资格绑定了少数社会组织具备向社会公开募资的行为,而台湾先采用1942年出台"统一捐募运动办法",后至2006年因应社会实际需要与社会组织发展现状出台"公益劝募管理条例",大幅提升了社会组织获取社会资源、接受公众监督的幅度,为社会组织的宣传与募款打开了渠道,也成了累积社会资本的主要来源。

(3)"政府就社区相关政策开放自下而上空间的必要性"。政社分开与否一个重要的关键就是"依赖的方向",也就是"垂直的单向依赖"或是"横向的双方互相依赖"。

即便当前大陆政治环境已经展现促进社会共治与开放网络的趋势,有别于西方发展的"国家在社会中"(State in Society)路线,现实却是"社会在国家中"（Society in State）或属于"国家的社会"。若要激发社会组织的活力，使其真正成为社会治理的主体之一，取决于政府机构自身放权与职能变革的决心，以及打开空间释放社区力量的程度；此外，这也决定了"行政吸纳社会"的单向依赖或"行政赋权社会"的互相依赖关系。更进一步，也影响了社区、民众看待社会组织究竟是"政府的延伸"还是"民间公民权利的代言人"这两种截然不同的角色。

（4）"民间社工机构根据自身使命与价值，面向社会积累社会资本的必要性"。台北市案例发展的历程，在前十年（1996～2006年）与广州市有相似的经验。政府所提供的显性资源（经费、硬件、物资等）是社工机构渴望的资源，再加上隐性资源（信息、网络、公信力等）初始也在政府手里，社工机构同样被迫先信任政府，与政府建立关系并存活是其当时的首要考虑，一切都是自上而下的主导。然而随着服务展开，社工机构将能量运用于深耕社区，建立起日益丰厚的社会资本，显性资源的重要性开始降低，社工机构自身成为政府需要借重的社会资本，能够代表部分民间的声音，也为政府做许多做不到与做不好的事。这使得政社网络中的动力开始变化：政府与社工机构之间的资源从单向转向双向。同时，政府也在此过程学习新的职能，包含优化购买方的责任与权利，进而能够根据政社的边界进行分工与合作。

上文提及的政社关系，依据目前学界最常见的四类社会资本[①]来分析，政府购买服务政策本身即具有桥联性资本的基本特征：通过此政策工具把对某些议题重要的人（组织）聚集到一起。然而桥联性社会资本的存量增加或是削弱，却需要各方主体中目标或是理念相异的行动者彼此之间能够"虽然阶层位置不同但服务目标一致"地去产生黏合性社会资本，以粘着因制度而聚集的桥联性资本。

通过十个维度的比较，以及本文拟定政社分开的评价指标，两个案例在政社分开指标的表现归纳如表4。

[①] 第一类是正式与非正式的社会资本，第二类是深度社会资本和浅度社会资本（Thick versus thin social capital），第三类是内向型社会资本与外向型社会资本（Inward-looking versus outward-looking social capital），第四类是桥联性社会资本与黏合性社会资本（Bridging versus bonding social capital）。这些分类彼此区分但并不排斥，相反，它们象征着不同却互补的视角，借此可以理解和评价社会资本（帕特南等，2014）。

表 4 政社分开指标对案例的评价

政社分开指标	广州市政社分开状况	台北市政社分开状况
1. 独立性 评价要素：管办分离	1-1 部分机构有政府人员兼任职务 1-2 街道办能自主决定临时交办各类非购买服务契约内的业务内容	1-1 没有现任政府人员在社工机构任职 1-2 市政府必须通过会议或新增契约来交办非购买服务契约内容
2. 自主性 评价要素：专业能力	社工机构不能根据社区实际状况协商服务内容变更	社工机构或政府都能够通过会议协商，变更服务内容
3. 公共性 评价要素：公共价值	社工机构主要服务于政府指标、次要服务于公众需求	社工机构主要服务于公众需求、次要服务于政府指标
4. 合法性 评价要素：身份认同	社区公众分不清政府与社工机构有何不同	社区公众能分辨政府与社工机构的身份差异

四　结论与政策建议

如果说政府购买社工服务作为政策工具，被设定依循"在公共服务领域更多利用社会力量加大政府购买服务力度，推进政社分开、实行多元主体共同治理"这一政策逻辑，广州市案例显示了违背上述逻辑的实践悖论[①]，即"政府的政策规划悖论"、"社工机构的价值悖论"以及"社区的公民性发育悖论"（见表5）。所谓实践悖论，是指实践中（实然）与原本期望作为（应然）的结果造成相矛盾的现象。

表 5 政府购买社工服务（综合项目）推进政社分开的实践悖论

实践悖论	应然	实然
悖论一：政府购买社工服务的政策规划悖论	为了改革政府职能、培育社工机构发展、提供社区民众具有专业水平的社会工作服务	1. 造成了基层政府与居委会对社工机构竞争态势 2. 社区民众接受政府指定，但却不一定需要的服务内容

---

① 这一类的实践悖论常见于公共政策实施过程，例如，黄海刚、马健生（2012）研究大陆人才战略政策的实践悖论，原本为了迅速弥补中国科研人才的短缺，政府制定了若干吸引国外高水平人才的引进计划，但实际上反而导致了青年精英人才的外流和流失，基础科学领域难以招收到优秀的研究生，更难以补充科研人才短缺。

续表

实践悖论	应然	实然
悖论二：社工机构的价值悖论	期待通过购买服务能够有利于培育和引导社会组织，使社会组织作为社会治理的重要主体	社工机构自身成为"被基层政府治理"的对象，自我赋权困难，更难去赋权社区，形成负面循环
悖论三：社区的公民性发育悖论	期待通过购买有利于推动整合社会资源，增强公众参与意识，促使公众成为多元共治的主体之一	让民众除了居委会之外，多了一个可以依赖的对象

笔者认为，形成上述悖论的因素可归纳为外部环境与内部结构两部分。外部环境因素包含了"购买社工服务政策设计—政府转移职能的目的"、"政策起点—购买服务政策出台前政府与社工专业结合的制度安排"、"社区社会资本发育状况"以及"文化民情"等四个部分。内部结构因素则包含了"社会服务的契约特征"、"对共同理念的认识"、"组织间的信任感类型"以及"对话协商机制"等四个部分。

（一）形成实践悖论之外部环境因素

第一，"政府转移职能的目的"。在政府改革职能转型的阶段，必须明晰职能转型目的究竟为何。政府购买服务并非目的（ends），而是工具（means）。但本研究发现，广州市政社之间磨合的主要矛盾在于各方目的不明：当前推动购买究竟是现有社会治理的一种残补模式（residual model），即社工机构作为政府社会治理的一项工具，培育出大量社工机构仅是为政府所用的附加效应，还是将政府购买社工服务作为一种制度模式（institutional model），即"降低政府财政负担"、"提升公共服务效率及质量"及"共创公私协力环境"的制度安排。这两种不同路径，将令政府职能转型所需的知识、技能、态度，发展出完全不同的结构。前者政府只是转换了一种新的形式，对社工组织与社区的服务与行政进行吸纳；后者则是站在长远必须放手的前提下，尝试信任民间力量，累积社会资本、携手共创新的模式。

第二，"购买服务政策出台前，政府与社工专业结合的制度安排"。两岸相异之处在于，广州市推行购买社工服务之前，基层社区服务输送机制长期由街居制的街道办事处的社区服务中心、居委会、人民团体等来支撑；而台北市推行购买社工服务之前的社区服务输送机制，初始也是由社区理事会（等同居委会的功能）负责解决最基层的各种生活需求事宜，然而社会工作借由1972年底台湾政府实施"小康计划"进入了社区。"小康计划"促使全台地方政府陆续设置社工岗位，此举明确影响了民间社工机构与政府具有互相理解的基础。而广州市的民办社工机构在展开服务之前，需要先面对"三不"：基层政府不理解、政府资源不熟悉以及社区民众不信任。

第三，"社会资本发育状况"。这里的社会资本所指包含民间社会组织与社区的各种社会资本发育状况。1990年前后是台湾跟大陆的社会资本发育重要分水岭。研究显示台湾目前的非营利组织有将近六成是1990~2000年成立的；而彼时大陆改革开放，一切以经济优先为前提，社会组织发育状况仍处于国家法团主义背景下，民间社工机构暂付阙如。社会资本发育的"存量差异"遇上政府购买社工服务政策，就体现出了明显区别：台湾是社工机构自下而上成立在先，政府购买社工服务推行在后；大陆刚好反过来是政策先行、机构成立。而购买服务政策的推力让原本应该以使命为前提成立的社工机构成了应政策而生的产物，导致社工机构忙于与政府博弈，偏离了真正的服务对象。

就社区发展而言，大陆原本义务性质、代表社区自治力量的居委会受到经济发展的外部环境影响，逐渐转型成为受雇于政府的基层行政组织，是社区组织"由社会化转为行政化"。而台湾的社区组织，在1991年开始则进行着"行政化转为社会化"的过程。当时台湾行之有年的"社区理事会"由村、里、邻长组成。村、里、邻长功能类似大陆行政化后的"居民委员会"，这些设置向社会化转型为"社区发展协会"，强调社区居民参与的功能与在地化的特色。以台北市为例，1997年台北市首创社区领域的"一业多会"，开放同一组织区域内必须成立2个以上之社区发展协会。至2013年12月止，由居民自行组织并符合社会组织注册的社区发展协会已有376个（台北市社会局统计处，2014）。

第四，"文化民情"。大陆与台湾同文同种，然而社会资本的发育能够形成社区自组织、社区公民性的差异，其中原因值得深思。长期以来，政府与人民一直是一种直接而密切的依存关系，就像本研究一位受访者提到"中国的老百姓是既恨政府又依赖政府，那心情是非常复杂的……"而对许多基层政府与民众来说，面对"政府购买"与"社工机构"这两个新生事物，正是"潜在竞争者"与"西方价值观"的符号代表。基层政府认为社工服务与原始的民政服务没有太大差异，上级却花大力气要培育，不免兴起了与之竞争、自我利益最大化的逻辑。而社会工作是西方以宗教为基底缘起的一门学科,本土化的不足对民众而言非常陌生,再加上"有事找政府"的文化意识深深镶嵌在庶民生活当中,这使得社工机构难以获得民众信任。即便获得了一定信任,也只是让居民除了政府之外,多了一个"替代政府的机构",而无法发挥赋权社区的功能。

台湾的社民性发育是从党派多元化开始,1987年后,人民的冲撞、民智民力渐长,所谓的公民社会才真正开始落地发芽。但是"开放政党"与"社会运动"并不是中央政府可以接受的选项,而是要由解放的社会组织来驱动民众对公共事务的关注,以建立社会共治的格局。那么从案例研究中可以归纳,要打造"共治梦",要政府带领、社工协同,各级政府尤其是省、市与区政府必须刻意培育与协助打造社工机构的品牌,让社工机构获得民众的广泛认识,先建立其主体性。政府想要推进政社分开,绕不过这一点。

(二) 形成实践悖论之内部结构因素

第一,"社会服务的契约特征",意指广州市与台北市在政府购买家综服务的顶层设计,特别是契约主体以及契约设计。广州市契约主体以区、街道及社工机构三方签约,台北市的购买契约是由市政府承办职能部门与社工机构双方签约。重点不在政府签约的层级,而在签约主体的权责相符程度。政府身为购买方必须从前期规划、标书制作、统一评估规范和标准、例行性有效监控和管理等一系列的功能上一致掌握,否则容易形成"写标书的不知道实际需求、实际服务的做不到标准要求"的脱节状况,当前广州市就发生了类似情形。而"掌握真实社区需求"这一环节又是社会服务契约与其他非社会服务契约的一大差异,其中的技术含量拿捏要比硬件建设更加困难。

第二,"对共同理念的认识"。在本研究的政府购买服务中,各级政府与社工机构有各自的目标,尤其是市政府、区政府、街道办事处与居委会面对新生事物各自有战略性的考虑,对价值、利益与必要措施的认识有巨大分歧。广州市多位关心社工机构发展的受访者提出,他们心中有一种焦虑,很担心做不出成绩有一天政府会"放弃社工机构",但是"做出成绩"意味着什么?是达成市、区政府给的指标,还是配合街道的指派?又或是让社区居民"看不到家综会想念"?对于购买社工服务的最终效益、政社定位,政府跟社工机构之间、各层级政府之间的意见有太多分歧。

第三,"组织间的信任感型态"。广州普遍政社之间信任类型偏向威吓型信任，这是因为目前社工机构所有显性的资源都需要依靠各级政府（例如拨款由区财政负责，但是需要街道签名），而政治权力以及被公认的社会地位等隐性资源，同样也都倾斜于政府方。若是有一天社工机构能够代表民间多元的声音，也为政府开展许多后者做不到与做不好的工作，政社之间的信任类型不再是单一方向的倾斜，转换为契约（制度性）的信任，方可显示政社边界的分野已然成形。

第四，"对话协商机制"。政府购买社工服务看似政府转移职能，实际上是将社会组织与政府通过资金、法规、服务绩效等捆绑了起来，形成了一种绩效共同体。政府在购买中必须要扮演更积极的角色：政社分开不是削弱政府的公共管理能力，不是政府退出社会，而是要在继续深化政府改革并推动社会体制改革的同时解放思想、创新体制，厘清政府职能的边界，把政府该管的事情管得更好，把政府该提供的公共服务做得更加充实有效（王名，2014：40~41）。培育发展、孵化支持、购买服务等多种机制的顶层设计与实质监管、培育等工作政府也需要学习，而不是一购了之，这就很需要双方大量的协商沟通，教学相长。然而在2014年8月一场由广州市社工行业协会发起的促进家综与街道办的对话会议上，街道无人出席。姑且不论背后的原因为何，在本研究中发现，连"面对合作中的争议，双方应该如何协商"的问题，政社间的看法都不一样。有77%的街道认为"面对争议时，并非通常是单方面说了算"，但是只有40%的社工机构这样认为。街道自认并未坚持己见，然而社工组织却不见得感受到街道的开放；在日常协调中，常见街道表现出"要不听我的、要不听你的"二元性态度，有些社工机构也表现出"你不理解我，我也懒得跟你说"的消极态度，都违反了合作关系中对话协商的必要。

（三）政策建议：落实政府购买有效推进政社分开的逻辑转型

现实中，即便政社边界较清晰、发展市民社会较长时间的国家也发现了几个挑战：例如，美国跨阶层会员制组织的衰落表明，市民社会已经"从会员型转到了管理型"，使得结社生态系统的多元性减弱、同质性变强；而全球范围内出现的非营利部门职业化，使得结社组织渐渐游离其根植于社区的基础，与大众直接的沟通减弱。以台湾为例，主要有两个转型：第一来自于1987年前的慈善救济与1987~2000年的百家争鸣，是政治改革打开了极大空间，从慈善迈向公民权，发育市民社会的阶段，同时期政治民主化持续进行，经济发展也持续热络；第二则是2000年之后，多数相关法令齐备，加上政府购买力度增强、政府自身组织再造、志愿服务政策扩张、社区发展营造的风潮，制度化的环境与多元的非营利组织型态让专业非营利组织、草根组织、社区组织、社会企业等充分发展，不断向社区基层扎根的社会资本也更加丰厚，促成了台湾政社分开又互相借力的现状。因此本文针对当前广州市政府购买社工服务实践中的三个悖论，提出三个逻辑转型，期待政社之间能够通过购买服务政策的调整、社工机构自身的能力建设以及彼此的结社借力，向"政社分开、权责明确、依法自治的现代社会组织体系"更进一步。

第一个逻辑转型是"政府购买社工服务从市场购买逻辑转为社会赋权逻辑"。所谓的"社会赋权逻辑"是政府与社工机构之间并非买卖关系：并非政府与厂商的关系，而是伙伴关系：社工机构不是拿钱办事的伙计，而是共同讨论与共同分担的伙伴。尤其当前社工机构能力不足是一个现实，如果继续采取市场购买逻辑，将更难以锻炼与发挥社工机构务实服务的能力。可预见时间一久，社工机构失灵、政府看不到实效、社区民众没有得到有质量的服务，政府购买社工服务要么成为尾大不掉的行政包袱，要么将逐渐式微。

第二个逻辑转型是社工机构"生存模式转型"。台湾购买服务经验够长，以至于能够验证社工机构面向社会锻炼服务能力，对购买服务的质量与推进政社分开有巨大的影响。若是社工机构将组织的生存摆在最优位，自然会依赖与依靠政府。即便购买服务的标案内容再不合理，价格过低或标准偏离，甚至违背扶助弱势群体的原则都会去承接，形成一种"行政豢养社会"的负向循环。社工机构要着力面向社会开拓资源，创造符合社会需求服务，因为自身能力强大了，能够吸引政府寻求合作，进而能够跟政府讨论出真正适合的服务内容，形成政府、社工机构与服务对象三赢的正向循环。本研究发现广州市一些抓准定位、有信心与方法的社工机构，也正走在这个方向上；同样获得了真心想为社区建设、社会治理创新投入心力的政府部门的肯定，显示这个转型具有普适性的意义。

最后一个是"政社关系思维范式转型"。当前的实践悖论使作者思考政社之间缺乏的中间环节为何？从调查中发现，"缺乏信任基础与对话空间的交易关系"，是当前政府购买社会效益不彰的核心要素。而访谈中少数成功的推展服务并落实社区福祉的案例，明确展示了基层政府与社工机构从对话、竞争、妥协、合作和集体行动等多元共治的核心机制建立起信任基础,进而落实了优质的社区服务。而这些机制与托克维尔提出结社的六种科学功能有机地整合在一起,包含"少数人的意见也有机会站出来表达他们的看法"、"让人与人之间必须要习惯于和不同背景的人共事,进而比较能接受别人的看法"、"结社过程人们会参与执行各种组织工作,进而学习分析各种方案的利弊和得失,学习到评估与运营的能力"、"有兴趣有能力的人经由结社能够成长为领导人"、"结社让人学习直面冲突,在协商中容忍与妥协",以及"结社能够让人们专注在一致的目标上,为共同目标努力"等(托克维尔,2005:613~615)。如果将政社分开视为政府购买社工服务要推进的"目标",那么政跟社在过程中实践上述六种结社的功能,将能直面冲突、协商整合,进而减少本位主义的歧见,专注在共同的目标上。

本研究将政府购买社工服务作为影响政社分开的一个重要因素,在研究的过程中,紧紧围绕政府购买社工服务这个自变量,探讨其对政社分开这个因变量的作用。因为当前正是政府主导政策力度的初期阶段,研究政社关系比研究其他影响因素更具有理论和现实意义。但是影响政社分开因素绝不止于此,除了政社关系作用之外,社工机构自身作为一种被政府发育的"自组织",随着生存时间拉长,也会有自己的运营战略与网络机制。既然如此,它可能受到政府的宏观政策推动或制约,但同时又可能发展出影响政府的功能,后续的研究可以考虑从社工机构影响政府购买社工服务的视角来分析,以更全面地揭示政社分开的多元进程。

参考文献

黄源协(2006):《社会福利民营化——发展脉络、实践省思与新出路》,南投:"内政部"社福研习中心。

胡仙芝等(2014):《论政社分开和构建政社伙伴合作关系》,《新视野》,(5)。

黄海刚、马健生(2012):《"自主培育"还是"依赖引进"——中国人才战略的实践悖论》,《北京师范大学学报社会科学版》,04,p20~28。

江明修(2001):《非营利组织与公民社会之建构——以社区大学运动为例》,《社会文化学报》,(12)。

简春安、邹平仪(1998):《社会工作研究法》,台北:巨流图书公司。

康晓光、韩恒（2007）：《行政吸纳社会——当前中国大陆国家与社会关系再研究》，*Social Sciences in China*，（02）。

梁漱溟（1990）：《梁漱溟全集》，山东：山东人民出版社。

吕普生（2009）：《政府与公民社会组织在养老服务供给中的合作模式研究——基于北京市宣武区三种合作方式的分析》，《科学决策》，（12）。

蓝煜昕（2012）：《农村基层社会培育的实践悖论：基于巫溪案例的研究》，博士学位论文，北京：清华大学公共管理学院。

林万亿（1994）：《福利国家历史比较的分析》，《巨流》。

〔美〕麦克尔·爱德华兹（2008）：《公民社会》，陈一梅译，载《中国非营利评论》第 2~4 卷。

〔美〕罗伯特·帕特南（2001）：《使民主运转起来》，南昌：江西人民出版社。

〔美〕罗伯特·帕特南主编（2014）：《流动中的民主政体：当代社会中社会资本的演变》，北京：社会科学文献出版社。

邱瑜瑾（2005）：《社会服务民营化对非营利组织发展的影响——以台北市社会福利机构为案例分析》，《社区发展季刊》，（108）。

〔美〕莱丝特·M. 萨拉蒙（2008）：《公共服务中的伙伴——现代福利国家中政府与非营利组织的关系》，田凯译，北京：商务印书馆。

〔法〕托克维尔（2005）：《民主在美国》，台北：左岸出版社。

王浦劬（2010）：《政府向社会组织购买公共服务中国与全球经验分析》，北京：北京大学出版社。

王绍光（2013）：《中国仍然是低福利国家吗？——比较视角下的中国社会保护新跃进》，《学术前沿》，（22）。

王名（2014）：《治理创新重在政社分开》，《人民论坛》，第 10 期。

王名等（2014）：《社会共治：多元主体共同治理的实践探索与制度创新》，《中国行政管理》，（12）。

杨团（2013）：《警惕"公益大跃进"等几个发展中的新问题》，《中国发展简报》，（1）。

余冰（2012）：《街坊变迁——城市社区组织的国家性与社会性》，北京：人民出版社。

朱静君（2014）：《广州市政府购买服务的现状与问题》，《中国社会工作》，（11）。

章晓懿（2012）：《政府购买养老服务模式研究：基于与民间组织合作的视角》，《中国行政管理》，（12）。

郑琦（2010）：《共同体生成与政府培育作用：基于朝阳社区的研究》，博士学位论文，北京：清华大学公共管理学院。

Clarke, S. E. (2000), "Governace Tasks and Nonprofit Organizations", *Nonprofits in urban America*.

Kretzman, J. P., & Mcknight, J. L. (1993), *Building Communities from the Inside Out: A Path toward Finding and Mobilizing a Community's Assets*, Evanston, IL: Center for Urban Affairs and Policy Research, Northwestern University.

Schambra, W. A. (1997), "Local Groups Are the Key to America's Civic Renewal", *The*

Institutional Comparison of the Effects of Government Procurement of Social Worker Services on Separation of Government from Social Organizations

—A Case Study on the Social Services of Taiwan and Mainland of China

Zheng Jieyu

[**Abstract**] This is an exploratory study on the effects of government procurement of social worker services on separation of government from social organizations. The cases under comparison were government procurement projects in Guangzhou and Taipei with similar service nature and policy process, i. e. , the "Household Integrated Service Center" (HISC). With in-depth qualitative interview data and questionnaire and in-depth comparison between the two cases on three levels and ten dimensions, the author analyzed the role of government procurement of social worker services in promoting the separation of government from social organizations. The research found Guangzhou and Taipei are similar on two dimensions and different on the other eight dimensions. From the perspective of the social capital theory, it is the difference dimensions that lead to the different development paths of Taiwan and the mainland regarding separation of government from social organizations. The difficulty in separating government from social organizations in the Chinese mainland is shown in that the government procurement of social worker services actually formed practice paradoxes in separating government from social organizations, which are "policy paradox of the government", "value paradox of social worker institutions", and "development paradox of community citizenship". This paper summarized the institutional comparison results between Taiwan and the mainland, analyzed the causes of the current practice paradoxes of the mainland, and proposed three corresponding logical transformations.

[**Key words**] Government Procurement of Social Worker Services; Separation of Government from Social Organizations; Social Capital

附录 A

本研究涉及的主要访谈对象（每人进行至少一小时一对一结构性面谈），包括政府部门与社工机构各 16 位，共 32 位。

政府部门	社工组织
广州市民政局社工处处长 YHC	广州市社工机构总干事 SYX
黄埔区民政局副局长 ZSC	广州市家庭综合服务中心服务主任 ZYT
大新街街道办事处主任 CMY	广州市社工机构执行总监 LBP
华乐街街道办事处主任 CJH	广州市社工机构副总干事 QJJ
六榕街街道办事处主任 XGW	广州市社工机构副总干事 ZH
三元里街街道社区中心主任 HL	广州市社工机构副秘书长（同时为事业单位公务员）FS
同德街街道社区中心主任 TJM	广州市社工机构服务总监 XH
广卫街前居委主任 ZPZ	广州市家庭综和服务中心主任 HY
珠光街原居委主任 MSQ	广州市社工机构专业主任 YLP
建设街原街道副主任 YF	台湾台北市妇女家综中心主任 LZJ
梅花村街原街道党工委书记 XMJ	台湾台北市社工机构执行长 WHM
黄石街街道办事处社会事务科科长 LYL	台湾台北市妇女家综中心主任 QWZ
黄埔区长洲街道办调研员 HJ	台湾台北市妇女家综中心主任 YHR
长洲街道办事处主任 WGS	台湾台北市妇女家综中心主任 JHL
台湾台北市社会局妇幼科科长 TCR	台湾台北市妇女家综中心主任 CYJ
台湾台北市社会福利服务中心主任 LTZ	台湾台北市社工机构副秘书长 WJH

（责任编辑：林志刚　朱晓红）

中国地县级基金会发展现状及原因分析

陈 敏 邓国胜[*]

【摘要】本文利用基金会中心网的数据对我国地县级基金会的数量、类型、地域、领域、财务状况等关键指标进行了描述性分析,发现2010年以来地县级基金会已经成为我国基金会发展中一股不可忽视的力量。基于这一发现,通过进一步的政策文本分析以及与多名不同级别民政部门官员、基金会负责人的访谈,本文对地县级基金会迅速发展的原因进行了分析,指出登记权限下放为地县级基金会发展降低了政策门槛,很好地匹配了地县级基金会致力于提供本地化服务的内在动因,是地县级基金会快速发展的最主要原因。最后,本文根据政策的新动向,指出了我国未来地县级基金会发展的趋势。

【关键词】基金会 地县级 登记权限 原因

一 问题的提出

基金会作为公益组织,是社会以组织化形式实现财富由富人向穷人转移的

---

[*] 陈敏,清华大学公共管理学院博士生,主要研究领域包括基金会发展、中国NGO走出去等;邓国胜,清华大学公共管理学院教授、博士生导师,清华大学公益慈善研究院副院长,主要研究领域包括NGO、社会治理与社会创新、绩效评估与能力建设等。

制度安排，是以社会公益的名义重新分配财富的合法形式（王名、徐宇珊，2008）。基金会对一个国家、地区的社会公益具有重要的促进作用，也是一个国家、地区社会进步的重要标志。改革开放以来，随着中国经济、社会的不断进步，中国的各类基金会不断发展壮大。

2004年国务院颁布的《基金会管理条例》第一次对基金会设立、组织机构、财产管理使用、监督管理和法律责任等进行了系统规定，打开了非公募基金会注册的窗口。自此以来，非公募基金会数量有着最大限度的变化。2010年非公募基金会数量首次超过公募基金会，2015年非公募基金会在全国的占比（68.24%）是2006年（32.89%）的2倍多。2015年新成立基金会633家，超过2014年新增的605家以及2013年新增的584家。除此以外，过去十年基金会总量翻了3倍，每年保持15%左右的高速增长，甚至有5年的增速在20%以上（基金会中心网，2016）。

不过，自2011年以来，中国新增基金会的来源发生了很大变化。由于基金会登记注册政策的放开，在地级、县级民政部门注册的基金会（以下分别简称地级、县级基金会，合称地县级基金会）异军突起，成为新成立基金会的生力军。2015年，累计注册地级基金会559家，累计注册县级基金会130家，分别是2013年的3.5倍和8.7倍。从2013年到2015年短短三年，地级基金会数量占所有基金会的比例从4.46%提高到了11.48%，县级基金会数量占比也从0.41%提升到2.67%。相对而言，同一时期的民政部注册基金会数量几乎没有增加，占比也从2013年的5.24%下降到2015年的4.19%；省级基金会尽管保持了一定的增长速度，从3262家增加到3978家，但是其占比从89.89%下降到81.67%，减少了大约8个百分点。

国务院2004年颁布的《基金会管理条例》第六条规定，全国性公募基金会、拟由非内地居民担任法定代表人的基金会、"原始基金超过2000万元，发起人向国务院民政部门提出设立申请的非公募基金会"、"境外基金会在中国内地设立的代表机构"这四种条件的基金会及基金会代表机构的登记管理工作由国务院民政部门负责，"省、自治区、直辖市人民政府民政部门负责本行政区域内地方性公募基金会和不属于前款规定情况的非公募基金会的登记管理工作"。《基金会管理条例》为基金会的发展提供了重要的法律依据，但也把基金会的登记管理权限限定在省级以上的民政部门。由于登记管理权限不在地级或县级民政部门，因此，原则上地县级不应该登记注册基金会。那么，为什么近年来地县级登记注册的基金会数量快速增长，甚至成为基金会增长的主要来源呢？地县级登记注册的基金会发展的现状如何，有何特征？地县级基金会的发展对中国未来基金会的发展将产生什么影响？王名（2004）分析了基于公益产权的基金会治理和基金会的法律政策环境，还有学者对基金会的问题进行了梳理（谢宝富，2003；徐政，2006），但是并没有基于定量数据分析的地县级基金会研究可以回答以上的问题。

本文试图通过数据、政策文本分析和访谈对以上问题进行深入研究。

二 地县级基金会发展现状与特征

在政府简政放权与促进社会治理的背景下，地县级基金会得到了空前的发展（见表1）。从2009年起，深圳市开始开展政策试点，即开展关于下放基金会登记注册权的政策试点，地县级基金会数量呈现爆发式增长的趋势。从2011年到2015年短短5年，地县级基金会的数量从2011年的33家，以高于100%的年均惊人增速快速发展到2015年的689家。

表1 基金会登记部门分布情况（2011~2015年）

单位：家，%

登记部门	2011年 比例	2011年 数量	2012年 比例	2012年 数量	2013年 比例	2013年 数量	2014年 比例	2014年 数量	2015年 比例	2015年 数量
民政部	162	6.26	179	5.88	190	5.24	198	4.67	204	4.19
省级民政部门	2394	92.47	2793	91.78	3262	89.89	3623	85.49	3978	81.67
地级民政部门	28	1.08	64	2.10	162	4.46	350	8.26	559	11.48
县级民政部门	5	0.19	7	0.23	15	0.41	67	1.58	130	2.67
合计	2589	100	3043	100	3629	100	4238	100	4871	100

资料来源：基金会中心网。

综合来看，地县级基金会从无到有，再到爆发式增长的过程中呈现出以下几方面特征。

（一）地县级基金会以非公募基金会为主

非公募基金会超越公募基金会成为增速最大贡献者。公募基金会从2011年的 7 家增加到 2015 年的 48 家。虽然公募基金会增长速度很快，由于基数低，只占到地县级基金会总数的 7%。另外，非公募基金会从 2011 年的 25 家增加到 2015 年的 641 家，占到所有地县级基金会的 93.03%，是地县级基金会增长的绝对主力（见图 1、图 2）。

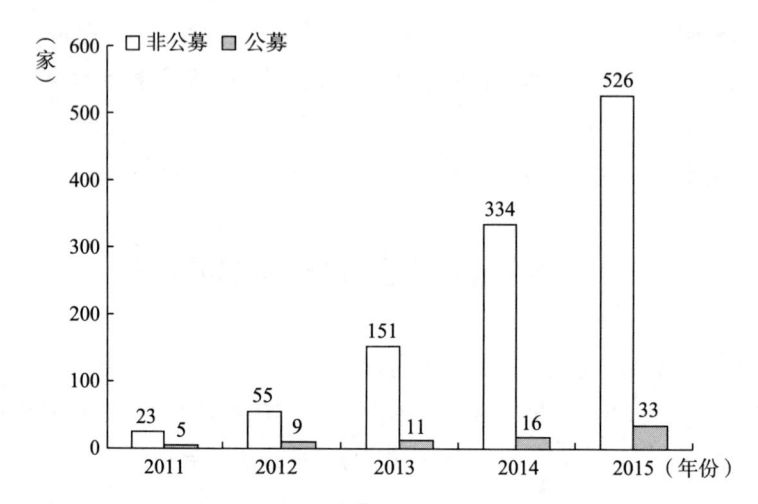

图 1　2011~2015 年地级基金会数量

资料来源：基金会中心网。

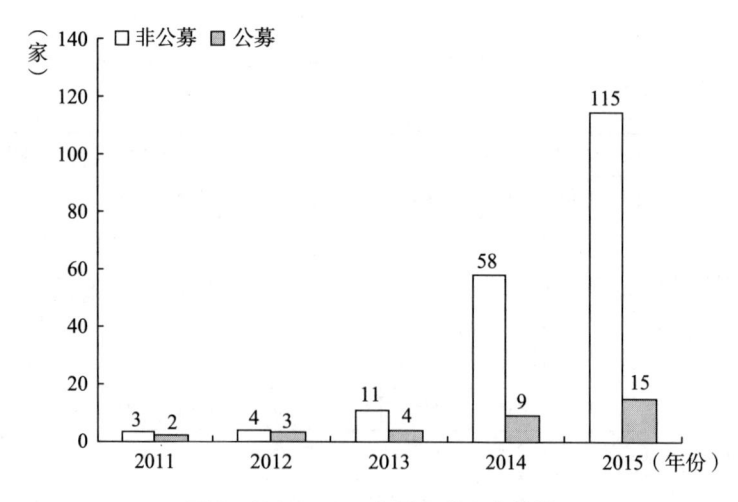

图 2　2011~2015 年县级基金会数量

资料来源：基金会中心网。

从基金会的类型来看，独立型基金会是地县级基金会的主要形式。独立型基金会是由相关法人、自然人发起创立但独立于出资人运营管理的基金会（基金会中心网，2016）。2015年，独立型基金会总数合计373家，占到所有地县级基金会的54.14%。排名第二的是企业型基金会，合计90家，占比为13.06%。特别地，在过去三年中，独立型基金会占地县级基金会的比例逐年提升，从2013年的51.14%提升到2015年的54.14%。

（二）地区分布不均，广东一枝独秀

从地域分布上看，广东作为地县级基金会登记放权的首批试点省份，地县级基金会的发展遥遥领先于其他地区。从表2的数据可以看出，广东省有262家地县级基金会，占全国总数的38.03%，是地县级基金会最活跃的地区。江苏、浙江和福建的地县级基金会也是较早开放试点的省份，地县级基金会合计占到全国总数的33.53%。上述这些地区都是我国经济发达的地区，开放的政策为民间组织的发展提供了肥沃的土壤。后文将详细分析广东是如何受益于基金会登记制度的。

表2 2015年地县级基金会的分地区情况

单位：家，%

地区	地级基金会 总数	全国占比	公募	全国占比	非公募	全国占比	县级基金会 总数	全国占比	公募	全国占比	非公募	全国占比
广东	257	46.0	10	30.3	247	47.0	5	3.8	0	0.0	5	4.3
江苏	45	8.1	4	12.1	41	7.8	48	36.9	7	46.7	41	35.7
浙江	58	10.4	2	6.1	56	10.6	28	21.5	0	0.0	28	24.3
福建	47	8.4	0	0.0	47	8.9	5	3.8	0	0.0	5	4.3
安徽	30	5.4	0	0.0	30	5.7	1	0.8	1	6.7	0	0.0
山东	20	3.6	1	3.0	19	3.6	8	6.2	0	0.0	8	7.0
湖南	17	3.0	2	6.1	15	2.9	5	3.8	2	13.3	3	2.6
湖北	14	2.5	0	0.0	14	2.7	1	0.8	0	0.0	1	0.9
广西	11	2.0	3	9.1	8	1.5	7	5.4	1	6.7	6	5.2
云南	7	1.3	1	3.0	6	1.1	7	5.4	2	13.3	5	4.3
辽宁	10	1.8	2	6.1	8	1.5	2	1.5	1	6.7	1	0.9
甘肃	11	2.0	1	3.0	10	1.9	1	0.8	0	0.0	1	0.9
河北	10	1.8	0	0.0	10	1.9	0	0.0	0	0.0	0	0.0
河南	5	0.9	1	3.0	4	0.8	2	1.5	0	0.0	2	1.7

续表

地区	地级基金会					县级基金会				
	总数	全国占比	公募	全国占比	非公募	全国占比	总数	全国占比	公募	全国占比	非公募	全国占比
内蒙古	5	0.9	1	3.0	4	0.8	1	0.8	0	0.0	1	0.9
宁夏	1	0.2	0	0.0	1	0.2	3	2.3	1	6.7	2	1.7
山西	2	0.4	1	3.0	1	0.2	2	1.5	0	0.0	2	1.7
北京	1	0.2	0	0.0	1	0.2	2	1.5	0	0.0	2	1.7
陕西	3	0.5	1	3.0	2	0.4	0	0.0	0	0.0	0	0.0
江西	2	0.4	0	0.0	2	0.4	0	0.0	0	0.0	0	0.0
黑龙江	1	0.2	1	3.0	0	0.0	0	0.0	0	0.0	0	0.0
吉林	0	0.0	0	0.0	0	0.0	1	0.8	0	0.0	1	0.9
天津	0	0.0	0	0.0	0	0.0	1	0.8	0	0.0	1	0.9
四川	1	0.2	1	3.0	0	0.0	0	0.0	0	0.0	0	0.0
西藏	1	0.2	1	3.0	0	0.0	0	0.0	0	0.0	0	0.0

资料来源：基金会中心网。

（三）地县级基金会发展中存在的问题

地县级基金会蓬勃发展的同时，也遇到了一些问题。由于地县级基金会注册资金要求不高，中小型机构容易出现财务数据波动大、信息公开程度低、能力建设不足等问题。

随着基金会数量不断扩张，地县级基金会的资产规模也不断扩大。如表3所示，基金会的总资产规模从2010年的8566万元扩张到2014年的24亿元，增长迅速。但是地县级基金会的平均净资产增长在2011年后有所减缓，呈现波动式的发展态势。2011年地县级基金会的平均净资产一度达到1861万元，由于大量新成立基金会的注册资金较少，2012年基金会的平均净资产规模锐减为910万元，不足2011年的一半，2013年再次增加到1563万元，2014年则为992万元（见表3）。除此以外，地县级基金会的平均注册资本、平均捐赠收入以及平均公益支出都呈现出波动性。随着我国地县级基金会的管理政策正在逐步放开，基金会数量快速增长，基金会所形成的群体特征发生剧烈变化，小型基金会对基金会数量的贡献巨大。但不同小型基金会规模和运营能力等各类指标差异较大，个体的财务指标在不同年份也会出现波动，所以在宏观数据上，会出现平均净资产、平均捐赠收入等指标的波动现象。

表3　2011~2015年地县级基金会的资产状况

单位：万元

年份	净资产	平均净资产	平均注册资本	捐赠收入	平均捐赠收入	平均公益支出
地级基金会						
2010	8566	857	720	9019	902	168
2011	35351	1861	1566	15708	827	494
2012	50065	910	824	19491	361	282
2013	96913	1563	739	75156	1274	431
2014	240081	992	513	127068	583	335
县级基金会						
2012	168	168	168	168	168	168
2013	494	494	494	494	494	494
2014	282	282	282	282	282	282

资料来源：基金会中心网。

说明：1 部分基金由于新成立或其他原因并未披露数据；2 2011年县级基金会没有全部财务数据，故在此只列出县级基金会2012年以后数据。3 县级基金会数据波动由于2012年只有1家有数据，2013年3家有数据，2014年24家有数据。

除此以外，由地县级基金会的资产规模可以看到，新成立基金会多为中小型基金会①。由表4可知，共有173家②地县级基金会净资产规模不足500万元，比例超过70%，接近85%的地县级基金会净资产规模不足1000万元。亿元级别的大型基金会仅有4家，但是其资产总值占到了地县级基金会总资产的43.15%，规模结构与省级以上基金会基本一致。由此可见，小型基金会是地县级基金会的主要构成，这也从一个侧面解释了前文中发现的地县级基金会的财务波动性。

表4　2014年地县级基金会的资产结构

资产规模	0~1/百万元	1~5/百万元	5~10/	10~50/百万元	50~100/百万元	100/百万元以上	合计
地级基金会							
基金会数量	21	137	28	26	2	3	218

① 根据《中国基金会发展独立研究报告》的定义，净资产不超过3000万元的基金会为中小型基金会。

② 15家基金会由于各种原因资产部分数据缺失。

续表

资产规模	0~1/百万元	1~5/百万元	5~10/	10~50/百万元	50~100/百万元	100/百万元以上	合计
数量占比	9.63%	62.84%	12.84%	11.93%	0.92%	1.38%	100%
总资产/亿元	0.04	3.26	1.83	5.85	1.50	7.86	20.33
资产占比	0.18%	16.02%	9.02%	28.76%	7.38%	38.65%	100%
县级基金会							
基金会数量	0	15	4	3	0	1	24
数量占比	0.00%	62.50%	16.67%	12.50%	0.00%	4.17%	100%
总资产/亿元	0.00	0.37	0.25	0.55	0.00	2.50	3.68
资产占比	0.00%	10.14%	6.81%	15.03%	0.00%	68.02%	100%

资料来源：基金会中心网。

图表示例：境内捐赠＝境内自然人捐赠＋境内机构，比例99.9%表示境内捐赠占到所有境内外捐赠的99.9%，其中26.1%来自境内自然人，73.9%来自境内机构；境外捐赠占总捐赠0.1%，其中85.3%来自自然人，14.7%来自机构。

从表5看到，99.9%的捐赠都是境内捐赠，所以地县级基金会相对省级基金会而言较少获得国外资助。虽然在2013~2014年两年，境外自然人及境外机构捐增量有明显提升，但是总额相对境内捐赠仍处于较小的比例。除此以外，在境内捐赠中，机构的捐赠是地县级基金会的核心，并且可以看到境内机构对于地级基金会的重视逐年加深。而随着各地方市县的经济社会发展，境内自然人的捐赠意识进一步增强，参与公益事业的积极性提高，自然人捐赠呈现出上升趋势，特别在2013年实现了大幅增长。

表5 2012~2014年地县级基金会捐赠情况

单位：亿元，%

捐赠类型		境内捐赠	境内自然人	境内机构	境外捐赠	境外自然人	境外机构
地级基金会							
2012年	金额	1.9	0.5	1.4	0.002	0.002	0.000
	比例	99.9	26.3	73.7	0.1	85.3	14.7
2013年	金额	7.4	2.8	4.6	0.121	0.028	0.093
	比例	98.4	38.3	61.7	1.6	23.0	77.0
2014年	金额	12.4	3.2	9.3	0.105	0.022	0.083
	比例	99.2	25.4	74.6	0.8	21.0	79.0

续表

捐赠类型		境内捐赠	境内自然人	境内机构	境外捐赠	境外自然人	境外机构
县级基金会							
2012年	金额	0.042	0.008	0.034	0	0	0
	比例	100.0	19.0	81.0	-	-	-
2013年	金额	0.056	0.056	0.0	0	0	0
	比例	100.0	100.0	0.0	-	-	-
2014年	金额	0.815	0.219	0.597	0	0	0
	比例	100.0	26.9	73.1	-	-	-

资料来源：基金会中心网。

进一步分析地县级基金会收入来源可以看到，地县级基金会捐赠收入占总收入的94.4%，收入严重依赖捐赠。2014年只有15家地县级基金会接受了政府资金，且政府补助收入仅占总捐赠数额的1.2%。地县级基金会提供社会服务的收益更少，只占总收入的0.05%，说明地县级基金会在本地化的公共服务提供上，仍处于起步阶段。除此以外，多数地县级基金会过度依赖资产捐赠，而缺乏资产增值保值的行为。2014年，205家基金会没有资产保值的行为，接近地县级基金会总数的一半。

另外，地县级基金会信息公开程度偏低，各地监管力度不一。公信力是公益组织获取可持续发展能力的核心要素。获取公信力必须通过完备的信息公开和严格的监管。目前，大多数非民政部注册或省级注册的基金会的年报不需要在省级民政部门备案、公示。而各地民政部门由于试点政策差异，对基金会上交年报的要求参差不齐，也缺少对年报的监督和管理机制。信息公开主要靠各基金会通过自身宣传媒介披露，也没有统一的信息披露平台。

与此同时，地县级基金会能力建设不足，缺乏可持续性发展能力。我国绝大多数基金会可以看作直接提供社会服务或者运营慈善项目的非营利组织（基金会中心网，2016）。而以社会组织发展较为发达的美国为例，其基金会通常不会实际操作具体项目或提供公共服务，对于项目运营类的基金会来说，其能力建设更是可持续性发展的关键。目前部分省级民政部门已经将提升基金会能力建设列为重点，设立了为基金会提供能力建设的政府资助项目，也有企业开始为基金会提供相关服务。下文对地县级基金会发展的原因作进一步的解读。

三 我国地县级基金会发展的原因解释

（一）登记权限下放为地县级基金会发展降低了政策门槛

如前文所述，根据2004年颁布的《基金会管理条例》的规定，只有省级以上的民政部门才能登记注册基金会。那么，为什么中国会出现一大批地县级基金会呢？原因就在于各地方政府的改革试点。2009年5月，国务院批准《深圳市综合配套改革总体方案》，其中提出"推进社会组织登记管理制度改革，进一步完善对社会组织的管理"。以此为基础，2009年10月，民政部和深圳市政府签订《民政部、深圳市人民政府推进民政事业综合配套改革合作协议》，协议中明确提出"除另有规定的外，探索建立社会组织直接向民政部门申请登记的制度"，"民政部会商国家有关部门将驻在深圳的涉外基金会的登记管理权限下放深圳市，授权深圳市开展基金会、跨省区行业协会、商会登记管理试点"。基金会的登记管理权限第一次下放到省级以下的民政部门，也为接下来更加广泛的试点奠定了重要的基础。

不同省份开展政策试点，下放登记管理权限，是地县级基金会蓬勃发展的最为关键的因素。2013年以来，以广东、浙江、福建、湖北为代表的部分省份开展了下放基金会注册登记权限的政策试点。如2013年广东省民政厅颁布了《关于进一步促进公益服务类社会组织发展的若干规定》（粤民民〔2013〕111号），2014年浙江省民政厅颁布了《浙江省民政厅关于下放基金会登记管理权限等有关问题的通知》（浙民民〔2014〕69号），为地县级基金会的发展扫除了制度障碍，地县级基金会呈现爆发式增长。各省份下放登记管理权限相关政策文件如表6所示。

表6 各省份下放登记管理权限相关政策文件

省份	年份	政策文件
广东	2013	《关于进一步促进公益服务类社会组织发展的若干规定》（粤民民〔2013〕111号）
江苏	2014	《江苏省四类社会组织直接登记管理暂行办法》
浙江	2013	《浙江省民政厅关于下放基金会登记管理权限等有关问题的通知》（浙民民〔2014〕69号）

续表

省份	年份	政策文件
山东	2013	《山东省民政厅关于创新社会组织登记和管理工作的通知》（鲁民〔2013〕49号）
福建	2013	《中共福建省委办公厅省人民政府办公厅关于进一步培育发展和规范管理社会组织的意见》（闽委办发〔2013〕9号）
安徽	2013	《关于加强和创新社会组织建设与管理的意见》（皖办发〔2013〕9号）
湖南	2014	《关于加强和创新社会组织建设与管理的意见》（湘办发〔2014〕7号）
湖北	2014	《湖北省民政厅关于对四类社会组织实行直接登记的通知》（鄂民政函〔2014〕50号）
广西	2015	《广西四类社会组织直接登记管理暂行办法》
云南	2014	《云南省社会组织登记办法（试行）》（云南省民政厅公告第2号）
辽宁	2013	《大连市人民政府办公厅关于加快推进社会组织管理制度建设的指导意见》（大政办发〔2013〕64号）
海南	2014	《海南省民政厅关于对四类社会组织实行直接登记的通知》
甘肃	2015	《甘肃省民政厅关于印发〈甘肃省四类社会组织直接登记管理暂行办法〉的通知》
河北	2013	《河北省民政厅关于将异地商会和非公募基金会登记管理权限下延至设区市的通知》（冀民〔2013〕123号）
河南	2014	《河南省人民政府办公厅关于四类社会组织直接登记的通知》（豫政办〔2014〕122号）
内蒙古	2014	《关于印发〈内蒙古自治区社会组织直接登记办法（试行）〉的通知》（内民政民〔2014〕7号）
陕西	2015	《陕西省人民政府关于促进慈善事业健康发展的实施意见》（陕政发〔2015〕48号）
山西	2015	《山西省民政厅关于印发〈山西省四类社会组织直接登记管理暂行办法〉的通知》（晋民发〔2015〕38号）

资料来源：各省民政厅、社会组织网站。

可以看到，2013年之后出台了相关政策文件的省份其地县级基金会数量也都同步地出现了明显增长。

从省级民政部门的视角，充分考察地县级基金会的业务范畴和资质存在着较高的信息壁垒，也形成了地县级基金会登记的行政审批门槛。新的规定让地方基金会难以在省级民政部门登记注册的状况得到了很大改善。由此可以得出本文第一个基本结论，即政策、试点的放开是地县级基金会快速发展的关键原因。

（二）提供本地化服务的意愿是地县级基金会成立的内在动因

从地县级基金会的视角来看，地县级基金会设立的初衷也与登记权限下放契合，是新规推出之后数量增长的直接动因。

2016年10月，经过当面访谈、电话、邮件及微信交流等方式与5个地县级基金会相关负责人进行深入访谈，可以了解到地县级基金会的设立宗旨在于立足于本地提供服务。基于基金会中心网的数据库中地县级基金会的宗旨和业务范围可以看到，大部分地县级基金会都立足于本地环境，与当地社会需求密切相关。例如"资助红树林资源""资助乡村小学食堂建设""支持生活困难的本地环卫工人"等业务范围，都是基金会面向当地社会需求，解决具体问题的典型案例。本文进一步对比了2014年地县级基金会和省级与民政部注册基金会共16357个公益慈善项目，可以看到在"扶贫助困""公共服务""社区发展""心理健康""公益行业""安全救灾""动物保护""就业"等方面，项目占比均高于省级与民政部注册的基金会，进一步验证了地县级基金会立足于本地的设立宗旨（见表7）。

表7 2014年地县级基金会和省级与民政部注册基金会公益项目领域对比

领域	省级与民政部注册基金会	比例（%）	地县级基金会	比例（%）
教育	6923	43.8	210	36.9
扶贫助困	2462	15.6	135	23.7
公共服务	985	6.2	46	8.1
医疗救助	936	5.9	28	4.9
科学研究	574	3.6	9	1.6
文化	539	3.4	19	3.3
艺术	451	2.9	4	0.7
公共安全	434	2.7	2	0.4
公益行业	433	2.7	32	5.6
环境	347	2.2	11	1.9
卫生保健	286	1.8	7	1.2
安全救灾	243	1.5	14	2.5
体育	211	1.3	1	0.2
志愿服务	184	1.2	11	1.9
三农	170	1.1	1	0.2

续表

领域	省级与民政部注册基金会	比例（%）	地县级基金会	比例（%）
创业	130	0.8	3	0.5
国际事务	112	0.7	0	0.0
社区发展	109	0.7	12	2.1
心理健康	59	0.4	10	1.8
法律实施	58	0.4	1	0.2
公益投资	50	0.3	3	0.5
动物保护	49	0.3	5	0.9
就业	36	0.2	3	0.5
侨务	4	0.0	2	0.4
公民人权	3	0.0	0	0.0
总项目数	15788	100	569	100

资料来源：基金会中心网。

通过访谈还了解到，深入基层的地县级基金会直接在本地开展服务，可以将本土企业、企业家的资源更好地整合起来。还有一些不在本地经营、居住的成功本乡企业家也有意愿以成立基金会的方式回馈家乡。

所以，注册审批权限的下放很好地为致力于提供本地化公益服务的地县级基金会提供了注册登记门槛更低的政策，很好地匹配了地县级基金会提供本地化服务的成立动因。为了进一步验证以上两点发现，第三部分将以地县级基金会发展最蓬勃的广东省为例，进行政策文本分析，以及对广东地县级基金会的具体数据进行分析。

（三）以广东省为例的分析

1. 广东省的相关政策文本分析

广东省是我国第一个进行基金会登记管理权限下放的省份。2012年4月印发的《关于进一步培育发展和规范管理社会组织的方案》提出"探索将非公募基金会登记管理权限从省下放至地级以上市民政部门"。紧接着，2013年在《关于进一步促进公益服务类社会组织发展的若干规定》（粤民民〔2009〕96号）的基础上出台了《关于进一步促进公益服务类社会组织发展的若干规定》（粤民民〔2013〕111号），原规定同时废止。新规定在简化登记程序、下放登记权限等方面推出了一些不同以往的措施。

首先，2009年的文件规定"基金会的登记管理机关是省人民政府民政部门"，新规定修改为"县级以上人民政府民政部门是公益服务类社会组织的登记管理机关；基金会的登记管理机关是省人民政府民政部门，对冠以地级以上市行政区划名称的非公募基金会，可向已获得授权的地级以上市民政部门直接申请登记。其他有关部门是公益服务类社会组织的业务指导单位，在各自职责范围内依法对公益服务类社会组织的相关活动进行监督指导"。从此条修改可以清晰地看到，基金会登记、管理、监督的权责从省一级人民政府民政部门下放到地、县一级人民政府民政部门。

其次，除登记管理机关的变更外，该规定同时增加了登记的灵活性，进一步促进了城乡基层社区的公益服务类社会组织的发展。对城乡基层社区的公益服务类社会组织，首次采取登记和备案两种方式进行审批。除此以外，全省公益服务类社会组织的布局适当调整，合理配置资源，重在为基层民众服务。其中特别有利于本地基金会发展的政策有：培育发展公益服务类社会组织向城乡基层倾斜，服务于城乡基层社区的公益服务类组织，而不具备登记条件的，可在乡镇（街道）进行备案；具备登记条件的，在县（区）民政部门进行登记；对于发起人公益服务贡献较大、影响力强、服务区域大、服务对象数量多的组织，可以在地级以上市民政部门登记；对于在全省乃至全国范围内有广泛影响和代表性、对全省公益事业提供有力资源支持的组织，可以在省级民政部门登记。由此可见，此政策偏重于促进城乡基层公益服务类社会组织多元发展，从而使公共服务提供者更加多元。广东省紧接着出台的《关于培育发展城乡基层群众生活类社会组织的指导意见》，又为新规定在地方执行提供了更为细致的指导。

最后，新规优化了登记程序，减轻了基金会的行政负担。一是缩短了办理时间。登记管理机关在收到全部有效文件之日起由原来的45日内缩短到30日内完成审批手续，对具备条件和符合服务范围的公益服务类社会组织的登记申请，登记管理机关应当依法做出准予登记的书面决定，并向申请者颁发《基金会法人登记证书》、《社会团体法人登记证书》或《民办非企业单位登记证书》。二是改登记制为备案制。公益服务类社会团体、基金会根据章程规定设立分支机构、代表机构的，应在登记管理机关进行备案，而不是申请注册登记。三是放松了机构命名要求。新规允许公益服务类社会团体中的公益慈善类社会团体名称可使用字号。这三条都是政府对于简化公益组织登记注册的行政程序的显著支持。

2. 广东省地县级基金会视角的分析

在各类公益组织中，社区服务组织是重要的一类，并具有典型的本地化特征。以"社区"为关键词对广东省的基金会名称进行检索，可以得到 17 个结果，如表 8 所示。

表 8 广东省地县级社区基金会列表

序号	基金会名称	注册部门	注册时间
1	深圳市桃源社区发展基金会	市级民政部门	2012 年 7 月
2	佛山市顺德区逢简社区建设基金会	县级民政部门	2013 年 11 月
3	深圳市南坑社区圆梦慈善基金会	市级民政部门	2014 年 2 月
4	深圳市裕和溪涌社区发展基金会	市级民政部门	2014 年 5 月
5	深圳市龙岗区南岭村社区基金会	市级民政部门	2014 年 5 月
6	深圳市光明新区玉律社区基金会	市级民政部门	2014 年 6 月
7	深圳市光明新区凤凰社区基金会	市级民政部门	2014 年 6 月
8	深圳市光明新区新羌社区基金会	市级民政部门	2014 年 7 月
9	深圳市光明新区圳美社区基金会	市级民政部门	2014 年 7 月
10	深圳市光明新区白花社区基金会	市级民政部门	2014 年 6 月
11	深圳市福田区华强北街道社区基金会	市级民政部门	2014 年 9 月
12	深圳市坪山新区坪山社区基金会	市级民政部门	2014 年 12 月
13	深圳市盐田区永安社区基金会	市级民政部门	2015 年 1 月
14	深圳市宝安区海裕社区基金会	市级民政部门	2015 年 1 月
15	深圳市龙华新区樟坑径社区基金会	市级民政部门	2015 年 7 月
16	深圳市光明社区基金会	市级民政部门	2015 年 8 月
17	广东省千禾社区公益基金会	省级民政部门	2009 年 9 月

资料来源：基金会中心网。

可以看到，除广东省千禾社区公益基金会于 2009 年 9 月在广东省民政部门注册之外，其余 16 个社区基金会均在 2012 年之后在地县级民政部门进行注册。致力于服务当地社区的基金会得益于广东省试点政策的启动，立足于当地社区，在本地民政部门登记注册，进一步从侧面印证了注册审批权限的下放很好地匹配了地县级基金会提供本地化服务的内在动因。

这些政策变化极大地促进了地县级基金会的发展，2013年以后广东省地县级基金会数量呈现迅速攀升的局面，2013年到2015年广东省地县级基金会从98家激增至262家，占到全国地县级基金会总数的38.03%。

综上所述，首先，政策的改变是促进地县级基金会蓬勃发展的主要原因。登记管理权限下放后，非公募基金会拥有了更加宽松的发展环境。同时，经济发展水平决定了地方发展公益组织、促进社会事业建设与完善社会治理体系的主动性与积极性。其次，地县级基金会能够更加贴合本土的社会需求，更能够体现捐赠人的意见。地县级基金会即将成为中国基金会的主体，而这些基金会能够直接对基层民众服务，满足本土社区的公益慈善需求。最后，对广东省政策文本的分析印证了以上两个结论，例如"登记管理权下放"、"减轻基金会行政负担"和"合理配置资源，重在为基层民众服务"的政策都成为地县级基金会迅速发展的核心推动力，也使地县级基金会能够提供更加贴近本地需求的服务。当然，广东、浙江等省份开展社会公益组织改革试点是其经济社会发展到一定阶段的必然产物，是利用社会治理制度解决部分经济发展新阶段的社会问题与矛盾的有效措施，也为我国未来社会治理发展做出了具有参考意义的示范。

四　结论

本文通过对过去五年各省份基金会发展数据的分析发现，我国地县级基金会数量与规模呈现出爆炸式增长的趋势，已经成为我国基金会发展的一股不可忽视的力量。通过对基金会登记相关政策试点改革省份的比较，本文认为，登记权限下放为地县级基金会发展降低了政策门槛，很好地匹配了地县级基金会以提供本地化服务为目标的内在动因，是推动地县级基金会快速发展的最主要原因。在综合多位地方相关民政部门官员和基金会负责人的访谈后，本文认为，地县级基金会的快速发展过程佐证了政策引导的积极作用，同时在欣欣向荣的发展之下，还存在着政策指导不足、信息公开程度低、基金会自身能力水平不足等问题。

从未来发展的趋势看，随着《慈善法》的实施和《关于改革社会组织管理制度促进社会组织健康有序发展的意见》的出台，未来作为慈善组织的基金会登记将更为便捷。这从2016年5月公开征求社会意见的《基金会管理条例》

（草案）中也可以看出端倪。根据公开征求意见稿，未来基金会登记权限不仅下放到地县级民政部门，地县级基金会注册资金的门槛相较于省级基金会也有所降低。可以预计，随着我国基金会管理法律法规的不断完善，未来我国地县级基金会将迎来更大的发展空间；这些法律法规在我国基层社会治理和社会经济发展中，将扮演越来越重要的角色。

参考文献

基金会中心网（2016）：《中国基金会发展独立研究报告（2016）》，北京：联合出版社。

王名、徐宇珊（2008）：《基金会论纲》，《中国非营利评论》，第1期。

王名（2004）：《中国非政府公共部门——清华发展研究报告2003》，北京：清华大学出版社。

谢宝富（2003）：《当代中国公益基金会的若干问题分析》，《北京航空航天大学学报（社会科学版）》，第S1期。

徐政（2006）：《中国公益基金会的发展历程及其存在的问题》，《中国青年政治学院学报》，第5期。

Development Status of Chinese County-level Foundations and Cause Analysis

Chen Min, Deng Guosheng

[**Abstract**] This paper used the data from China Foundation Center website to conduct descriptive analysis of the quantity, type, region, field, and financial status of Chinese county-level foundations. It found that since 2010, county-level foundations have become a nonnegligible force in the development of foundations in China. Based on this finding, this paper further analyzed the policy text and interviewed a number of civil affairs officials of different levels as well as foundation curators. Then it analyzed the reasons why county-level foundations developed so rapidly. It pointed out that the delegation of registration authority to lower levels has lowered the policy threshold for county-level foundations, and is well suited to the interior motivation of county-level foundations to provide localized services. It is the main reason behind the rapid development of county-level foundations. Finally, this paper pointed out the future development trend of county-level foundations in China based on the new policy trend.

[**Key words**] Foundation; County-level; Registration Authority; Reason

(责任编辑: 郑琦)

"结社革命"背后的幽灵：非营利部门的理性化及其成因[*]

宋程成[**]

【摘要】 全球范围内的"结社革命"不仅改变了非营利部门在各国社会体系内的地位，也导致其自身在组织结构和运作实践方面的转变，上述转变与现代世界的重要趋势——理性化之间存在着内在一致性。借助于新制度主义的文化理性化框架和社会运动理论，本文系统勾勒了非营利部门（组织）的理性化特征及其形成机制，并就其影响进行了讨论。可以认为，随着正式化的组织结构以及专业化的管理实践在非营利部门内部的迅速扩张，理性化迎来了其"第三波"。

【关键词】 结社/社团革命　非营利部门理性化　管理主义　环境变动　社会结构

一 引言

非营利（和志愿）部门是现代社会的重要组成部分，其构成主体为一系列

---

[*] 基金来源：国家留学基金委公派奖学金（批准号：201506320101）；国家自然科学基金项目（批准号：71373230）。

[**] 宋程成，浙江大学公共管理学院博士候选人，芝加哥大学联合培养博士生，主要研究方向为组织理论、非营利部门管理与战略。

自愿形成的、不进行利润分配的组织，涵盖了募捐（基金会等）、会员服务（合作社、工会、行会）、社会公益及服务（扶贫、养老机构）和地方自组织（社区、草根团体）等正式或非正式的（合法）领域。在过去几十年中，非营利组织和志愿组织部门在全球范围内流行起来，形成了所谓的"结社革命"（Associational Revolution），这一趋势被该领域的研究权威 Salamon（1994）称为最出人意料的社会现象。带着罗曼蒂克式的乐观情绪，社会各界对此类组织的礼赞在 20 世纪 90 年代达到顶峰。

在不少拥趸眼里，作为健全社会的重要推动者，非营利部门发挥着四种功能，即提供必需物品和服务、鼓励公民参与、强化公民信念及培育社会企业家（Alhumaid，2013；Frumkin，2002）——它不仅是实现个体远离国家和家庭束缚的"自由"空间，也是在尔虞我诈的商业社会中人们自我实现和扶持弱者的重要平台。因此，西方社会持相反意见的左右双方在对待非营利部门的态度上，实现了惊人的统一：所有人都称道第三部门的优越性，并坚持其是各类社会、经济乃至政治问题的重要解决之道（秦晖，2006）。与此同时，借助于"全球化"，裹挟着理想主义的力量，社团革命在发展中国家内也方兴未艾、如火如荼（Fisher，1998）。

不过，一部分立足经验分析的研究者很快意识到，二战以来，各国非营利部门的长足发展是建立在第一和第二部门的支持之上的（尤其是政府的资金扶持）。上述情况的一个直接结果是非营利部门呈现出向另外两个社会部门靠近的趋势，即官僚化（Bureaucratization）和市场化（Marketization）（Anheier & Salamon，2006）。前者突出表现为非营利组织成为政府完成政策目标的工具，在处理事务和对外交流方面渐趋繁复和僵化，重视流程和程序的规范（Frumkin，2002）；后者则表现为注重评估、问责、监控乃至各类企业管理手段的运用，这意味着组织变得像越来越像商业机构（Business-like）（Salamon，1993；Eikenberry & Kluver，2004）。上述趋势虽看似处于两个极端，却殊途同归，将组织引向了强调正式管理、重视效能和注重专业化的道路，非营利部门特有的价值表达和公益倡导功能则被逐步边缘化。①

可见，晚近几十年的社团革命所创造的仅仅是理念独立的第三部门，是一

---

① 例如，即使是市民社会学者们津津乐道的东欧地区，非营利组织也偏重于那些争取生存的实践，而非积极追求政治使命的达成（Pospíšilová，2012）。

个与政治、经济系统相互勾连、嵌套甚至模糊了边界的地带。进一步地，社团革命不仅体现为"市民社会"这一宏大叙事的成功，在这一"神话"背后还隐含着非营利部门理性化（Rationalization）这一隐匿的进程。本文以为，正是第三部门在过去几十年里的急速扩张，导致传统意义上充满志愿精神和自由散漫气息的公益慈善事业逐步变成了一个强调正式规章制度、重视正规管理流程的领域。换言之，官僚化和市场化两种趋势都隐藏着类似的文化因子——韦伯意义的理性化正迎来它的"第三波"①（DiMaggio & Powell, 1983）。那么，上述情况究竟是如何实现的，其潜在影响又有哪些？

借助新制度主义和社会运动理论，本文试图系统勾勒全球范围内非营利和志愿部门理性化的基本特征和进程，并结合以下几个问题具体展开：首先，对非营利部门（组织）来说，理性化究竟呈现出哪些基本特征？其次，这些特征在整体意义上是如何被建构并引入非营利部门内的？最后，理性化到来之际，非营利组织的未来是怎样的？

二 非营利部门理性化：研究传统与概念界定

（一）早期代表

理性化是韦伯关于现代社会的一系列理论的重心所在。在韦伯那里，世界的"去魅"（De-enchanted）、"世俗化"（Secularization）以及资本主义式理性的兴起构成了现代社会发展的主要图景，而强调非人格化和可计算性的官僚制（Bureaucracy）的扩张则是其最有力的证据。韦伯写道，"由于官僚制具有遵守规则、长于手段－目的的计算以及就事论事占优势的'理性'性质，它的兴起和扩张便产生了有待讨论的特定意义上的'革命性'结果，一如理性主义全面推进的情景"（韦伯，2010：230），在这里，理性主义是指"借助适当手段越来越精确的计算以便条理性地达到明确给定的实际目标"（同上：274）。早期社会学家将科层理性视为工具理性的代表，并认为科层制是高效的；这是韦伯成为组织理论中"理性视角"代表人物的关键原因。但事实上，韦伯的理性概念是复数，高效率对应的是所谓的工具/技术理性而非技术上可行/可计算的形式理

---

① "第三波"的意义是相对理性化的科层制（Hierarchy）逐步成为政府和市场组织主导结构的进程而言的。

性。在韦伯的时代，技术理性和形式理性在科层制内获得了统一，这导致了他写作的模糊和后世解读的误差。① 资本主义经济的不断发展直接导致不同的组织形态在效率上的差异，技术理性和形式理性出现明显分离。正是这一分离为新制度主义的产生提供了注脚。

以此为契机，Meyer 和 Rowan（1977）就理性科层制（正式组织结构）的扩张做了描述和归纳。他们指出，现代社会正式组织结构的基本特征有两点：一是上述结构是非人格化的，把各种社会目的视为技术目标，并要求以规则的方式来说明这些技术性目标的具体形式；二是这些结构是高度制度化的，它们被人们普遍接受，拥有极高的合法性，这使得组织结构的存在并不完全是为了确保绩效或效率，而更多地代表了来自社会（文化）的期待和要求。换言之，制度环境要求组织拥有合宜的（Appropriate）而非工具的（Instrumental）组织结构和实践，这些结构在社会（构成者）信念中被认为是理性的。相比 Meyer 和 Rowan 偏重现象学和知识社会学的分析思路，DiMaggio 和 Powell（1983）对现代组织理性化成因的考察显得更为直接和有针对性，他们重新探讨了韦伯提出的"资本主义理性秩序成为囚禁人性的'铁的牢笼'（Iron Cage）"命题，继而指出推动资本主义企业在结构上理性化的原因已经从在市场竞争中获得效率转化为国家和专业组织等强有力理性行动者的要求，换言之，"组织理性化的引擎已经发生了转变"（DiMaggio & Powell，1983：147）。

以上研究成果构成了新制度主义的基本分析纲领，通过进一步深化和拓展，以 John Meyer（1997，2010）为代表的研究者提出了全球社会（World Society，也称 World Polity）理论，旨在分析全球化背景下的理性化现象。

（二）理性化的当代背景：全球化、全球社会与文化理性化

Meyer 及其合作者将分析的层次定位为全球系统，以继续他们对理性化的研究。他们强调，现代世界中会存在这么多正式组织的根本原因在于全球化。在他们看来，全球化包含三点内容：一是存在一个全球层面的"想象的共同体"；二是全球治理机制、机构和组织的结构化；三是知识的理性化和科学/认

---

① Scott 和 Davis（2007）以为韦伯在讨论科层制时着重形式理性（基于手段-目的的合理计算），而非强调效率的工具/技术理性（即以最高效率达到组织的既定目标），因此早期美国社会学学者对他误解颇深，而韦伯对不同理性做出区分的努力为新制度主义在概念开发方面提供了理论资源。

知共同体的松散整合（Drori，Meyer & Hwang，2009）。由于全球化，"理性化制度"及其要素已经超出一国的层面，成为世界范围内组织面临的环境的一部分（Meyer，Drori & Hwang，2006）。这意味着各种理性化的原件或要素就像零部件那样存在于制度环境中，为了获得合法性以确保自身的生存，组织必须接纳一些公认的标准或者原则，将其纳入自身的结构之中。各类制度要素在跨国层次的扩张为"全球社会"这一概念的提出提供了可能。

全球社会由不同的国家和国际性组织与机构构成，这个系统的各个组成部分在很多意想不到的维度有着惊人的相似之处，这为"无国家性"（Statelessness）的全球系统的创造提供了可能性。与"无国家性"相对应的，Boli 和 Thomas（1997）特别强调非政府和非营利组织作为"全球政体"的重要组成部分，并指出这些机构在塑造和传递全球性的、普遍意义的"脚本"和"模型"的过程中起到了非常积极的作用。例如，这些机构推动的产权规则和平等机会已经是全球共识，这些共识塑造了民族国家以及其他各层次行动者的结构和政策，并最终占据所有社会生活领域，包括商业、政治、教育、科学、医疗甚至是家庭和宗教。

全球社会的形成（过程）（Construction）在很大程度上是文化性的，主导文化是理性主义文化；在全球化时代，文化力量创造了一种由正式的、理性化的和使能的（Empowered）组织所掌控的世界（Meyer，2010）。例如，Drori 等（2009）发现，在全球系统中，占据主导地位的国家（如美国）和跨国组织（如大型企业）成为从医院到包括慈善组织在内所有组织理性化的推动者；而国际机构和专业团体则成为上述国家和机构推广其标准和秩序的合适载体；他们还特别强调，标准化（Standardization）是理性化的一个重要产物和反映，其包括商业、安全、教育和人类工作等多个社会部门的组织内均存在着程度不一的资源、活动和产出的标准测量方法①；此外，很多行业和领域自发产生的行业性标准则构成了所谓的"软法"（Soft Law）（Meyer et al.，2006；Shanahan S.，Khagram，2006）。可见，全球各个社会部门均面临理性化的压力。

（三）非营利部门理性化

Bromley 和 Meyer（2014）指出，在全球社会的背景下，正式组织（Formal

---

① 类似的分析也可见 Ritzer 对于全球组织"麦当劳化"（McDonaldization）四大维度（即有效性、可计算性、可预测性以及控制）的精辟讨论（Ritzer，2011）。

Organization）概念正在所有领域内流行开来，大学、医院、政府部门、家族企业、传统慈善机构乃至宗教组织都在向具有清晰组织使命和目标，强调技术并重视资源安排的组织形式转变。这些组织之所以被称为"正式组织"源于其具有以下的两大特征：理性化的组织认同（强调组织是有一定自主的、富于权利和责任的行动者）和理性化的组织目的（目的－手段明确的安排）。

从这个意义来看，非营利组织的理性化意味着明确自身的目标和认同，建立合理的控制和反馈系统，并与外部行动者间建立起合适的联盟关系（Meyer & Bromley，2013）。那么，我们该如何定义和衡量非营利组织的理性化呢？相关学者已分别在全球及社会层次、社会部门层次和非营利部门层次界定了理性化及其维度，随着层次的下降，这一概念的各个维度呈现出从抽象到具体、从理念到实践的特点（见图1）。

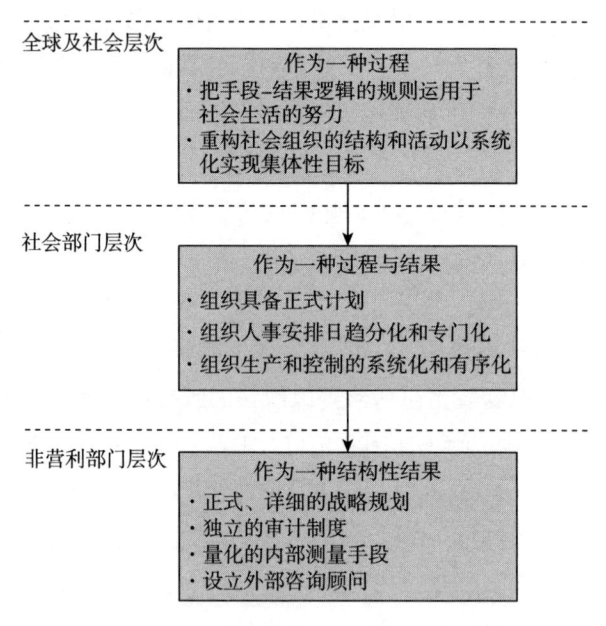

全球及社会层次
作为一种过程
· 把手段－结果逻辑的规则运用于社会生活的努力
· 重构社会组织的结构和活动以系统化实现集体性目标

社会部门层次
作为一种过程与结果
· 组织具备正式计划
· 组织人事安排日趋分化和专门化
· 组织生产和控制的系统化和有序化

非营利部门层次
作为一种结构性结果
· 正式、详细的战略规划
· 独立的审计制度
· 量化的内部测量手段
· 设立外部咨询顾问

图1 非营利部门的理性化及其维度

Meyer 等（1987：23）将理性化界定为"将每日生活结构化到标准的非人格化规则之中从而塑造出指向集体性目的的社会组织"。Jepperson（2002：257）认为全球层次的理性化存在两个维度：一是把手段－目的逻辑运用于社会生活的一系列系统性努力；二是对所有社会组织的不断再建构（包括社会活动和社会行动者）。其中，再建构过程是达成集体目的的合适手段，而这些集体目的本身则服从于不断增强的系统化。Drori 等（2006）指出，理性化在各个社会部门间的扩散主要包含三个维度：一是正式计划，即组织的行为有指导方法和科学的路径；二是理性化的人事安排，包括重视角色专门化、吸纳专业组织成员和增加训练；三是理性化的生产和控制结构，即组织结构分化以及生产和控制过程的系统化。

针对非营利部门的基本特点，Hwang 和 Powell（2009）就组织层次的理性化进行了梳理，他们认为，理性化包含以下几个维度：战略规划手段的利用、独立的外部财务审计制度、有效的量化评估手段以及外部咨询顾问制度。角色设置的专门化、科学化和各类实践模式的规范化，意味着非营利部门的理性化本质上体现为正式化（Formalization），也即 Meyer 和 Rowan（1977）当年所论及的"正式组织结构"。遵循上述结构和实践的非营利部门已经遍布所有国家，无论是发达的欧美社会，还是在亚非拉的欠发达地区（Watkins et al.，2012）；而我国的非营利部门也正在经历着走向专业、正式的变革之中（Spires，2011，2012）。

三 非营利部门理性化进程：一个社会运动视角的解释

在评论非营利部门的兴起时，几乎所有学者都称这是一场"革命"或"运动"。研究者们使用上述隐喻（Metaphors）的基本逻辑是非营利组织的发展是根本性的，有着改变政治、经济以及社会结构的重大意义，进一步细致分析会发现，以革命或者运动作为隐喻更意味着非营利部门的兴起过程和表征与集体行动和社会运动（Collective Actions and Social Movements）间有着非常相似的基本结构。[①] 而在不少研究者看来，大量新兴类型和形态的非营利组织的创造和产生，其本身就是社会运动研究的重要分支（Skocpol et al.，2000；Rao，1998）。可见，当我们试图解释非营利组织理性化这一具有制度意涵的现象时，应当注重将社会运动理论在制度形成和变迁方面的洞见引入制度分析（或文化式解释，Cultural Explanation）中。

---

① 参见 Salamon（1994）对社团革命兴起的综合性分析。

以往学者的分析表明，两者的结合至少具有以下两大优势：一方面，社会运动理论强调行动者和变迁的价值，并在上述领域揭示了与"权力"相关的大量机制，这有助于制度分析者突破以往研究过分偏重"外部冲击"或"制度企业家"等特定性解释（Ad-hoc Explanation）的困境，形成更加系统的分析框架（Schneiberg & Lounsbury, 2008）；另一方面，将组织理性化等现象视为多元乃至冲突的社会运动过程，不仅有助于我们深入理解不同的政治、经济和文化因素在不同历史阶段所起到的作用，还可以从中把握特定运动背后的深层次制度逻辑，这既与新制度主义晚近的理论探讨不谋而合，又为我们梳理非营利组织理性化的基本历程、剖析其背后隐含的基本动力确立了潜在的思考路径（Thornton et al., 2012）。同时，作为复杂的社会现象，社会运动的兴起往往不是单一社会因素或因素简单叠加的产物，而是表现为异常复杂的动态社会过程；而相关学者指出，大部分的社会运动可以从结构、变迁、话语三个角度来考察，即把上述三种超级机制作为分析的起点，用以观察各类微观社会机制的相互耦合与演进，从而理解复杂的社会运动或现象的基本进程（Processes）（赵鼎新，2011）。

综合上述，本文试图将社会运动视角与制度分析（文化理性化）相结合，从环境变迁、文化-认知基础和基本社会结构三个方面出发，来探讨20世纪下半叶以来的全球性社团革命中内隐的理性化过程。

（一）外部政治经济环境变迁

Brooks（2003）发现，在世纪之交，大部分研究非营利部门的重要文献都关注了以下四个主题：市场与竞争、有效性与可问责性、政策与政治、领导力。其中，除去第三个主题，其余均涉及部门（组织）的企业化或市场化（都可视为理性化的侧面）；上述趋势的直接原因是公共服务市场的变化和公共部门私营化改革。

具体而言，更大范围内的政治经济变革，从两个方面驱动着非营利部门外部环境的变动，从而撬动理性化①：首先，20世纪80年代起，大量企业或者准

---

① 按照资源获取方式，非营利组织大致可以分为两类：一类是通过提供服务的方式以收取必要的费用或投资，例如医疗和社会福利机构；另一类就是通过向外界或内部成员募集捐款（或者政府拨款）的方式来维持组织运作，例如各类公益倡导组织或志愿性团体（Hansmann, 1981）。

企业组织进入传统非营利与志愿领域内，与非营利部门形成了竞争关系，上述正面冲击，使得一部分依靠收费维持生存的非营利部门的资源状况持续恶化（Frumkin，2002）。其次，伴随着新公共管理运动（New Public Management，NPM）的风行，各国政府部门开始强调民营化、市场化和商业化，其在社会政策方面的主要指导方针就是推进所谓的"公私伙伴关系"，强调非营利部门承接政府项目时的效率和效能，这在很大程度上影响了那些资金依靠政府资助或拨款的组织（田蓉，2013）。值得注意的是，上述两大变迁虽然来自不同的方向，但是共同强调了非营利部门需要有更加优越的组织发展规划、更好的环境应对能力和内部管控能力，简而言之，组织的一切活动都应该向那些成熟的、有着正式架构的企业"组织"学习，以确保自身能够更好地服务客户和成员（Andrews et al.，2010）。换言之，上述两大政治经济环境的变迁共同促成了非营利部门不断将自己打造为"有效""正式"组织的基本趋势。诚如Frumkin（2002）所言，组织（部门）放弃自身自主性并愿意接受政府各类流程烦琐的项目的原因，不仅在于组织得依靠政府的资金以维持生存，而且在于企业的介入所导致的竞争程度加剧和资金渠道受限。同时，伴随着上述趋势，公众和私人基金会等资金提供方也开始提高对非营利部门的专业化和正规化要求。有研究者指出，私人基金会在提供捐助时往往要求非营利部门拥有必要的战略规划，并能够开展一系列与之匹配的目标导向的管理实践，如目标设置、财务分析、利益相关者分析、环境分析，以及对于行动结果的有效评估（注重对各类绩效评估手段的采纳和应用）（Herman & Renz，1999），这意味着非营利部门不得不设立正式、常规的部门或人员来应对（Frumkin & Kim，2001）。可见，资源条件的复杂化和制度环境的规范化从多方面驱动着非营利部门的理性化。

大量研究成果考察了非营利部门在外部环境复杂化后采取的应对措施，结果显示，大部分方案都指向某些理性化要素——实证结果表明，"标榜"自身具有明确战略定位和规划的组织，比那些真正投入资金以高效运作的组织获得了更多的资源（Frumkin & Kim，2001）。而Brint和Karabel（1991）的长时间追踪分析则发现，资源状况的变动非常明显地影响了美国社区学院对自身的定位，从而导致其逐步转向把自己打造为培育专业技术人才的场所，而非提供传统的"博雅教育"（Liberal Education）。Townley等（2003）对加拿大博物馆的理性化进程进行了深入研究，借助于康德和韦伯的理论，他们发现，博物馆实施的绩效评估措施在其演进过程中内含了两种理性化理念：其一是个体（管理者）可以借助理性（Reason）对各种人类事物进行正当化（Justification）处理，其二则是组织履行目标－手段（Means－end）设置的目的理性过程。随着各类商业规划和绩效评估的具体展开，上述两种理性化看似相互矛盾却又相辅相成。

最后，资源环境变迁对不同性质和运作模式的组织的影响是不尽相同的。一般认为，政治经济结构变迁在很大程度上缩减了传统志愿组织的活动空间，促使某些不属于竞争领域的组织等级分化、规章繁复，市场化的趋势逐步加强（Eikenberry & Kluver，2004）。

（二）管理专业主义理念形成

经由学术界（主要是商学院研究者）提炼、总结后产生的用于指导非营利组织（部门）的各类专业主义话语、理念和解决方案（Bromley & Meyer，2014），也是此阶段组织理性化的重要动力。换言之，在新自由主义的大潮下，各类旨在指导和帮助非营利部门通过有效管理自身以应对竞争环境的学者和顾问应运而生，各类专业或科学的学术期刊和书籍也开始不断地鼓吹非营利部门应该提高自己的效率和效益，商学院或社工学院也逐步推出了相关培训课程和项目，这一过程推动了非营利部门内部专业主义（Professionalism）的传播。

就目前而言，有别于传统专业主义、强调抽象和普适原则的"管理主义"（Managerialism）理念和话语（Clegg，2014），在非营利部门内占据着主导地位。"管理主义"强调经过专业训练的管理者掌管企业或其他组织，实施专业、规范的管理和战略方案以应对不同利益相关者的要求，这一取向与大型复杂的组织结构和科层规则相适应，并在本质上体现为效率导向（Kitchener，2002；Hwang & Powell，2009）。因此，学术界与实务界的互动造就了一个由管理主义逻辑所主导的组织场域，该逻辑核心内涵便是强调建设专业的非营利组织，而"专业"的关键就是要使组织在行为动因、组织结构和结果设定等各个方面都变得"像企业"（Maier et al.，2014）：一个典型的例子是，创建和掌管新型非营利组织的个体被称为社会企业家（Social Entrepreneurs）。

Frumkin 和 Kim（2001）指出，大量的书籍和研究都在告诉非营利组织的管理者如何开展流程再造、质量管理和标杆设置，以打造高效运作的组织；不少学者声称，其战略方案能够帮助非营利组织克服以下四大挑战：员工离职、不稳定的志愿者队伍、难以应付的服务对象以及日益难以取悦的资金供应方。研究者们还试图告诉实践者，采取某些商业部门中成功的措施和战略可以大大促进非营利部门的发展——例如，基于企业营销概念而开始流行的市场导向实践（具体指非营利部门通过借助市场机制实施各种营销手段以适应高要求与演变的环境），近十多年来为不少学者所倡导，因为该实践被认为有可能提高非营利部门的绩效和创新水平（Kara et al.，2004）。更为关键的是，尽管不少研究者就企业式运作对组织价值倡导方面的影响不无批评，但追求专业本身并不成为被批判的对象。例如，在《哈佛商业评论》上的一篇论文中，虽然两位作者对非营利部门盲目追逐利润的"使命转移"倾向提出了警示，可是他们关于非营利部门建立起使命驱动的、精于战略规划和权衡的八点建议却和他们所警惕的倾向一样，都指向了目标评估、组织监控等专业举措（Foster & Bradach，2005）。

当然，专业主义话语的影响，最终取决于那些能够介入特定社会领域的行动者。出于提高组织有效性的考虑，大量的非营利部门引进了专业管理人士，正如 Scott（2008b）所指出的，这些专业人士成为非营利部门内的重要"制度行动者"，促成了以管理主义为代表的新兴制度逻辑在特定场域内的生长。而对"专业"领导的追求，最终促使非营利部门的管理人员进入商学院等机构进行培训，这又推动其在非营利部门内实施促进其自身理性化的措施（Brooks，2003）。Hwang 和 Powell（2009）就专业主义对理性化在非营利部门内兴起的影响进行了实证分析，他们发现那些领导人受过商学院的教育（如获得 MBA 学位）或获得过特定管理培训的组织，更加容易采取理性化措施。

简而言之，在新自由主义兴起的背景下，市场化和民营化的政府方案层出不穷，既推动了非营利部门资源环境的变迁，又使得以市场为基础的管理主义获得了非常大的推动，并逐步成为主导性的制度逻辑。随着时间推移，管理主义理念与崇尚良好治理和绩效的政策变革间形成了相互推进的互动局面，最终促成非营利领域内主要评估标准和基本认同的"企业化"转向（Meyer at al.，2013；Meyer & Hammerschmid，2006）。

（三）结构性要素的推动与调节

在"制度化"的世界中，国家仍然影响着社会团体的发展和壮大；因此，在考察理性化在不同地区的扩张时，应关注那些潜在的结构性资源、机会及其限制（Schofer & Longhofer，2011）。其中，以下两个关键结构性要素会对非营利部门理性化进程有所影响：一是不同国家在非营利世界发展中所处的结构性位置及其互动关系；二是一国内部各个社会部门间的结构性地位及其互动关系。

首先，特定国家在全球政治经济系统中的地位及其与其他国家的互动。非西方国家的现代化源于全球性同构压力，属于后发驱动型，这意味着对于西方制定的规则和理念，发展中国家内的组织往往不得不接受或会自发地遵循。

Drori等（2006）的实证结果显示，对外贸易的增长、科学的进步和在全球各类组织中的嵌入程度是推动一国治理理性化的重要因素。类似地，发展中国家的非营利部门往往受到西方同类组织在理念和运作方面的影响。这类影响的特点是标准化，即学者/专业组织学习或传播西方标准，国内实践者依赖上述标准来开展活动（Schofer & Longhofer，2011）。例如，Spires（2011）发现，海外基金会在中国的培训项目更多反映的是北美慈善界高度专业化的特点，强调了战略规划、组织治理、可问责性以及透明度等正式和制度化策略；上述专业、可控的理念在同质性因素的影响下，迅速影响了一大批具有政府背景的非营利部门，从而使之接受了大量理性化的要素；不管这些国际组织在价值层面的初衷如何，其在推进理性化方面是成功的（Watkins et al.，2012）。另外，中国非营利部门往往会迅速接受海外最新标准，"社会企业"的迅速流行和崛起就是一个例子，不管那些自称社会企业的组织是否真正体现出其混合性（兼具商业和公益属性），至少在形式上，不少组织都具备了理性化要素（Smith，2014；Zhao，2012）。可见，在同构压力越大的国家内，对非营利部门理性化有正面影响的因素（如专业人士机构介入）的作用往往会被放大。

其次，一国内部非营利部门的基本地位及与第一、第二部门间的相互关系，特别是国家与社会关系的基本结构和互动方式。例如，Kriesi（1996）从组织自身情况和国家权力结构及其针对社会组织的策略角度，对欧洲国家新社会运动组织的商业化和制度化趋向做了精辟的解释：那些不能为国家主流权力结构所采纳的亚文化组织（如具有明显价值和情感性取向的同性恋、女权运动组织），往往容易转变为提供服务的商业性组织；而某些工具性和目的性较强的组织，在弱国家传统的社会内往往容易制度化为（类似政党的）利益集团。

进一步地，Meyer和Bromley（2013）指出，就一国组织的理性化或正式性而言，政体（Regime）具有很大作用。例如，发达国家大致可分为英美的自由主义传统和欧陆的法团主义传统，在前一传统的国家内，组织资金来自政府的比重相对较小。因此，在控制其他因素的情况下，可以认为，英美等国家市场竞争的压力对于组织理性化的驱动效应相对更大（Anheier & Salamon, 2006）；而在欧陆国家内，虽然非营利部门也面临着市场化压力，但其对组织理性化的促进效应相对较小（Stephan et al., 2013）。同时，政体类型还能通过相应政策对非营利部门的理性化过程造成间接的影响和制约。研究表明，英国、美国、新西兰与澳大利亚等国家推行的公共管理改革在政策导向方面更加偏重于管理化与市场工具的运用；与此同此，欧洲大陆的不少国家则在政策导向方面倚重以协商与共识、多方网络为基础的决策与治理模式（田蓉，2013）。很明显，在这些政策工具的促动下，上述国家非营利部门理性化的情况也会大相径庭。相关情形在文化差异更大的地区就更为明显，例如，虽然台湾地区的社会企业已经具备了一定规模，且有着较为成熟的治理机制，但主要领导人在组织决策中太过强势，弱化了理性化机制的扩张（官有垣等，2015）。

（四）小结

结合集体行动和社会运动研究的基本理论视角，此一部分从"为什么"（Why）和"怎么样"（How）的角度剖析了非营利部门理性化背后的潜在动力（Scott, 2008a）。具体而言，借助于环境变迁、文化-认知和社会结构三个机制的各自作用及其相互耦合，宏观意义的政治、经济和文化力量在促成20世纪下半叶以来的社团革命的同时，还以较为隐蔽的方式推动着非营利部门的理性化（见图2）。

进一步地，从新制度主义的理论脉络出发，我们还可探讨上述三大机制间有机互动和关联背后的核心制度逻辑：作为一场全球范围内的扩散运动，单纯的经济力量或文化因素都不足以推动理性化在非营利部门内获得全面意义的成功，真正使之在全球范围内形成"革命"之势的根本动力在于当今国际秩序的中心-边缘结构；换言之，西方国家特别是美国在各个方面的霸权是催生全球范围内非营利部门理性化的根本性前提。一方面，全球化以及与之对应的生活和生产方式的转化是其经济霸权的体现，其突出表现为各个类型组织"麦当劳化"的过程；另一方面，强调科学管理和个人自主的理念伴随着传媒和跨国机构的传播则体现了其文化霸权，从而塑造了合乎上述两大理念的正式组织形式（Bromley & Meyer, 2014）。正是在这个意义上，前述三个在预设和分析逻辑层面相互分离甚至水火不容的机制才有可能在现实中呈现出相互融合、共同促进的局面（Powell, 1991）。从某种角度看，非营利部门理性化的扩展过程仅仅是美国霸权结构下全球趋同的一个侧面,类似的现象还包括福音派基督教(Evangelicalism)在世界范围内的兴盛(Freston,2001),以及拥有程序合法性的选举民主制度在非西方地区的推广(赵鼎新,2016)。

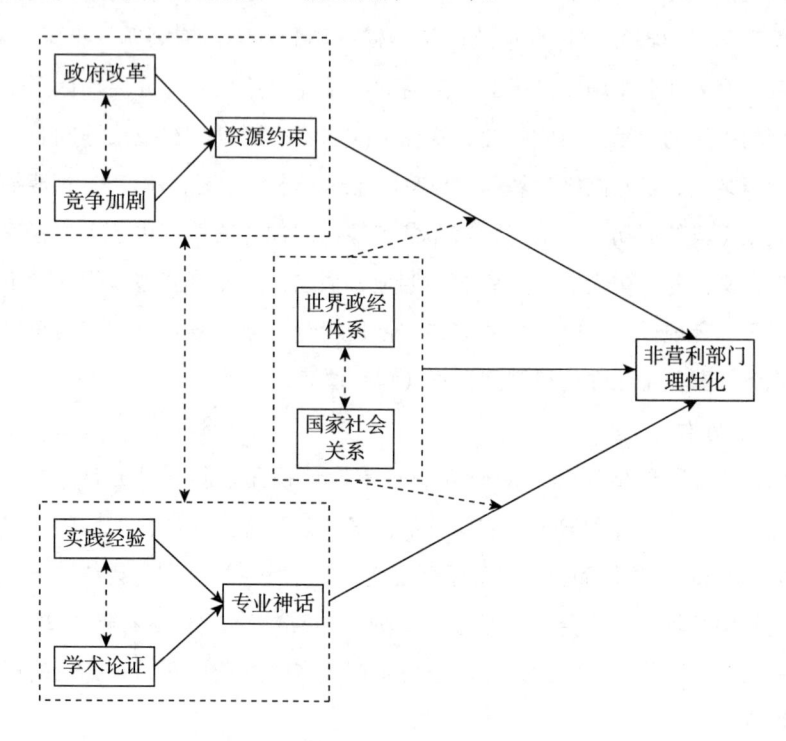

图2 全球"社团革命"中的理性化进程
注:虚线箭头代表交互或者调节。

四 结语:有何潜在后果?

非营利部门的理性化是全球文化理性化和正式组织兴起的重要组成部分:现代社会部门间边界的重叠、交融和渗透在整体意义上催生出各类混合性质的组织形态;但是,不同社会部门的边界在形式意义上呈现出相互接近的趋势,并在总体上存在着一个明显的方向,即各类组织呈现出理性化。借鉴 Kalberg(1980)的思路,非营利部门的理性化过程突出表现为理论理性(Theoretical Rationality),借助科学理论论证对非营利部门的基本目标(实质理性)进行重构和替代,并据此将非营利部门和志愿团体建构为"手段-目的"明确的形式理性为主导的机构。从目前来看，在大量管理专业主义理论的支持下，正式、专业和能力等理性话语成为非营利部门的基本共识①，可见，理性化既构成了非营利部门的当前状态，也成为其进一步前进的趋势。那么，上述趋势究竟会有怎样的后果呢？

本文以为，理性化会在以下层面对非营利部门产生影响。

首先，在法律条款相对规范的环境中，如果使命相对明确和直接，非营利部门的确可以通过理性化发挥更大的社会功能（Weisbrod，1991），运用得当的商业化和理性化策略有助于非营利部门吸纳资源，并发挥出合宜的社会功能。对大部分非营利部门有待发展的国家而言，源于西方的理性化标准及相关的战略方案不仅为其第三部门提供了最直接的标杆和模板，还有利于迅速形成与国际接轨的组织形态。但是，必须指出的是，除去某些目的性极强的组织，大量非营利部门的基本使命或目标是模糊的（Weisbrod，1998）。因此当外部环境的复杂性和不确定性加大时，理性化反而会导致组织应有的慈善之义被具体的执行者抛于脑后，使得功利目标取代真正的公共价值——公共性的丧失可能使组织变得逐利，转而追求资金和曝光率等短期指标。近期在英国出现的一位老太太因不堪慈善团体集体催逼捐款而自杀的案例，正是此种危险的极端情形。②可见，如何避免某些目标模糊的非营利机构因为理性化而丧失公共性，既是实践层面的关键问题，也是立法层面的重要课题。

其次，一部分中微观层面的研究表明，理性化会导致非营利部门内部出现功能冲突，导致认同对立乃至分裂。例如，不少社会企业在使命保持以及组织认同的维系方面做了大量工作，但很少有组织能够在专业主义和志愿主义的冲突中保持良好的状态，一部分组织甚至面临解体的风险（Battilana & Lee，2014）。与此同时，由于非营利部门目标的模糊性和结果的难以测量，理性化还有可能导致组织内部充斥着束之高阁的规章制度和虚晃一枪的组织实践（Weisbrod，1991；Meyer et al.，2013）。不过，也有研究者认为，一定程度上的理性化可能促进更加新颖、综合的组织结构和实践的产生。例如，Ritzer 和 Walczak

---

① 正如 Lounsbury（2007）所发现的，20 世纪 70 年代"委托－代理"理论研究的突飞猛进，促进了以经理人为主导的新兴信托基金的兴起，并最终占据主流地位。
② 相关信息可以参见新华网的相关报道：《英老太不堪慈善组织催捐而自杀》，http://news.xinhuanet.com/world/2015－05/17/c_127809099.htm。

（1988）发现，对精神病诊所这类具有较强专业色彩的机构而言，理性化或管理专业化并不一定就会导致形式理性的完全胜利，蕴含着传统专业精神的实质理性也可以调适乃至吸纳形式理性，并最终催生出更符合现代社会规范的组织形态。可见，对后发国家的非营利部门而言，在吸纳理性化要素的同时，发展出扬长避短的组织形式是可能的。

再次，或许是最为重要的问题，在不少非营利部门经由专业化和商业化逐步理性化之时，社会大众参与公益和志愿的可能性将会极度下降，业余性质的志愿者越来越被边缘化。例如，OECD（2003）曾在其报告中在指出，最新形式的非营利部门更加注重企业家精神和盈利性活动，其核心是要招聘更多的专职人员以帮助就业或获得更大的公共服务市场份额。国家与社会关系的研究者们也发现，志愿和公益组织的会员越来越隔绝于组织，形成所谓的"没有成员的社团"（Skocpol，1999）。需要指出的是，上述情况大部分发生在拥有很强志愿传统的发达国家社会内。相对而言，理性化对发展中国家的志愿和公益组织或许有着更大的积极意义。这是由于，在缺乏现代意义的志愿或自组织传统的社会内，注重专业规范和正式制度的志愿者组织或会有助于非营利和志愿部门内部资源的有效开发，例如，上海NPI（恩派）等孵化机构的出现促进了志愿组织的专业化和正规化，并在整体上提升了当地志愿者队伍的质量（赵毅，2015）。

最后，从现实角度看，中国非营利部门在其发展过程中正面临着世界性压力、自身体制遗产和新兴社会阶层崛起三股相互勾连又不断演进的力量的推动与掣肘，呈现出生机勃勃却又毫无章法的发展态势，社会企业、公益众筹、商业化和专业化等相关的时髦术语在该部门内此起彼伏、相得益彰。因此，对政策制定者、研究者以及实践人士而言，当务之急是要理顺内外部标杆、模板的潜在意义和局限，进而引导非营利部门制定出更为长远的发展策略，避免理性化扼杀组织在培育社会创新、塑造公共美德和践行公益慈善方面的积极功能。

参考文献

〔德〕马克斯·韦伯（2010）：《马克斯·韦伯社会学论文集》，闫克文译，北京：人民出版社。

田蓉（2013）:《新管理主义时代香港社会福利领域 NGO 之发展》,《社会》,第1期。

官有垣等（2015）:《台湾社会企业之组织特质与经营管理挑战:2010 年的调查数据分析》,《中国第三部门研究》,第 8 卷。

秦晖（2006）:《变革之道》,郑州:郑州大学出版社。

赵鼎新（2012）:《社会与政治运动讲义（第二版）》,北京:社会科学文献出版社。

赵鼎新（2016）:《国家合法性和国家社会关系》,《学术月刊》,第 8 期。

赵毅（2015）:《公益孵化器的能与不能》,《决策》,第 2 期。

Alhumaid, S. (2013), "The Nonprofit Sector: Comments on Recent Scholarly Contributions", 73 (1), *Public Administration Review.*

Andrews, K. T., Ganz, M., Baggetta, M., Han, H., & Lim, C. (2010), "Leadership, Membership, and Voice: Civic Associations That Work", 115 (4), *American Journal of Sociology.*

Anheier H. K. and Lester Salamon M. (2006), "The Nonprofit Sector in Comparative Perspective", in Walter W. Powell, Richard Steinberg (eds.), *The Nonprofit Sector: A Research Handbook* (2nd), New Haven & London: Yale University Press.

Boli, J. & Thomas, G. M. (1997), "World Culture in the World Polity: A Century of International Non-governmental Organization", 62 (2), *American Sociological Review.*

Bromley, P. & Meyer, J. W. (2014), "They Are All Organizations: The Cultural Roots of Blurring Between the Nonprofit, Business, and Government Sectors", *Administration & Society*, forthcoming.

Brooks, A. (2003), "Challenges and Opportunities Facing Nonprofit Organizations", 63 (4), *Public Administration Review.*

Brint, Steven, and Jerome Karabel. (1991), "Institutional Origins and Transformations: The Case of American Community Colleges", in DiMaggio P J, Powell W (eds.), *The New Institutionalism in Organizational Analysis*, Chicago: The University of Chicago Press.

Battilana, J. & Lee, M. (2014), "Advancing Research on Hybrid Organizing: Insights from the Study of Social Enterprises", 8, *Academy of Management Annals.*

Clegg, S. (2014), "Managerialism: Born in the USA", 39 (4), *Academy of Management Review.*

DiMaggio, P. J. & Powell, W. W. (1983), "The Iron Cage Revisited: Institutional Isomorphism and Collective Rationality in Organizational Fields", 48 (2), *American Sociological Review.*

Drori, G., Meyer, J. & Hwang, H. (2009), "Global Organization: Rationalization and Actorhood as Dominant Scripts", 27, *Research in the Sociology of Organizations.*

Drori, G., Jang, S. Y., & Meyer, J. W. (2006), "Sources of rationalized governance: cross-national longitudinal analyses, 1985-2002", 51 (2), *Administrative Science Quarterly.*

Eikenberry, M. & Kluver, J. D. (2004), "The Marketization of the Nonprofit Sector: Civil Society at Risk", 6 (2), *Public Administration Review*.

Foster William, and Bradach Jeffrey (2005), "Should ovonprofits Seek Profits?", Harvard Business Review, February.

Frumkin, P. (2002), *On Being Nonprofit: A Conceptual and Policy Primer*, Cambridge: Harvard University Press.

Freston, Paul. (2001), *Evangelicals and Politics in Asia, Africa and Latin America*. Cambridge: Cambridge University Press.

Fisher, J. (1998), *Nongovernment: NGOs and the Political Development of the Third World*, West Hartford, CT: Kumarian.

Frumkin Peter, Margk T. Kim. (2001), "Strategic Positioning and the Financing of Nonprofit Organizations: Is Efficiency Rewarded in the Contributions Marketplace?" 61 (3), *Public Administration Review*.

Grohs Stephan, Katrin Schneiders & Rolf G. Heinze. (2013), "Social Entrepreneurship versus Intrapreneurship the German Social Welfare State: A Study of Old – Age Care and Youth Welfare Services", *Nonprofit and Voluntary Sector Quarterly*.

Hwang, H. & Powell, W. W. (2009), "The Rationalization of Charity: The Influences of Professionalism in the Nonprofit Sector", 54, *Administrative Science Quarterly*.

Hansmann, H. (1980), "The Role of Nonprofit Enterprise", 80, *Yale Law Journal*.

Herman, R. D. & Renz, D. O. (1999), "Theses on Nonprofit Organizational Effectiveness", 28 (2), *Nonprofit and Voluntary Sector Quarterly*.

Jepperson, R. (2002), "The Development and Application of Sociological Neoinstitutionalism", *New Directions in Contemporary Sociological Theory*, J. Berger & M. Zelditch (eds.), Laham: Rowman & Littlefield Publishers.

Kitchener, M. (2002), "Mobilizing the Logic of Managerialism in Professional Fields: The Case of Academic Health Centre Mergers", 23 (3), *Organization Studies*.

Kriesi, H. (1996), "The Organizational Structure of New Social Movements in a Political Context", Doug McAdam, John D. McCarthy, Mayer N. Zald (eds.), *Comparative Perspectives on Social Movements*, Cambridge: Cambridge University Press.

Kalberg Stephen. (1980), "Max Weber's Types of Rationality: Cornerstones for the Analysis of Rationalization Processes in History", 85 (5), *American Journal of Sociology*.

Kara Ali: , et al. (2004), "An Empirical Investigation of the Link between Market Orientation and Business Performance in Nonprofit Service Providers", 12 (2), *Journal of Marketing Theory and Practice*.

Lounsbury, M. (2007), "A Tale of Two Cities: Competing Logics and Practice Variation in the Professionalizing of Mutual Funds", 50, *Academy of Management Journal*.

Meyer, J. W. & Rowan, B. (1977), "Institutionalized Organizations: Formal Structure as Myth and Ceremony", 83 (2), *American Journal of Sociology*.

Meyer, J. W. (2010), "World Society, Institutional Theories, and the Actor", 36, *Annual Review of Sociology.*

Meyer, J. W., Boli, J. Thomas, G. M. & Ramirez, F. O. 1997, "World Society and the Nation – state", 103, *American Journal of Sociology.*

Meyer, J. W., Drori, G. & Hwang, H. (2006), "World Society and the Proliferation of Formal Organization", In J. W. Meyer, G. Drori & H. Hwang (eds), *Globalization and Organization: World Society and Organizational Change*, NY: Oxford University Press.

Meyer, J. W. & Bromley, P. (2013), "The Worldwide Expansion of Organization", 31, *Sociological Theory.*

Meyer, J. W., Boli, J. & Thomas, G. (1987), "Ontology and Rationalization in the Western Cultural Account", in George M. Thomas, John W. Meyer, Francisco O. Ramirez, John Boli (eds.) *Institutional Structure: Constituting State, Society, and the Individual.*

Maier, F., Meyer, M. & Steinbereithner, M. (2014), "Nonprofit Organizations Becoming Business – like: A Systematic Review", *Nonprofit and Voluntary Sector Quarterly*, Online0899764014561796.

Margaret Harris. (2012), "Nonprofits and Business: Toward a Subfield of Nonprofit Studies", 41 (5), *Nonprofit and Voluntary Sector Quarterly.*

Meyer, M., Buber R. & Aghamanoukjan, A. (2013), "In Search of Legitimacy: Managerialism and Legitimation in Civil Society Organizations", 24, *Voluntas.*

Meyer R. & Hammerschmid, G. (2006), "Changing Institutional Logics and Executive Identities: A Managerial Challenge to Public Administration in Austria", 49 (7), *American Behavioral Scientist.*

OECD. (2003), *The Non – profit Sector in a Changing Economy*, Paris: OECD Publisher Service.

Pospíšilová Tereza (2012), "Nonprofit Management Education in the Czech Republic: The Struggle for Civil Society versus the Struggle for Survival", 41 (2), *Nonprofit and Voluntary Sector Quarterly.*

Powell, Walter W. (1991), "Expanding the Scope of Institutional Analysis", in DiMaggio P. J., Powell W. (eds.), *The New Institutionalism in Organizational Analysis*, Chicago: The University of Chicago Press.

Ritzer, G. (2011), *The McDonaldization of Society* 6, LA: Pine Forge Press.

Ritzer George, and Walczak David (1988), "Rationalization and the Deprofessionalization of Physicians", 67 (1), *Social Forces.*

Rao, H. (1998). Caveat emptor: The Construction of Nonprofit Consumer Watchdog Organizations, 103 (4), *American Journal of Sociology.*

Salamon, L. (1993), "The Marketization of Welfare: Changing Nonprofit and For – Profit Roles in the American Welfare State", 67, *Social Service Review.*

—— (1994), "The Rise of the Nonprofit Sector", 73 (4), *Foreign Affairs.*

Shanahan, S. & Khagram, S. (2006), "Dynamics of Corporate Responsibility", In J. W. Meyer, G. Drori & H. Hwang (eds), *Globalization and Organization: World Society and Organizational Change*, NY: Oxford University Press.

Spires, A. J. (2011), "Organizational Homophily in International Grant-making: US-Bases Foundations and their Grantees in China", 7 (3), *Journal of Civil Society*.

—— (2012), "Lessons from Abroad: Foreign Influence on Chinas Emerging Civil Society", 68, *China Journal*.

Scott, W. R. (2008a), *Institutions and Organizations: Ideas and Interests* (3rd edition). Los Angeles: Sage Publications.

—— (2008b), "Lords of the Dance: Professionals as Institutional Agents", 29 (2), *Organization Studies*.

Scott, W. R. & Davis, G. F. (2007), *Organizations and Organizing: Rational, Natural, and Open System Perspectives*, N. J.: Prentice Hall.

Schofer, E. & Longhofer, W. (2011), "The Structural Sources of Association", 117 (2), *American Journal of Sociology*.

Smith, S. P. (2014), "Hybridity and Nonprofit Organizations: The Research Agenda", 58 (11), *American Behavioral Scientist*.

Skocpol, T. (1999), "Associations without Members", 10 (5), *The American Prospect*.

Skocpol, T. Marshall Ganz & Ziad Munson. (2000), "A Nation of Organizers: The Tnstitutional Origins of Civic Voluntarism in the United States", 94 (3), *American Political Science Review*.

Schneiberg M., Lounsbury M. (2008), "Social Movements and Institutional Analysis", In Greenwood, R., Oliver, C., Suddaby, R., & Sahlin-Andersson, K. (Eds.) *The Handbook of Organizational Institutionalism*, Thousand Oaks, CA: Sage.

Townley, B. David Cooper J. & Leslie Oakes. (2003), "Performance Measures and the Rationalization of Organizations", 24 (7), *Organization Studies*.

Thornton, P. H., Ocasio, W., & Lounsbury, M. (2012). *The Institutional Logics Perspective: A New Approach to Culture, Structure, and Process*, NY: Oxford University Press.

Weisbrod Burton. (1991), *The Nonprofit Economy*. Cambridge: Harvard University Press.

—— (1998), "The Nonprofit Mission and Its Financing: Growing Links between Nonprofits and the Rest of the Economy", In Burton Weisbrod (ed.) *To Profit or Not to Profit: The Commercial Transformation of the Nonprofit Sector*.

Watkins, C. S., Swidler, A. & Hannan, T. (2012), "Outsourcing Social Transformation: Development NGOs as Organizations", 38, *Annual Review of Sociology*.

William Foster, and Jeffrey Bradach (2005), "Should Nonprofits Seek Profits?", *Harvard Business Review*, February.

Zhao, Meng. (2012), "The Social Enterprise Emerges in China", *Stanford Social Innovation Review*, Available at SSRN: http://ssrn.com/abstract = 2006776.

The Ghost behind "Associational Revolution": The Rationalization of Nonprofit Sector and Its Formation

Song Chengcheng

[**Abstract**] The worldwide "associational revolution" not only has changed the position of nonprofit sector in social system of every country, but also led the transition of organizational structures and operational practices throughout the sector, what is more, this transition is fundamentally consistent with the important trend of modern world-rationalization. Based on the cultural rationalization framework of neo-institutionalism and social movement theories, this article discusses the rational characteristics of nonprofit sector (organizations) and its formation mechanisms, and also considers the influences of this trend. We argue that along with the fast expansion of formalized organizational structures and professional management practices in nonprofit sector, rationalization meets its "third wave".

[**Key words**] associational revolution; rationalization of nonprofits; managerialism; environmental changes; social structures

(责任编辑：蓝煜昕　李长文)

结社组织与政体关系的再思考[*]
——评《欧洲法西斯主义的公民基础：意大利、西班牙与罗马尼亚 1870 – 1945》

纪莺莺[**]

托克维尔在《论美国的民主》中提出志愿结社是美国民主的基石，这一论点奠定了有关民主之社会条件讨论的基础（托克维尔，2009）。帕特南通过对意大利南北部的比较研究，在当代复兴了托克维尔的论题，并且使得下列新托克维尔主义观点得到了广泛传播：结社组织可以培育社会规范尤其是信任与合作，从而为集体生活提供社会资本，并构成稳定民主政体的基础（帕特南，2001）。20世纪90年代以来全球范围内发生的"结社革命"似乎更是为此提供了论据，发达资本主义国家与第三世界国家都兴起了大量 NGO，在政治、经济与社会的层面发挥着多种重要功能（Salamon，1994）。主流西方国家通过智识与财力的赞助，扶植非西方国家 NGO 的发展。质言之，当下无论在理论上还是实践上，在世界范围内新托克维尔主义都占据了主导地位，被视为一种具有相当程度普世性与规范价值的思想体系。

但与此同时，较少受到国内学界关注的则是国外研究者已经提出了一些针对新托克维尔主义的重要批评（Tarrow，1996；Berman，1997；Skocpol et al.，

---

[*] 本文得到"江苏省决策咨询研究基地项目"资助（15SSL031）。本文受益于周晓虹教授读书会上诸位师友对托克维尔、帕特南与阿伦特等人的研读，文责自负。

[**] 纪莺莺，上海大学社会学院副教授，博士。

2000；Kaufman，2002）。迪伦·莱利（Riley，2010）的近期研究则提出了极富挑战性的新命题，试图在结社组织的发展与威权政体之间建立因果关系。在《欧洲法西斯主义的公民基础：意大利、西班牙与罗马尼亚 1970－1945》一书中，莱利指出，对于托克维尔式结社思想的信奉已导致当代政治文化中出现了一种"浪漫主义"。其问题在于，遵循托克维尔命题的研究都是在既定的完善的自由民主政体国家中讨论结社组织与民主政体的关系，但欧洲局部地区的历史经验表明，法西斯主义的兴起与结社组织的快速发展有关。1890～1914 年，欧洲进入互助会、农村合作社以及各种合作组织勃发的时代，特别在意大利、西班牙与罗马尼亚等国家。但是，结社组织的迅速发展带来的并不是自由民主政体的发展与巩固，而恰是它的反面——法西斯主义的形成，但必须强调莱利是在与专制或极权主义不同的意义上使用法西斯主义这一术语的。基于历史社会学的证据，莱利提出，需要重新审视结社组织发展的政治后果，它并不必然导向自由民主制；相反，它的后果"极大地取决于既定政治冲突的结构"（Riley，2010：2），或者用葛兰西的术语来表述，即取决于"霸权政治"的建立。莱利的观点，针对结社空间与威权政体提出了非常富有争议性的看法。

尽管莱利反复强调自己是在使用拉卡托斯（Lakatos，1970）的"进步性的纲领转换（progressive problem shift）"之方法论，即他并非试图使用个别经验证据来证伪托克维尔，而是通过对托克维尔理论视角下所发现的反面案例的整合与解释来激发理论自身的发展与重构。但是这种认为结社组织的发展非但没有支撑自由民主政体反而助力于法西斯政体的观点，对新托克维尔主义的基本立场提出了挑战，从而引起人们对于后者的反思，也迫使与此相关的研究纲领进行调整。莱利此书试图重构结社组织与政体形式之间的因果关系，反映了近期相关论题的新理论进展，有一定的理论创新。

一　结社组织与法西斯主义

与新托克维尔主义一致，莱利亦把结社组织作为分析核心。但是他在与通常用法不同的意义上使用了法西斯主义一词，实际是置换了这个概念。他提出把法西斯政体理解为"威权民主"，而不是将法西斯主义等同于专制或极权主义，理由是法西斯政体实际上是试图通过威权手段实现极端的实质民主。政治精英系统通过威权手段来获得一种基于大众民主的合法性，解散议会、选举这些"失效"的自由民主手段，目标是让国家能够代表全部人民（而非大多数）。因此，专制化理解忽略了法西斯主义认为只有自己才真正代表了整个国家；而极权主义解释则过于局限在纳粹德国的经验之上。如此，莱利拓展了法西斯主义的讨论范围，包含了将威权手段与民主诉求相结合的诸多政体形式。这种做法有利于作者将更多的经验现象纳入分析范畴。实际上，作者在发表的相关论文中（Riley，2005；Riley & Fernandez，2014），却又分别使用极权和威权来指称特定时期的意大利和西班牙。研究者们可能会不同意这个被置换了的定义，莱利在概念拓展上也的确存在漏洞，但是这并不十分妨碍莱利的论证方向，即试图在非自由民主政体形式与志愿结社之间建立因果关联。

莱利指出"结社发展对于政体的后果，不是直接发生的，而依赖于是否存在霸权政治。在一战和二战期间的意大利、西班牙和罗马尼亚，志愿结社的发展催生了法西斯主义而非自由民主制，因为它的形成领先而非滞后于强大政治组织（霸权政治）在领导阶级和非精英群体中的形成。在这些国家，志愿结社的发展的确倾向于推动民主制，就像在别的国家一样。但是在缺乏充分政治制度的条件时，民主诉求反而悖论式地导出了一种反自由的威权形式：一种对于政治的技术专家主义拒斥"（Riley，2010：2）。

简言之，结社组织的确催生了民主需求，但如果这个社会的政治体制发展得还不够充分，并不能够在自由主义政治的框架里解决这种需求，这就可能产生一种普遍性的政治危机，从而导向一种威权民主的状况（Riley，2010：21）。与自由民主的解决方案不同，后者采用了一种"反政治化"（antipolitical）的方式，认为代议民主制并不能够代表全部人民和整个国家。在这种情况下，结社组织发展非但没有支撑既有的代议民主制度，反而削弱了它们并支撑了法西斯主义政体的兴起。它的确推动了民主的发展，但并不必然是"自由"民主制。在某种意义上，这印证了亨廷顿（1988）所说："公众高度活跃与动员化但政治制度的发展水平却较低的社会，常常陷入不稳定、失序与暴力。"

莱利对意大利、西班牙与罗马尼亚的分析表明，这三个案例的发展均符合上述论断。但是三者之间由于结社组织的具体发展路径与特征存在差别，分别形成了政党法西斯主义、传统法西斯主义和国家法西斯主义。

二 过程分析：结社空间的发展与霸权政治的失败

在莱利的分析中，上述三个案例都经历了同样的发展历程，即建立霸权政治的失败最终通往法西斯之路。为了说明其具体机制，莱利引入了葛兰西的霸权理论，将这一过程分解为五个步骤：寡头自由主义的起步发展，结社空间的发展，建立霸权政治的失败，结构危机（organic crisis）阶段，法西斯主义的崛起。莱利分析的关键正在于结社空间的发展与霸权政治的失败这两点上。

（一）结社空间的发展

在法西斯主义产生之前，意大利、西班牙与罗马尼亚实际上都建立了一定程度的自由民主制，并且主要表现为寡头自由制度，但它们并非成熟的代议制民主国家。在不成熟的代议民主制度之下，在19世纪末与20世纪初，三国的结社组织都经历了长足的发展，尽管其具体契机、动力与特征各不相同。以意大利为例，它本身具有起源于12~13世纪自治传统的欧洲最悠久与繁盛的市民社会发展历史。意大利半岛统一之后，互助会、行会、农业合作组织等组织形式发展起来。当时的社会精英相信结社组织是维持政府治理的有效且便宜的方法，且有利于维持社会秩序，因此对结社的发展持支持态度。在执政者宽松自由的政策之下，结社组织得到了极大的发展机会。特别是19世纪90年代之后，社会主义运动和天主教运动在意大利尤其是其乡村地区快速发展，精英赞助的结社组织让位于自主性民间组织，合作组织在各州迅速增加。

（二）霸权政治的失败

葛兰西认为，政权不仅仅依靠暴力来维持统治，也必须依赖于被统治者对于政党的服从、同意与忠诚。霸权可以理解为特定群体或阶级运用智识与道德上的领导权而非仅仅是赤裸裸的暴力专制来支配其他从属阶级。葛兰西认为在经济基础之上存在着政治社会与市民社会（Femia, 1975）。政治社会可理解为国家，而作为中介组织集合体的社会空间正是"霸权"张扬的场域与途径。从而，就稳定的西方资本主义国家而言，正是通过结社空间之诸多活动与机制，政权制造了霸权从而提升了自己的合法性。如果说托克维尔认为结社组织的政治效果是近乎直接而不证自明地导致了自由民主制，那么葛兰西则认为结社组织的政治后果是通过霸权来实现的。这意味着：第一，结社组织的发展并不直接导致自由民主制；第二，结社组织的政治后果，视乎霸权实现的具体状况。

因而霸权成为支配阶级成功维持统治的关键。成功的霸权阶级能够将群体的特殊利益上升成为普遍阶级的目标，从而声称自己的执政合法性，提升自己的政治能力和改善本阶层的物质、道德与政治处境。就形成机制而言，霸权首先在特定的社会精英与支配阶级中形成，然后向外和向下扩散。首先形成阶级内霸权（intraclass hegemony），特定阶级内部形成有效政治联盟和一个统一霸权，这直接影响了他们接下来发展阶级间霸权（interclass hegemony）的能力，最后产生反霸权（counter hegemony）。反霸权主要指不同于既定霸权的另一个霸权的发展过程。统治阶级以国家的名义而非以自己的名义在支配，但由于两者之间始终存在缝隙，这为非精英（从属阶级或主导阶级内部）提供了机会去声称他们能更好地代表国家利益。质言之，霸权是阶级形成的政治维度。支配阶级的霸权能力因此相对独立于其经济发展的程度。强大的资产阶级绝不必然是一个霸权资产阶级，霸权资产阶级也未必就是强大的支配阶级。从而，经济上强大的阶级也可能在文化上和政治上是软弱的，而支配阶级也可能是经济上欠发展的。因此，成功的霸权政治是指首先能够形成阶级内霸权，然后形成阶级间霸权和反霸权。

在此视角之下解析意大利、西班牙与罗马尼亚的历史经验，莱利发现三者的社会精英都表现出霸权政治上的弱点，即他们都不能克服阶级内部的分裂来建立一个政治联盟，发展出一种有关国家使命的话语，从而巩固政治组织的稳定性以及追求其特殊的阶级利益。此处再次以意大利为例，统一之后的意大利没有能够发展出强大的政治组织，相反它们只是扎根地方的政治代理人的松散集合，从而他们无力形成阶级内霸权。这进而限制了阶级间霸权的有效形成。统一后意大利精英对政治系统采取了局部开放的做法，但这只是导致了对自由体系持有敌意或漠然态度之社会主义和天主教主义等非精英潮流的发展，由于狭隘选举权的限制，社会精英亦无能力穿透社会空间，没能建立起一个真正的政党组织。"一战"以后，结社组织的发展的确带来了更高的民主化诉求，意大利社会产生了一系列反霸权运动，尤其是战后带来的经济与社会危机，使得各阶层都希望国家能够更有代表性，大量不同的人民运动都以民主为追求目标，诸如左翼、民主、民族主义运动等，这些潮流基本上反对自由代议制政府。但是反霸权力量始终分裂成几个竞争性群体，没有某一个政党力量能够领导不同的思潮和主张人民的基本期望,将自身塑造为葛兰西意义上的领导阶级(leading class)。正是在上述建立反霸权的失败,即没有能够产生有效的民主革命,造成了普遍的政治危机,从而最终导致法西斯主义攫取了权力。

(三) 结社组织与政体形式

如果说霸权政治的失败为法西斯主义兴起创造了机会,那么结社空间扮演了何种角色?莱利指出,法西斯主义从运动到政权的发展过程中,在意识形态和组织资源上利用了强大的结社组织基础。

就前者而言,法西斯主义声称只有自己才代表了社会,锻造了一个真正的民族诸如"真正的意大利",反对腐化的自由民主政治。本质上具有反政治属性的法西斯主义认为,自由民主程序是无效的甚至只是造成了社会分裂,并不能真正代表当代社会中复杂的结社结构。它声称自发结社的需求必须从政治中解放出发,从而"法西斯运动试图清除人为的阶级假定,而将国家直接建筑于利益群体(interest association)之上"(Gregor, 2005: 79)。正是基于这种声称,墨索里尼时代的意大利系统实施了法团主义制度,依据人民各自的活动将其组织为各种人民群体,并将所有群体都置于国家架构之内,国家之外没有任何群体,也没有任何群体反对国家(张汉,2014)。质言之,使社群直接贯通于国家,取消了政治连通的必要。也正因如此,导致法团主义在相当长一段时间内蒙上了意识形态上的负面色彩。

就后者而言,法西斯主义借用了既有社会中介空间的资源和架构去组织自己的运动。莱利用数据表明,在合作社最多的地区,恰恰也是法西斯单体组织(fascism cell organizations)数量增长最多的地区。"在缺乏与关键经济利益结盟或全面占领国家机器的条件下,法西斯权力的基础是什么?……是法西斯主义者把自身与市民社会编织在了一起。他们占领了(即字面意义上)既存的志愿结社组织结构,借助后者来承担权力扩张所带来的压力。"(Riley, 2010: 60 – 61)。

而在《使民主运转起来》一书中,帕特南所使用的核心证据正是:北方结社组织的密度高于南方,因而北方在20世纪70~80年代的民主制改革中表现出了更好的绩效。解释机制是:意大利的北方地区具有更高的"公民共同体"的特征,市民热衷参与团体与公益事务,社会上弥漫着互信和合作的风气,从而对地方政府起到了更好的监督与敦促的作用,使其政治绩效表现得更为优秀;但是在南方地区更多受到垂直政治的统治,社会生活分裂而孤立,公民之间缺乏信任与合作，从而不利于民主制度的发展。而所谓"公民共同体"的重要承载，便是结社组织网络。但是，为何北方地区具有更好的结社组织网络？帕特南回到了历史根源中去解释：南北具有不同的公民传统。帕特南论证了意大利北部始终比南部具有更好的结社传统，因此民主制改革的绩效更高。

但是，莱利的论证与帕特南的观点形成了鲜明对比。正是基于同样的证据，由于北方既有的合作组织高于南方，法西斯组织的扩张在北方也得到了更好的支撑，从而发展也快于南方。深有意味的是，帕特南并非没有看到这一事实，他说道："一个古老的同业公会在18世纪的'敬神社（Pious Society）'中得到了再生，然后又进化为互助会，互助会促进了合作社的发展，而合作社后来又构成了工会和群众性政党的基础（帕特南，2001：172）。"而在数量证据上，帕特南同样提出"在19世纪和20世纪初，那些保存了合作社和合唱队的地区，同样也是最为支持互助会和群众性政党的地区，那里的公民最愿意运用他们新近得到的选举权利"（帕特南，2001：173）。但奇怪的是，帕特南在脚注里又特别说明了，群众性政党特指法西斯政党出现以前的其他政党。而莱利恰是证明了，那些合作社发展最繁荣的地区也是法西斯政党发展最快的地区。

从而，基于两人所共同记录的经验事实，我们或许可以认为，结社组织的密度与多种形式的政党发展具有正相关关系，似乎并不必然与自由民主制相关联，两者并非伴生的关系。实际上，政治社会学大家塔罗（Sidney Tarrow）曾经十分尖锐地批评过这一点，帕特南并没有能够真正成功地证明政治文化与民主之间的因果关系："帕特南的操作化因变量并不是民主实践而是政策绩效（policy performance），但即使在非民主国家的非民主实践中绩效也可能是正向。有很好的证据表明，法西斯时代意大利南部和北部行政结构上的差异和今天是一样的，但据此可以说墨索里尼全盛时期的法西斯主义北部意大利比南部更民主吗？"（Tarrow，1996：395 – 396）

三 讨论：贡献与启示

莱利在行文间极其克制与谨慎地与托克维尔脉络的研究者对话。他并非在说，结社组织的发展要为法西斯主义兴起负责，但他的研究在下列意义上使我们反思新托克维尔主义受到了一定启发。

（一）在结社组织与政体形式之间："霸权"政治

托克维尔认为，结社组织与政体形式之间存在着直接的因果关系。繁荣的结社生活与积极的政治参与支撑着自由民主制。而这一论点的反证则是，阿伦特（Ardent, 2014）和科豪瑟（Kornhauser, 1959）都曾认为，正是中介组织结构的软弱或匮乏，对极权政治运动与政体的兴起起到了推动作用，因为薄弱的社会中介组织造成了原子化的、政治冷漠的而又易于被动员的大众。但是就莱利的研究来看，假设所有结社组织都有利于自由民主制，这恰是托克维尔式论点的核心问题。不同于托克维尔的直接因果论，葛兰西则认为结社组织的政治后果，视乎霸权的实现而定。强大的中介结构只有和霸权政治的成功建立共同发生，才会导致自由民主制。但是，霸权与市民社会这两者之间并没有必然伴生的关系。在发达资本主义民主国家，作为中介组织组成的空间正是"霸权"张扬的场域与途径，正是通过志愿结社组织之诸多活动，政权塑造了人们认识社会事实的方式，从而制造了霸权（Femia, 1975）。

莱利对托克维尔的批评，实际上分离了"自由"与"民主"这两个概念。莱利同意托克维尔的地方在于，结社组织的发展的确会产生民主化倾向，它会推动政治参与以及对国家权力的扩张产生结构性的限制；但是问题在于，民主化需求并不一定会在自由主义框架内得到解决，如该书案例所示，它同样可能推动反自由与反政治的法西斯解决方案。这其中的关键，即政党建立霸权政治的能力。如此，在分析意义上，有必要从"国家与社会"的分析框架进入"国家、政党与社会"的三维框架。

最后，在一个宽广的意义上，莱利的研究带来一个更深的理论启示：结社组织的政治后果同样也视乎既定的政治制度背景，它不仅仅决定后者，同样也会被后者所决定。结社组织的发展，并不会凭空制造出一种特定的必然的政治路径，而也受制于政治背景本身。将托克维尔或是帕特南的判断应用于其他社会，我们可能会夸大了结社组织之于政体变革的意义。相反，像塔罗（Tarrow, 1996）所提示的那样，国家不仅仅是结社组织发展的因变量，也是自变量。在此视角之下，国家体制的构造、定位与运转逻辑之于结社组织的意义与限制，值得深入讨论。

（二）结社发展的政治后果：开放性的答案

实际上，莱利的研究也处在一个并非主流然而重要的研究脉络中，这一脉络聚焦于结社发展与非民主政体之间的关系。

伯曼曾提出，19世纪末20世纪初德国结社组织发展旺盛，的确有助于把分散的个人联系起来以及推动他们进行政治参与，但是强盛的中介组织结构实际上破坏了魏玛民主共和国。在缺乏强大与负责政府与政党的情况下，较高的结社水平碎片化而非整合了德国社会。所以造成魏玛民主共和国失败的原因并非是弱的结社组织基础，而是弱的政治制度。特别是在两次世界大战之间，德国人沉浸各种俱乐部、志愿组织和职业团体。魏玛共和国时期丰富的结社生活为纳粹党提供了关键性的训练基地以及国家工人党夺取权力的基础。"后者获取大众支持的方式并不是吸收疏离的政治冷漠的德国人，而是通过征募高度活跃的积极分子并利用他们的技能以及结社附属关系来扩大政党的吸引力，进而巩固其作为德国最大政治力量的地位（Berman，1997：408）。"

即使在托克维尔所曾经颂扬的美国，考夫曼的经验研究论证，19世纪晚期20世纪初美国结社组织的迅速发展，人们加入俱乐部、兄弟会、民兵部、互助会等组织，这导致并加剧了种族与宗教分裂。考夫曼认为兄弟会类组织正是美国社会诸多长期问题的根源（Kaufman，2002）。阿莫尼则指出，群体生活的参与者也许只是利用社会资本获得非民主的目标，加剧既有的政治与社会不平等。他提出，政治、社会与经济背景塑造了市民社会的本质、性情与取向及其对于民主的意义（Armony，2004）。结社支撑民主的功能并非其颠扑不破的内在属性，而取决于人们组成结社的外在情境。在这些情境中，法律与社会经济不平等是至为关键的要素。例如，在缺乏法律制度支持时，人们无法确切预期自己行为的回报，这就阻碍了通过公众参与形成信任与合作的社会网络。

在上述这些讨论中，结社组织空间作为一个中介结构，它可能服务于不同的利益目标，并不必然与自由民主政体线性相关。因此，对于结社发展的政治后果，我们应当保持开放性的思考，而非在规范性普适性框架下进行验证。

（三）对普适性的反思

如莱利所说，当代研究中充斥着浪漫主义论调，但同时却相对缺乏一种对于结社发展之具体政治后果的比较历史研究。无论是托克维尔所观察到的美国特定历史时期的经验，抑或是帕特南所讨论的意大利，都是特定时间特定区域的经验，未必可代表普适经验，尤其是未必适用于中国。对此有反思的国内学者已提出，志愿结社与民主的关系，是经验问题而非哲学问题（杨光斌，

2014）。托克维尔在《论美国的民主》中对于结社的讨论，更像是针对19世纪30年代美国经验的描述，很难说他直接提出了某种抽象理论命题。显然，塑造美国民主制的绝不仅仅是结社空间这一个要素。而托克维尔对于美国社会中介组织的特殊敏感性，则来源于其以旧贵族身份经历法国大革命的特殊经验。法国绝对王权破坏了中介性社会制度和取消了地方自治，为大革命之后的中央集权政府铺平了道路，因此托克维尔对于在美国所见到能够钳制国家权力的志愿结社才会非常敏感（Podestà，2011）。并且，实际上托克维尔在《论美国的民主》中令人惊讶地较少直接讨论到政治性组织，而几乎是直接假设了结社组织的发展一定会带来政党和意见组织的发展，并深刻地塑造政治发展过程。

质言之，莱利的研究提醒我们，有必要对结社组织发展采取一种去规范性且扎根于经验层面的理解。试图在经验的层面上厘清结社组织发展所带来的政治后果，这也将会开启经验研究和理论创造的诸多可能。进而，在分析研究的意义上，该书提供了两条启示：第一，结社组织发展所带来的政治后果，需要在具体的政治体制背景中加以分析；第二，应当通过比较历史的研究，解释出属于不同历史社会的更为多样化的发展逻辑。

参考文献

〔美〕汉娜·阿伦特（2014）：《极权主义的起源》，林骧华译，北京：生活·读书·新知三联书店。

〔美〕塞缪尔·亨廷顿（1988）：《变革社会中的政治秩序》，李盛平等译，北京：华夏出版社。

〔美〕罗伯特·帕特南（2001）：《使民主运转起来——现代意大利的公民传统》，王列、赖海榕译，南昌：江西人民出版社。

〔法〕阿列克西·托克维尔（2009）：《论美国的民主》，董果良译，北京：商务印书馆。

杨光斌（2014），《公民社会的"民情"与民主政治的质量》，《河南大学学报（社会科学版）》，第3期。

张汉（2014）：《统合主义与中国国家-社会关系研究——理论视野、经验观察与政治选择》，《人文杂志》第1期。

Armony, A. (2004), *The Dubious Link: Civic Engagement and Democratization*, Stanford: Stanford University Press.

Berman, S. (1997), "Civil society and the Collapse of the Weimar Republic", *World Pol-*

itics, 49, pp: 401 – 429.

Femia, J. (1975), "Hegemony and Consciousness in the Thought of Antonio Gramsci", *Political Studies*, 23 (1), pp: 29 – 48.

Kaufman, J. (2002), *For the common good? American Civic Life and the Golden Age of Fraternity*, New York: Oxford University Press.

Kornhauser, W. (1959), *The Politics of Mass Society*. Illinois: The Free Press of Glencoe.

Lakatos, I. (1970), "Falsification and the Methodology of Scientific Research Programmes", *Criticism and the Growth of Knowledge*, edited by Imre Lakatos & Alian Musgrave, Cambridge: Cambridge University Press, pp: 91 – 196.

Podestà, L. G. (2011), "Review on The Civic Foundations of Fascism in Europe: Italy, Spain and Romania 1870 – 1945.", *Contemporary Sociology*, 40 (4).

Riley, D. (2010), *The Civic Foundations of Fascism in Europe: Italy, Spain and Romania 1870 – 1945*, John Hopkins University Press.

Riley, D. (2005), "Civic Association and Authoritarian Regimes in Interwar Europe: Italy and Spain in Comparative Perspective", *American Sociological Review*, Vol. 70, No. 2, pp: 288 – 310.

Riley, D. & Fernandez, J. J. (2014), "Beyond Strong and Weak: Rethinking Postdictatorship Civil Societies", *American Journal of Sociology*, Vol. 120, No. 2, pp: 42 – 503.

Salamon, L. M. & Anheier, H. K. (1997), "The Civil Society Sector", *Society*, 34 (2).

Skocpol et al. (2000), "A Nation of Organizers: The Institutional Origins of Civic Voluntarism in the United States", *The American Political Science Review*, 94 (3), pp: 527 – 46.

Tarrow, S. (1996), "Making Social Science Work Across Space and Time: A Critical Reflection on Robert Putnam's Making Democracy Work", *The American Political Science Review*, 90 (2), pp: 389 – 397.

Rethinking the Relationship Between Associations and Form of Government

—A Review on The Civic Foundations of Fascism in Europe: Italy, Spain, and Romania, 1870 – 1945

Ji Yingying

[**Abstract**] The neo-Tocquevillianism is in a dominant position worldwide, and is considered an ideological system with a considerable degree of universality and normative value. Targeting this romanticist tendency to understand associations, Riley attempted to argue that in Italy, Span, and Romania, it was the thriving development of associations and failure in establishing hegemony politics that jointly caused the fascist movement and rise of the regime. Thus Riley argued that the development of associations does not necessarily lead to free democracy; it also depends on the structure of the established political conflicts. Although the points of this book are quite controversial, they provide the following insights: The causal relationship between association development and form of government needs open thinking. The development of associations does not necessarily change the established political system; it is also restrained by the latter. The political consequences should be analyzed concretely based on the specific historical experience.

[**Key words**] Neo-Tocquevillianism; Association; Form of Government

（责任编辑：朱晓红）

"慈善立法半月谈"系列沙龙综述

李 勇[*]

近年来，我国慈善事业发展迅速。各类慈善机构的生存与健康成长需要纳入法制的规范管理轨道，以形成长效机制，但我国的慈善事业一直缺少一个统一的基本法律。自2005年民政部提出慈善法立法建议以来，慈善事业法2006年进入了立法程序，在之后的7年被长期搁置，直到2013年11月被列入十二届全国人大常委会立法规划第一类项目，并确定由全国人大内务司法委员会牵头起草。

慈善立法是公益慈善领域里具有里程碑意义的很重要的制度建设，得知全国人大要起草慈善法后，学界几位学者不谋而合，立即决定要参与其中、贡献力量，由清华大学NGO研究所和北京大学非营利组织法研究中心共同主办、明德公益研究中心承办的"慈善立法半月谈"系列沙龙应运而生。主办方旨在通过这样一个平台的搭建，集结各方专家参与讨论，共同帮助相关立法机关在慈善法立法方面的一些重大问题上达成共识。2014年4月至12月，系列沙龙共成功举办13期，以清华大学NGO研究所所长王名教授、北京大学非营利组织法研究中心主任金锦萍教授和北京师范大学法学院刘培峰教授为核心，共邀请60多位全国知名学者、专家、政府官员、公益组织代表，理出了累计超过10万字的会议纪要。这13期沙龙讨论的主题包括：慈善的界定与慈善法的定位、政府

---

[*] 李勇，清华大学公益慈善研究院院长助理，明德公益研究中心主任，研究方向为社会组织与治理、社会企业。

角色与行政管理体制、慈善组织的识别与分类、慈善组织的治理结构、慈善组织的财产分配、募捐与捐赠、志愿服务、社会企业、公益信托、慈善税收政策、信息公开、慈善组织行为规范。最终，三位教授及其团队整理出了4万余字的《慈善法（专家建议稿）》，并举行"慈善立法半月谈"成果发布会。这份建议稿从慈善组织界定、慈善募捐、慈善捐赠、慈善组织财产管理、慈善信托、慈善服务以及监督管理等14个方面提出200多条建议，希望对我国即将出台的《慈善法》提供参考和借鉴，使《慈善法》成为良法。此份专家建议稿经修改后最终提交全国人大内务司法委员会。

慈善法草案是公开立法的产物，并不是由某一个部门事先起草好了再去征求意见。从一开始慈善法草案就被打上了民主立法、公开立法的烙印。无论是整个框架、结构，还是基本的概念和理念，专家们的参与痕迹都在其中。最终出台的《慈善法》是在反复修改中综合各种意见达成的一种共识。

"慈善立法半月谈"系列沙龙及其成果《慈善法（专家建议稿）》得到了各方的高度评价。民政部政策法规司副司长李健认为："专家的建议对慈善法立法有很大帮助，我们欢迎这种方式，也会借鉴这种方式来促进立法进一步完善……立法本身应是开门立法，民主立法，科学立法，这是一种形式，也是一种方向。"多次参与"慈善立法半月谈"的全国人大内务司法委员会内务室主任于建伟认为："清华、北大慈善法论坛意义重大，我持续参会已有半年，针对出台慈善法的专家意见稿，我们手中有7个，内容各有所长，我们采取兼容并包，谁的建议好，哪怕几十条中有一两条好，我们也会借鉴……社会各界有这么多人关注慈善法，我对将要出台的慈善法有信心。"

慈善法立法是一个从官方到学者再到民间形成基本共识的过程。慈善立法的最根本出发点是要激发全社会更多的善行，激发社会向善的蓬勃活力，让慈善事业更好地发展。通过系列沙龙和专家建议稿等形式的社会参与，慈善法立法进程彰显民主精神，成为中国开门立法、公众参与立法的一次典范之作。

（责任编辑：马剑银）

世界公益慈善论坛小记

赵宇思[*]

2016年，是一个值得记住的年份。3月16日，历经数年、踯躅前行的《中华人民共和国慈善法》终于尘埃落定，经十二届全国人大四次会议表决通过，9月1日正式生效，并规定每年的9月5日为中华慈善日[①]。全程参与慈善法立法过程的清华大学公益慈善研究院院长王名教授说，"慈善法将把中国的公益慈善事业和社会治理推向一个新时代"。为致敬《慈善法》以及首个"中华慈善日"，由清华大学、中国人民对外友好协会、中国宋庆龄基金会联合主办、清华大学公益慈善研究院承办的"世界公益慈善论坛"于2016年9月5~6日在清华大学成功召开。这次论坛围绕妇女儿童青少年健康全球战略、世界公益学术发展、扶贫、社会工作、社会价值投资、基金会与财富分享等内容，邀请国内外公益慈善领域最优秀的学者、实践者进行分享、交流，成果丰硕，影响深远。现就论坛召开前后的幕后花絮以及重要内容进行整理，写此小记，以供参考。

缘　起

2016年5月，清华大学公益慈善研究院和中国人民对外友好协会美洲、大

---

[*] 赵宇思，清华大学公益慈善研究院综合办公室主任。
[①] 9月5日是诺贝尔和平奖获得者特蕾莎修女逝世的日子，2012年，联合国大会为了纪念这位伟大的修女，纪念她为克服贫穷和苦难所做出的卓越努力，宣布将每年的9月5日定为"国际慈善日"。

洋洲工作部（美大部）初步沟通，均认为可以基于双方在国际交往、全球治理方面的平台、渠道、研究、智力等优势开展合作。对于即将生效的《慈善法》和即将到来的首个"中华慈善日"，双方一致认为，在慈善日当天举办一个高规格国际会议是最好的致敬。举办国际学术会议是清华NGO学者历来的传统，清华大学NGO研究所自1999年就开始主办国际学术会议，邀请各国优秀的学者、实践者来华交流，就领域内前沿及重点议题进行深入探讨并互相学习。这类会议自2010年起每年都会召开，现已成为业内NGO学术交流的知名学术平台。中国人民对外友好协会自不必说，在外事资源方面拥有强大的动员能力。结合清华大学与中国人民对外友好协会的优势，必定能够打造一个出色的国际会议，双方很快确认合作，共同召开国际会议。

相关筹备工作随即启动，定名称、立主题、列嘉宾。名称的确定也费了一番心思。叫"世界"还是"全球"，"公益"还是"公益慈善"，"大会"还是"论坛"，英文用"Charity"还是"Philanthropy"，几经商讨酝酿，终于达成一致——"世界公益慈善论坛"，英文用"World Philanthropy Forum"。对于这样一个"大气"的名字，在最初报批的时候其实是怀有一丝忐忑的，因为"世界""中国"等字眼根据规定要慎用以免被滥用。还好，一切顺利。6月24日，"世界公益慈善论坛"正式获得外交部批复，准予于9月5~6日召开。为了进一步加强论坛实力，强强联手，清华大学与中国人民对外友好协会邀请在青少年公益事业和国际交流方面表现卓越的中国宋庆龄基金会加入，自此，论坛三家主办方确立，即清华大学、中国人民对外友好协会、中国宋庆龄基金会。论坛的宗旨也在多次讨论下逐渐明晰：世界公益慈善论坛，立足中国，面向世界，基于三家主办单位的优势，整合并努力建构开放的全球性战略合作框架，探索并不断完善可持续的发展、合作与工作机制，努力建设成为公益慈善的世界一流品牌和全球顶级平台，致力于全球范围内公益慈善的实践推动、学术交流、政策倡导和经验分享，发挥公益慈善在凝聚共识、化解冲突、消除贫困、保护环境等人类共同面对的重大公益问题上的突出作用。

名称和宗旨确定后，议程的设计变为重中之重，既要保证国际会议的学术水准，又不能仅仅拘泥于学术，而应该扩大视野，体现公益慈善的全景景观。如何奠定学术水准呢？先定调，即邀请到全球最知名学者就本领域学术前沿进行主旨演讲。非营利研究学界大概没有人不知道莱斯特·萨拉蒙教授。萨拉蒙是美国约翰霍普金斯大学教授、约翰霍普金斯大学公民社会研究中心主任,全球最知名公益学者。萨拉蒙教授的《美国非营利组织:入门》第三版是美国非营利领域大学课程的标准参考书,他的著作《全球公民社会:非营利部门的多个维度》以及《公共服务中的伙伴:现代福利国家中政府与非营利组织的关系》几乎是所有非营利领域学者的必读书目,可以说萨拉蒙教授是中国以及很多国家非营利研究的入门导师。但是,萨拉蒙教授已经年过七旬,并且距离会议召开仅有不到三个月时间,能否邀请到他参会,不确定性很大。8月8日,在发出邀请后两个月且离论坛举办不到一个月的时间,会务组收到了萨拉蒙教授的回复邮件,表示可以参加论坛并且将会分享他最新的学术研究成果 Philanthropication Thru Privatization (PtP)。① 得到这一消息,大家都兴奋不已,用王名院长的话说,这次会"成了"。

同时,为了扩大视野,体现公益慈善全景景观,论坛采用总会和分会结合的形式,总会连接开闭幕式,在前后两个半天举行,分会由五个平行分论坛组成,集中在中间的两个半天举行,以在两天的会期内尽量囊括最重要的议题,诸如妇女儿童青少年健康全球战略、世界公益学学术发展、扶贫、社会工作、社会价值投资、基金会与财富分享等。论坛邀请的嘉宾覆盖政、商、社三大部门,涉及十多个国家和地区。报名参会的情况更是热烈,据会务组统计,本次论坛有累计近1000人次报名,因场地有限,最终有400名嘉宾参会。论坛筹备过程也一路得到各界支持,包括比尔及梅琳达·盖茨基金会、紫金矿业慈善基金会、友成企业家扶贫基金会、中国-东盟中心、经济观察报、微软(中国)有限公司、四川海惠助贫服务中心、基金会中心网等。

花　开

9月5日,天气晴。世界公益慈善论坛在清华大学主楼后厅正式召开。出

---

① 目前,许多国家通过创立慈善基金会和资助型非营利组织来解决社会、经济和环境问题,但这些组织往往面临资金短缺问题。另外,包括中国在内很多国家的国有企业资本收益正逐渐由集体财富转化为私有财产,这种转变遭到了大批民众反对。因此,全球不同地区出现了一批在私有化过程中将资产部分或者全部投入基金会或类似慈善机构,变其为慈善捐赠的现象。萨拉蒙教授及其团队敏锐地发现并跟踪研究这一现象,并将其提升到理论高度,总结出"PtP"模式(Philanthropication Thru Privatization)。萨拉蒙教授本次来中国将着重介绍这一理论,认为这种模式也适用于中国。

席开幕式的主要嘉宾有第十届、第十一届全国政协副主席、中华全国工商业联合会名誉主席黄孟复先生，中国人民对外友好协会会长李小林女士，中国宋庆龄基金会常务副主席齐鸣秋先生，清华大学党委书记、校务委员会主任陈旭女士，中国工程院副院长、院士樊代明先生，中华全国归国华侨联合会副主席乔卫先生，中国残疾人联合会副主席吕世明先生，中华红丝带基金常务副理事长谷彦芬女士，代联合国系统驻华协调员、联合国儿童基金会驻华代表花楠女士，厄瓜多尔共和国驻华大使何塞·博尔哈阁下，约翰霍普金斯大学教授、全球最著名公益学者莱斯特·萨拉蒙先生，比尔及梅琳达·盖茨基金会全球战略主席马克·苏斯曼先生，佳通集团总裁、清华大学公益慈善研究院创院理事林美金女士等，以及来自联合国系统代表和全球约30个国家和地区的公益慈善领域知名专家学者、政府官员、非政府组织代表、商业界人士和媒体共400多位中外代表。

联合国秘书长潘基文先生专门为论坛发来贺信，信中提到，在推动全球可持续发展和解决气候变化相关议题中，中国和中国的慈善事业正起到非常重要的作用。《慈善法》的颁布将为中国慈善事业的发展提供更加良好的环境。

本次论坛的主题为"新生态 新公益"，围绕全球参与、企业及企业家参与、社会组织及社会参与三个视角，关注政策、学术、实务和人才培养，设有两个总会论坛、五个分会论坛，并伴有世界级学术讲座专场。本次论坛的议题包括联合国促进妇女儿童青少年健康全球战略、世界公益学、精准扶贫、社会价值投资、社会工作与社会服务、基金会与财富分享，围绕全球、市场和社会三种力量参与的视角，重点关注政策、学术、实务和人才培养。

黄孟复主席的主旨演讲阐述了"中国经济发展对世界经济、世界扶贫的重大贡献，并期待中国与世界公益慈善的进一步深度互动和发展"；莱斯特·萨拉蒙先生做了"新公益前沿"的主旨演讲；比尔及梅琳达·盖茨基金会全球战略主席马克·苏斯曼认为，"慈善在中国有着巨大的潜力，中国在非洲的发展中发挥了非常独特的作用，中国经验中也有很多可以跟世界进行分享"。9月6日下午的闭幕式上，清华大学副校长杨斌代表主办方致辞、总结并致谢。他表示："期待论坛秉持开放、平等参与的精神，团结更多的政商社学同仁，兼收社会精英，并蓄公众参与，既有中国，更突出世界，在尊重本土借鉴国际等方面形成社会工作和公益慈善的整合发展新模式，清华大学更要为学术理论和人才培养做出基础性贡献。"

两天的论坛，共设 31 个主题演讲或报告、12 场圆桌对话，先后有 100 多位嘉宾登台演讲或点评，内容精彩纷呈，在此不一一赘述。会后，会务组择录论坛精华编撰成册，定名《新生态　新公益——世界公益慈善论坛集萃》并将其出版。两天的论坛也得到了多家主流及专业媒体的密集报道，反响热烈，获赞连连。

硕　果

在闭幕式上，王名院长宣读了《世界公益慈善宣言》并发表演讲：

2016 年 9 月 5 日，国际慈善日和中华慈善日，我们，公益慈善的践行者、研究者、管理者、推动者，在中国北京清华大学共聚一堂，共商世界公益慈善之大计，共谋世界公益慈善之大略。我们就促进妇女、儿童、青少年健康的全球战略、精准扶贫的中国经验及国际合作、面向未来的社会价值投资、社会工作与社会服务、基金会与财富共享以及推动公益慈善学科及学术共同体建设等共同关注的问题展开讨论。我们达成如下共识：当今世界不仅是一个经济全球化的世界，也是一个公益慈善全球化的世界。各种形式的非营利组织蓬勃发展，非营利组织所创造的价值、提供的服务、贡献的就业，总量堪比一个大的产业类别或一个中等规模的国家水平，成为世界公益慈善的中坚力量。越来越多的私人财富以捐赠等形式转化为公益慈善资源；来自市场的社会企业、社会影响力投资及社会价值投资迅速膨胀并跻身于公益慈善；政府购买服务等来自公共部门的资源也加速进入公益慈善部门；移动互联和大数据技术突飞猛进的发展及应用带动了各种形式的网络公益和社会创新；志愿服务遍及人们社会生活的方方面面。公益慈善触手可及，人人可为，天下皆兴，合公民之大私，成天下之大公。公益慈善的蓬勃发展及其作用的彰显，有赖于广泛的公民参与、完善的制度保障、良好的系统支持和专业的运作管理。为此我们呼吁：

一、人人关注并参与公益慈善。让公益慈善成为公民生活、公民文化和公民精神的重要载体；鼓励更多的市场力量参与公益慈善；大力发展各种形式的公益慈善和社会创新。

二、政府保障并推动公益慈善。建立健全公益慈善相关的法律和政策体系，保障公益慈善当事人和慈善组织的合法权益，减少规制和限制；发展和完善购买服务，促进政府与慈善组织的广泛合作。

三、社会包容并支持公益慈善。形成有利于公益慈善健康发展的公民价值文化体系；建立和发展公益慈善的良好生态及其支持系统。

四、组织自律并强化公益慈善。培育发展公益慈善行业组织，建立健全行业自律系统；加强慈善组织的能力建设和专业化发展。

我们将定期召开世界公益慈善论坛，共同倡导并积极推动公益慈善在世界范围内的蓬勃发展。

我们确信人人有慈，我们致力社会向善，我们推动世界公益，我们梦想人类大同！

此份宣言背后，凝聚的是所有与会嘉宾基于本次论坛而产生的共识，对于公益慈善、对于社会、对于未来的认知与希冀。本宣言于会后征求各方意见后将提交联合国秘书长办公室。

期　待

会后，为进一步扩大世界公益慈善论坛影响力，扩展全球参与、凝聚全球共识，主办及承办方启动了世界公益慈善论坛标识（LOGO）有奖征集活动，面向全球范围内的公益慈善同仁以及专业人士征集世界公益慈善论坛标识（LOGO），并将给予1万美元奖金以示鼓励。

同时，基于2016年世界公益慈善论坛的丰硕成果，主办及承办方初步商讨并确定了2017年世界公益慈善论坛的主要议题：联合国妇女、儿童、青少年健康战略、教育公平促进社会发展、妇女权利促进社会发展、环境保护促进社会发展、科技与慈善、艺术与慈善等，以及世界公益慈善奖的颁布和慈善指数的发布。

期待明年九月，期待2017年世界公益慈善论坛。

（责任编辑：马剑银）

稿　　约

1. 《中国非营利评论》是有关中国非营利事业和社会组织研究的专业学术出版物，暂定每年出版两卷。《中国非营利评论》秉持学术宗旨，采用专家匿名审稿制度，评审标准仅以学术价值为依据，鼓励创新。

2. 《中国非营利评论》设"论文""案例""研究参考""书评""随笔"等栏目，刊登多种体裁的学术作品。

3. 根据国内外权威学术刊物的惯例，《中国非营利评论》要求来稿必须符合学术规范，在理论上有所创新，或在资料的收集和分析上有所贡献；书评以评论为主，其中所涉及的著作内容简介不超过全文篇幅的 1/4，所选著作以近年出版的本领域重要著作为佳。

4. 来稿切勿一稿数投。因经费和人力有限，恕不退稿，投稿一个月内作者会收到评审意见。

5. 来稿须为作者本人的研究成果。作者应保证对其作品具有著作权并不侵犯其他个人或组织的著作权。译作者应保证译本未侵犯原作者或出版者的任何可能的权利，并在可能的损害产生时自行承担损害赔偿责任。

6. 《中国非营利评论》热诚欢迎国内外学者将已经出版的论著赠予本刊编辑部，备"书评"栏目之用，以营造健康、前沿的学术研讨氛围。

7. 《中国非营利评论》英文刊将委托 Brill 出版集团在全球出版发行，中文版刊载的论文和部分案例及书评，经与作者协商后由编辑部组织翻译交英文刊采用。

8. 作者投稿时，电子稿件请发至：lehejin@126.com。

9.《中国非营利评论》鼓励学术创新、探讨和争鸣，所刊文章不代表本刊编辑部立场，未经授权，不得转载、翻译。

10.《中国非营利评论》集刊以及英文刊所刊载文章的版权属于《中国非营利评论》编辑部所有；本刊已被中国期刊网、中文科技期刊网、万方数据库、龙源期刊网等收录，为适应我国信息化建设的需要，实现刊物编辑和出版工作的网络化，扩大本刊与作者知识信息交流渠道，在本刊公开发表的作品，视同作者同意通过本刊将其作品上传至上述网站。作者如不同意作品被收录，请在来稿时向本刊声明。但在本刊所发文章的观点均属作者个人观点，不代表本刊立场。本声明最终解释权归《中国非营利评论》编辑部所有。

由于经费所限，本刊不向作者支付稿酬，文章一经刊出，编辑部向作者寄赠当期刊物 2 本。

来稿体例

1. 各栏目内容和字数要求：

"论文"栏目发表中国非营利和社会组织领域的原创性研究，字数以8000~20000字为宜。

"案例"栏目刊登对非营利和社会组织实际运行的描述与分析性案例报告，字数以5000~15000字为宜。案例须包括以下内容：事实介绍、理论框架、运用理论框架对事实的分析。有关事实内容，要求准确具体。

"研究参考"栏目刊登国内外关于非营利相关主题的研究现状和前沿介绍、文献综述、学术信息等，字数为5000~15000字。

"书评"栏目评介重要的非营利研究著作，以5000~10000字为宜。

"随笔"栏目刊发非营利研究的随感、会议评述、纪行及心得，字数以3000~8000字为宜。

2. 稿件第一页应包括如下信息：（1）文章标题；（2）作者姓名、单位、通信地址、邮编、电话与电子邮箱。

3. 稿件第二页应提供以下信息：（1）文章中、英文标题；（2）不超过400字的中文摘要；（3）2~5个中文关键词。书评、随笔无须提供中文摘要和关键词。

4. 稿件正文内各级标题按"一""（一）""1.""（1）"的层次设置，其中"1."以下（不包括"1."）层次标题不单占行，与正文连排。

5. 各类表、图等，均分别用阿拉伯数字连续编号，后加冒号并注明图、表名称；图编号及名称置于图下端，表编号及名称置于表上端。

6. 本刊刊用的文稿，采用国际社会科学界通用的"页内注＋参考文献"方式。

基本要求：说明性注释采用当页脚注形式。注释序号用①②③……标识，每页单独排序。文献引用采用页内注，基本格式为（**作者，年份：页码**），外国人名在页内注中只出现姓（容易混淆者除外），主编、编著、编译等字眼，译文作者国别等字眼都无须在页内注里出现，但这些都必须在参考文献中注明。

文末列明相应参考文献，参考文献中外文分列（英、法、德等西语可并列，日语、俄语等应分列）。中文参考文献按照作者姓氏汉语拼音音序排列，外文参考文献按照作者姓氏首字母排序。基本格式为：

作者（书出版年份）：《书名》（版次），译者，卷数，出版地：出版社。
作者（文章发表年份）：《文章名》，《所刊载书刊名》，期数，刊载页码。
author（year），*book name*，edn．，trans．，Vol．，place：press name．
author（year），"article name"，Vol．（No.）*journal name*，pages．

图书在版编目(CIP)数据

中国非营利评论.第十九卷,2017.NO.1/王名主编.--北京:社会科学文献出版社,2017.1
 ISBN 978-7-5201-0353-4

Ⅰ.①中… Ⅱ.①王… Ⅲ.①社会团体-中国-文集 Ⅳ.①C232-53

中国版本图书馆 CIP 数据核字(2017)第 031992 号

中国非营利评论(第十九卷)

主　办 / 清华大学公益慈善研究院
主　编 / 王　名

出 版 人 / 谢寿光
项目统筹 / 刘骁军
责任编辑 / 于晶晶　杨鑫磊　吕　颖　崔红霞　关晶焱

出　　版 / 社会科学文献出版社·集刊运营中心 (010) 59367161
　　　　　　地址:北京市北三环中路甲29号院华龙大厦　邮编:100029
　　　　　　网址:www.ssap.com.cn
发　　行 / 市场营销中心 (010) 59367081　59367018
印　　装 / 北京季蜂印刷有限公司

规　　格 / 开　本:787mm×1092mm　1/16
　　　　　　印　张:16.5　字　数:277千字
版　　次 / 2017年1月第1版　2017年1月第1次印刷
书　　号 / ISBN 978-7-5201-0353-4
定　　价 / 45.00元

本书如有印装质量问题,请与读者服务中心(010-59367028)联系

版权所有 翻印必究